中央高校基本科研业务费专项资金（24CXTD06）资助
中国政法大学科研创新项目（25KYGH018）资助

［德］迈克尔·布兰德　岳礼玲　郭　烁／主编

国际视野下的刑事判决

CRIMINAL JUDGMENTS FROM AN INTERNATIONAL PERSPECTIVE

法律出版社
LAW PRESS · CHINA
北京

图书在版编目（CIP）数据

国际视野下的刑事判决 /（德）迈克尔 · 布兰德，岳礼玲，郭烁主编. -- 北京 ：法律出版社，2025.

ISBN 978 - 7 - 5244 - 0346 - 3

Ⅰ. D915.304

中国国家版本馆 CIP 数据核字第 20256Q1T82 号

国际视野下的刑事判决
GUOJI SHIYEXIA DE XINGSHI PANJUE

[德]迈克尔 · 布兰德 岳礼玲 郭 烁 主编

责任编辑 郑怡萍
装帧设计 鲍龙卉

出版发行 法律出版社
编辑统筹 法律教育出版分社
责任校对 王晓萍
责任印制 刘晓伟
经　　销 新华书店

开本 710 毫米 × 1000 毫米 1/16
印张 17.25 **字数** 264 千
版本 2025 年 8 月第 1 版
印次 2025 年 8 月第 1 次印刷
印刷 北京中科印刷有限公司

地址：北京市丰台区莲花池西里 7 号（100073）
网址：www.lawpress.com.cn
投稿邮箱：info@lawpress.com.cn
举报盗版邮箱：jbwq@lawpress.com.cn

销售电话：010 - 83938349
客服电话：010 - 83938350
咨询电话：010 - 63939796

书号：ISBN 978 - 7 - 5244 - 0346 - 3　　**定价**：68.00 元

凡购买本社图书，如有印装错误，我社负责退换。电话：010 - 83938349

编/译者简介

（以译文前后顺序排序）

迈克尔·布兰德

教授，自2015年起担任柬埔寨法院特别法庭的国际联合调查法官。2017年至2022年，他同时担任科索沃特别法庭的国际法官。他于2004年加入杜伦大学担任教授，自1991年起一直是德国司法系统的终身成员。他在德国法、英格兰与威尔士刑法、比较刑法与国际刑法以及伊斯兰法等领域发表了大量著作。

岳礼玲

教授，自1987年起在中国政法大学讲授中国刑事诉讼法、外国刑事诉讼法，证据学、德国刑事法、国际人权法（刑事部分）、比较刑事司法制度。1995年获得德国亚历山大－冯－洪堡终身研究奖学金资格。2010—2011年获美国富布赖特高级研究奖学金。曾在美国哈佛大学、英国剑桥大学等十几所大学做访问与讲座教授，曾参加欧盟项目，协助越南修改刑事诉讼法和检察院改革。主要中文代表作《〈公民和政治权利国际公约〉与中国刑事司法》（法律出版社2007年版），《刑事审判与人权保障》（法律出版社2010年版）。主要外文代表作《中国刑事诉讼原理》（英文，英国Hart出版社2021年版）。

郭　烁

中国政法大学诉讼法学研究院教授，中国刑事诉讼法学研究会常务理事兼副秘书长，国家“万人计划”青年拔尖人才，中国政法大学“钱端升学者”，美国康奈尔大学访问学者。在《中国法学》《法学研究》《中外法学》等核心期刊发表学术论文60余篇。

曾元君

西南政法大学法学院讲师，西南政法大学诉讼法与司法改革研究中心研究员，新南威尔士大学法学博士。在《人大法律评论》《交大法学》等刊物发表论文数篇。

陶朗逍

北京科技大学文法学院副教授。获国外职业法律博士学位(Juris Doctor)及国内法学博士学位(Ph. D.),研究方向为刑事诉讼法学、企业犯罪。于《法学》《当代法学》《求是学刊》等核心期刊发表论文10余篇,主编《企业合规手册》《中国企业国际合规蓝皮书》等书籍。

林　静

中国政法大学证据科学研究院副教授,德国弗赖堡大学法学博士。曾任职于德国马普外国与国际刑法研究所。独著 *Compliance and Money Laundering Control by Banking Institutions in China*,由德国 Duncker & Humblot 出版社出版,被纳入刑事马普所丛书系列(Band K 173)。多篇中、英、德文论文,载于《法学家》、*Peking University Law Journal*(《中外法学》英文版)、*China Review International* 等。曾受邀在荷兰莱顿大学、意大利罗马三大、日本早稻田大学、德国科隆大学、德国弗赖堡大学等进行学术讲演。

黄　河

中国政法大学比较法学院副教授,德国波鸿鲁尔大学法学博士。在《清华法学》《中外法学》《政法论坛》等核心期刊发表多篇论文。

陈学权

对外经济贸易大学法学院教授,博士生导师,中国刑事诉讼法学研究会常务理事。在《中国法学》《法学研究》《政法论坛》等核心期刊发表多篇论文,主持国家级、省部级科研项目10余项,著有《科技证据论》《DNA证据研究》等书籍。

程铂瀚

中国政法大学刑事司法学院2024级博士研究生。

熊馥琳

中国政法大学纪检监察学院2024级博士研究生。

前　言

我非常荣幸能为英国杜伦大学法学院刑法与刑事司法中心(Centre for Criminal Law and Criminal Justice)的比较刑事判决项目(Comparative Criminal Judgments Project,CCJP)[1]的中文版撰写前言,这一项目持续至2024年1月。岳礼玲教授和郭烁教授为中国读者做了出色的工作,我对他们所承担的任务深表感谢。

当我在2020年发起CCJP并发出最初的征稿通知时,我想它的目的在于:"这个面向实践、交流最佳做法的项目将创建一个宝贵的刑事判决书资源库,这些判决书由来自多个司法管辖区的刑法和刑事诉讼法专家起草。判决书将以全面的案件事实为基础,以各司法管辖区的法律和实践为依据,虽用英语撰写,但采用的是各司法管辖区相关法院的风格。该项目为法律问题的解决提供了一种实践路径,展示了各司法管辖区起草刑事判决书的各异风格,为实际了解不同的司法文化提供了宝贵的参考。它促使当代为不常出现在全球舞台上的司法管辖区而努力发声,也可用于司法培训。"

多年来,我参与了许多所谓的国家或机构建设咨询工作,很多都是由发达国家所主导的、同发展中国家与新兴经济体的对话。显而易见的是,这些判决书的风格往往或多或少地直接反映了前殖民国家或政治榜样在其管辖范围内使用的风格:如说理性更强的英国风格、规范性更重的法国风格等。

判决书的起草问题不仅仅是一个形式问题。判决书的风格反映了各司法管辖区对其法官的论证和辩解水平的要求,同时还要兼顾法官每天处理繁忙司法案件的需要。同样,每个司法管辖区所要求的判决书的详细程度一方面体现了对司法机构的信任程度,另一方面体现了对司法决策进行适当审查的必要性。因此,在公众眼中,除了上诉程序,判决书的起草也是提供司法问责的一种手段。

---

[1] www. dur. ac. uk/research/institutes - and - centres/criminal - law - criminal - justice/research/current - projects/comparative - criminal - judgments/.

因此,讨论判决书的起草方式实际上是对法治现状的重要反思。要提炼出全球法治理念的精髓,不同法律体系之间独立、平等的对话必不可少。中国国家主席习近平结合中国国情对此作了如下表述:

> 坚持从我国实际出发,不等于关起门来搞法治。法治是人类文明的重要成果之一,法治的精髓和要旨对于各国国家治理和社会治理具有普遍意义,我们要学习借鉴世界上优秀的法治文明成果。但是,学习借鉴不等于是简单的拿来主义,必须坚持以我为主、为我所用,认真鉴别、合理吸收,不能搞"全盘西化",不能搞"全面移植",不能照搬照抄。[1]

在当前的地缘政治环境下,这种对话似乎变得更加困难。尽管如此,我还是希望这本书能起到促进跨文化交流的作用。我们不能停止彼此对话。

迈克尔·布兰德

杜伦,2024 年 1 月

---

〔1〕《习近平谈治国理政》(第二卷),外文出版社 2017 年版,第 118 页。

Foreword

It is my great pleasure to write a foreword to Professor Yue's and Professor Guo's Chinese edition of the judgments collected in the course of the Comparative Criminal Judgments Project (CCJP)[1] of Durham Law School's Centre for Criminal Law and Criminal Justice until January 2024. They both have done sterling work in making the project available for the Chinese audience, and I express my profound gratitude for the task they have undertaken.

When I initiated the CCJP in 2020 and sent the original call for contributions to my network of contacts, I had this idea about its purpose: "This practice - facing and best - practice sharing project will create a valuable resource of criminal judgments, drafted by experts on criminal law and procedure from a number of jurisdictions. A comprehensive factual case scenario will form the basis of the judgments, which will be based on the law and practice of each jurisdiction, written in English, but in the style of the relevant court in each jurisdiction. The project provides a hands - on approach to legal issues, demonstrating different drafting styles across jurisdictions and providing a valuable reference for practical understanding of different judicial cultures. It contributes to contemporary efforts to give a voice to jurisdictions which are not commonly heard on the global scene and could also be used in judicial training."

I had over the years been involved in a number of so - called nation - or institution - building consultancies, where it was basically the global West and North talking to the global South and East. It was also obvious that the judgment styles were often a more or less direct and unadulterated mirror image of the styles used in the jurisdictions of the previous colonial powers or political role models: The more discursive British style, the formalised French style, and so on.

---

[1] www. dur. ac. uk/research/institutes - and - centres/criminal - law - criminal - justice/research/current - projects/comparative - criminal - judgments/.

The issue of judgment drafting is not a mere question of formalities. The style reflects the level of argument and justification that any jurisdiction demands of its judges, balanced with the necessities of managing a busy judicial docket load on a daily basis. Equally, the degree of detail in a decision required in each jurisdiction is an expression of the amount of trust placed in its judiciary on the one hand, and of the need for proper scrutiny of judicial decision – making on the other. Judgment drafting is thus also a means of providing judicial accountability, not only through the appellate process but also in the eyes of the public.

Discussing the way in which judgments are drafted is thus in reality a reflection on important aspects of the Rule of Law. An independent and equal conversation between different legal systems is indispensable in order to distil the essence of a global idea of a rule of law. This was expressed by President Xi Jinping for the Chinese context as follows:

> Basing our work on reality does not mean that we can develop the rule of law in isolation from the rest of the world. The rule of law is one of the most important accomplishments of human civilization. Its quintessence and gist have universal significance for the national and social governance of all countries. Therefore, we must learn from the achievements of other countries. However, learning from others does not equate to simply copying them. Putting our own needs first, we must carefully discern between the good and the bad and adopt the practices of others within reason. Under no circumstances can we engage in "all-out Westernization", or a "complete transplant" of the systems of others, or copy from other countries indiscriminately.[1]

In the present geopolitical climate, that conversation may seem to have become more difficult. I hope nonetheless that this book will play its part in keeping the communication alive across cultural boundaries. We cannot afford to stop talking to each other.

Michael Bohlander

Durham, January 2024

---

[1] Xi Jinping, *The Governance of China* Ⅱ, Foreign Languages Press, 2017, p. 126.

致　谢

我非常感谢杜伦大学法学院的迈克尔·布兰德教授邀请我加入比较刑事判决的研究项目。我在撰写中国模拟案例的判决书、阅读其他国家的判决书以及撰写比较文章时才惭愧地意识到，在过去近40年的刑事诉讼法学习和研究过程中，比较关注刑事诉讼程序的过程研究，而忽略了作为刑事诉讼结果的表现形式——刑事判决书的研究。通过参加这个研究项目，我意识到判决书承载了一个国家刑事司法制度的发展史，涉及了刑法、刑事诉讼法、证据学、犯罪学、犯罪心理学、青少年司法、语言学等多个领域，它对实现刑法、刑事诉讼法的目的有着极为重要的作用。在研究中，我也更深刻地意识到作为一位刑事法的研究学者，过去的研究范围过于狭窄，今后的研究任重而道远。

我非常感谢德国马普所的前所长汉斯·约格·阿尔布莱希特教授，他在我撰写比较刑事判决的文章时向我耐心地解释了德国近现代法学家的刑法思想和历史发展，弥补了我关于德国实体刑法发展史知识的不足。

我感谢中国政法大学的郭烁教授，他组织了这个项目的判决书的翻译和出版准备工作，他自己也参与到翻译工作中。同时我也非常感谢所有参加翻译的学者、博士生和参加编辑、校对工作的同学，他们是对外经济贸易大学陈学权教授、中国政法大学黄河副教授和林静副教授、西南政法大学曾元君讲师、北京科技大学陶朗逍副教授、中国政法大学博士生程铂瀚和熊馥琳。

我还要特别感谢北京市高级人民法院的吴小军法官，北京市昌平区人民法院的欧春光法官，北京才盛律师事务所商伟律师、靳学孔律师，他们对模拟案例中有争议的刑法适用问题给出了宝贵的建议。

我也非常感谢两位在德国弗赖堡大学获得刑法博士学位的清华大学法学院王钢教授、湖南大学法学院周子实教授，在我撰写比较刑事判决的文章时，我们讨论了如何将德国刑法的词语准确地翻译为中文并矫正过去的翻译。我认为将外国法学名著或法典翻译为准确的中文属于高阶的研究工作，译者应当是在熟悉外国和中国的相关研究领域的内容和价值时才能准确地翻译，否则会误导读者对中外法学概念的理解，遗憾的是有些错误的法学翻译已经误导了几代法学学生,甚至影响了现代立法的概念,所以我对所有参加这个比较刑事判决翻译的年轻学者表示深深的谢意。

期待这本比较刑事判决的著作可以对中国刑事判决的改革起到推动作用。

岳礼玲

2025 年 3 月 16 日于弗赖堡

目 录

Catalogs

从比较视角看刑事判决

岳礼玲*

一、引言

在参加这个刑事判决比较研究项目的15个国家中,作者相信随着各国刑事司法制度的持续发展,刑事判决的发展历程同样源远流长。以中国为例,在张家山出土的汉简《奏谳书》中有一件狱簿文书,是秦始皇二十七年(公元前220年)南郡官吏复审隼纵囚案的文簿,也是迄今所见唯一的秦统一后的裁判文书样本。[1]

虽然刑事诉讼模式大致可以分为英美法系的对抗制模式和大陆法系的审问制模式,但是由于各国政治、经济、文化等发展的路径不同,各国的刑事司法制度也呈现了不同的特点,刑事判决也随着刑事司法制度的发展,特别是刑事诉讼模式的发展,展示出不同的特点。虽然各国的判决呈现不同的风格,但是从这15个国家的判决文书格式中还是能够清晰地识别出刑事诉讼模式对判决的影响:首先,判决的法律依据,英格兰/威尔士虽然也有一些制定法,但还是没有成文的刑法和刑事诉讼法,也有一些有大陆法传统的国家,如阿根廷,在判决说理部分也引用一些先前的判例。其次,在诉讼模式方面所表现的特点最突出。英格兰和威尔士是对抗制的创始地区,对于本项目提供的重罪案例,它们要适用陪审团审理,所以我们能够看到职业法官在判决前对陪审团成员作出指令。在实践中,职业法官给出指令的程序,陪审团宣布是否有罪的程序,以及量刑的程序都是公开的,也被记录在法庭笔录中,但是它与大陆法系的刑事判决书在形式上有很大的不同。由于这个研究项目设计的模拟案例没有将有罪答辩作为一个情节,我们不能对各国答辩有罪或轻微案件的简易程序做具体的比较,但是笔者认为由于各国刑事司法花销所面

---

* 中国政法大学法学教授。

[1] 王志强:《制定法在中国古代司法判决中的适用》,载《法学研究》2006年第5期。

临的巨大压力，各国都设计了不同形式的简化审判程序。这表现了诉讼模式的融合。

虽然世界各国的刑事司法制度从古至今经历了显著的演变，但是刑事判决作为处理刑事案件的终结结论的展现始终存在，并没有消逝的迹象，它仍然扮演着刑事司法制度中的重要角色。

如果我们将刑事犯罪视为一种社会冲突，在刑事诉讼程序终结，作出了最终判决，判决已经开始执行或执行完毕时，我们就要审视作为解决冲突的重要表现形式的判决在具体内容上是否对社会冲突的解决有积极作用，以下列举的具体方面也是我们审视和比较研究项目参与国判决书是否更好地诠释了刑法和刑罚的目的的途径。

第一，刑事判决通过追究罪犯的刑事责任或加上适当的赔偿，为被害人及其家人或社区提供了一定程度的正义感，使被害人通过正式的法律程序寻求冲突解决的方式得到认可，从而不鼓励被害人通过私人的报复解决冲突。特别是在判决有利于被害人时，这有助于减轻愤怒、沮丧或怨恨的情绪，有助于解决由犯罪行为引起的社会冲突。被害人可能会有一种了结感，这可能会对被害人的身心进行疗愈。

第二，虽然现代多数国家的刑法和刑罚制度都以对犯罪人的教育和重回社会作为目标，但是刑事判决通过给予犯罪人惩罚，还是向社会传递了有关犯罪行为后果的信息。我们期待这对犯罪起到一定的震慑作用，阻止其他个人未来进行类似行为。通过遏制未来的犯罪活动，刑事判决有助于防止社会冲突的产生或进一步升级。

第三，虽然刑事判决有惩罚犯罪的目的，但是在现代，许多刑事司法制度都将帮助犯罪人，特别是青少年重回社会作为惩罚的目的之一。法官和刑罚实施机构通过制定各种方案和干预措施，使罪犯有机会解决导致其犯罪行为的潜在因素，并重新融入社会成为守法公民。当罪犯能够改变其不良行为并过上更有益的生活时，刑事判决或许可以减少这些个人未来涉入新的冲突的可能性。

第四，刑事判决反映了支撑法律体系的社会规范和价值观。通过惩罚和谴责犯罪行为来执行这些规范和价值观，判决巩固了社会契约，并促进了社会的公正与秩序感。这有助于解决冲突，因为它重申了可接受行为的共同标准，并且会打压破坏社会凝聚力的行为。

第五，有效的刑事判决会展示司法体系的公正和有效性，从而恢复公众对法律机构处理不法行为和公正解决冲突能力的信任和信心。当个人感知到正义得到了伸张时，他们更可能尊重法律程序并遵守其结果，从而减少了出现进一步冲突或私刑行为的可能性。

刑事判决（包括其说理部分）除了具有上述实体法方面的功能外，也具有一些刑事诉讼程序的辅助功能，即作为有效上诉的必要条件，因为上诉法院需要知道证据是如何被评估的，哪些论点导致了有罪或无罪的判决以及量刑结果。

笔者通过对15个国家刑事判决的初步研究，试图从两大方面进行比较：一方面，挑选出若干刑事实体法和程序法的问题进行分析，希望通过进一步的研究能够对刑法、刑事诉讼法以及青少年司法问题有更准确的理解；也希望为中国刑事法的深入改革起到一定的促进作用。另一方面，挑选参与项目不同地区的若干国家，对他们的刑事判决书的风格进行比较，希望对中国刑事判决的水平提高起到积极的推动作用。

二、判决的刑事实体法罪名认定

在本书收集的15个国家的判决中，有若干国家的判决适用的法律规定体现了刑法理论中犯罪竞合的原则。这个原则在大陆法系国家的刑法适用中比较重要，涉及定罪和量刑两个方面。

本书收集的15个国家的判决是针对虚拟的案件和事实，因为判决书格式的不同，并非所有国家的判决书都包括起诉的罪名，但笔者注意到在包含起诉罪名的判决书中，有若干国家的检察机关对被告人约翰、杰克和玛丽的起诉罪名和最后法院判决的罪名是不同的（见表1），特别是针对案件的主要被告人约翰，有些国家的检察官的起诉罪名是杀人未遂，但法院的判决是人身伤害，如保加利亚、巴西。还有若干国家在检察官起诉时就提出从重至轻的替代罪名，如荷兰、英国。这里提出的理论和实践问题是，法官或陪审团的判决或裁决能否改变起诉的罪名？以及法官如果改变罪名，他/她应遵循的原则是什么？

表1　各国判决认定的罪名

国别	约翰	杰克	玛丽
阿根廷	故意杀人罪未遂	过失杀人罪;过失致人重伤罪	无罪
保加利亚	故意伤害罪	故意违反交通规则致人死亡	无罪
巴西	情节严重的人身伤害	违反交通法	无罪
柬埔寨	杀人未遂	违反《道路交通法》	无罪
智利	故意杀人未遂	故意杀人罪;故意严重伤害罪	无罪
中国	故意杀人未遂	以危险方法危害公共安全罪;窝藏罪	无罪
英国	杀人未遂	危险驾驶致人死亡、重伤	无罪
法国	杀人未遂	过失杀人罪;未向处于危险中的人施救;交通肇事逃逸	无罪
德国	杀人未遂及危险的身体侵害	加重谋杀;危险的身体侵害;危害道路交通;物品损坏;无证驾驶	无罪
伊朗	故意伤害罪;饮酒罪	无证驾驶致人死亡	饮酒罪
意大利	重伤害罪	驾车杀人罪	重伤害
荷兰	故意杀人未遂;威胁实施危害生命罪	交通事故致他人死亡;交通事故致他人伤害	无罪
波兰	杀人罪;重伤害罪	在他人遇到危险不协助罪;交通肇事;协助犯	无
乌拉圭	故意杀人罪	杀人罪及伤害罪	无罪
越南	故意伤害罪	违反交通规则	无

大家可能注意到,在德国、荷兰、波兰的判决书中法官都认定了被告人约翰两个罪名,即杀人未遂及危险的身体侵害(德国);故意杀人未遂和威胁实施危害生命罪(荷兰);杀人罪及重伤害罪(波兰)。在判决中还要确定如何量刑,这是世界各国在不同法律传统中都要面对的共同问题。在我们的项目中,属于大陆法系传统的国家占多数,我们以具有一定代表性的德国刑法原理为例,简单回溯他们在处理一个犯罪行为违反两个以上刑法条文;一个犯罪行为被重复多次;一个行为人在一段时间内犯数罪的传统刑法概念:“想象

的竞合"[1](Idealkonkurrenz)及"实质的竞合"(Realkonkurrenz)。[2]笔者认为,更好地了解这两个概念的含义的方法就是了解它演进的历史。

从历史上看,中世纪末期和近代初期,刑法和刑法典的出现带来了一场辩论,即如何处理被告犯有多项刑事罪的案件。这个问题在德国第一部全面的刑法典,即1532年的《卡洛林纳刑法典》(1532 Constitutio Criminalis Carolina)[3]中就已经讨论过。当时还没有使用近代的术语"想象竞合"和"实质竞合",而是拉丁语"*concursu delictorum*"[4],意思是同时成立一个以上的刑事犯罪,然后相互竞争。于是,"Konkurrenzen"一词被创造出来,用来描述"竞合"(或几种刑事犯罪以及对这些犯罪的处罚之间的竞争)背后的概念。

直到19世纪[5],在立法、判例和学术文献中一直占主导地位的基本模式要求对被告所犯的每项刑事罪实施严格的累加刑事处罚。"Idealkonkurrenz"(一种行为构成两种或两种以上刑事犯罪)和"Realkonkurrenz"(几种行为构成不同种刑事犯罪)之间没有区别。该模式以"quot crimina, tot poenae"(所有犯罪都必须受到惩罚)[6]原则为基础。只有在例外情况下,尤其是在两种刑罚不相容的情况下(例如,如果所有刑事犯罪都判处死刑,这种情况在17世纪之前经常发生),"poena major absorbet minorem"(较重的刑事处罚吸收较轻的刑事处罚)规则才被接受。约翰·安塞姆·费尔巴哈(Paul Johann Anselm von Feuerbach)在其《实体刑法的原则和基本概念的修订》[7]一书中作了如下解释:"违反了一项刑法,就存在一项罪行。如果某人违反了多项刑事犯罪法规,那么就存在多项犯罪。这些罪行的存在与它们是一个行为还是几个行为的结果无关。每次违反刑事犯罪法规都会导致刑事处罚,这些不同

---

〔1〕 暂时使用这个在中国已经是约定俗成的翻译,在后面将评论这个翻译。

〔2〕 Hans - Heinrich Jescheck, Thomas Weigend, Lehrbuch des Strafrechts, Allgemeiner Teil, Duncker & Humblot Berlin, 1996, S. 718 - 731.

〔3〕 Benedikt Carpzov, Practicae novae imperialis Saxonicae rerum criminalium, 1695.

〔4〕 Peter Schultz, August Becker, Disputatio Inauguralis De Concursu Delictorum. Zeitlerus, 1692.

〔5〕 Mohamad El - Ghazi, Revision der Konkurrenzlehre. Unrechts - und Schulddivergenzen zwischen Ideal - und Realkonkurrenz, Tübingen, Mohr Siebeck 2020, S. 17.

〔6〕 Wilhelm Höpfner, Einheit und mehrheit der verbrechen: Der grundsatz "quot crimina tot poenae" im deutschen Reichsrecht. Die Behandlung von Verbrechenseinheit und Verbrechensmehrheit. Gesetzgebungsvorschläge. F. (Wilhelm Höpfner). F. Vahlen, 1908.

〔7〕 Paul Johann Anselm Feuerbach, Revision der Grundsätze und Grundbegriffe des positiven peinlichen Rechts. Erfurt, 1799, S. 340 - 341.

的处罚必须同时执行。”

正是在19世纪，这种对多项刑事犯罪进行量刑和处罚的主导观点受到了挑战，并转变为一种概念（至少在德国、瑞士和奥地利），将一个人通过一个行为构成两项或更多刑事犯罪的情况与一个人通过若干行为（这些行为相互独立）实施多项刑事犯罪的情况区分开来。弗朗茨·冯·李斯特（Franz v. Liszt）在其《德意志帝国刑法》[1]一书中指出：“犯罪是一种行为；多种犯罪必须由多种行为引起；如果只实施了一种行为，则只能构成一种犯罪。”其结果是，对于一种行为和一种刑事犯罪，只能处以一种刑罚。只有在多个行为构成刑事犯罪的情况下，才可以考虑数罪并罚。因此，1871年第一部德国《刑法典》区分了一个行为构成几个刑事犯罪的情况。其第73条规定：如果一个行为构成几个刑事犯罪，刑罚必须由规定了最严重刑罚的犯罪法规产生。第74条规定：如果几个独立的犯罪行为分别构成了一个刑事犯罪，那么在这些犯罪的不同刑罚中，必须通过加重最严重的刑罚来形成一个刑罚（Gesamtstrafe）。19世纪的德国《刑法典》并没有使用“Tateinheit”（一行为触犯数罪名）或“Tatmehrheit”（数行为触犯数罪名）或“Idealkonkurrenz”或“Realkonkurrenz”等概念。20世纪引入了“Tateinheit”和“Tatmehrheit”，而在文献中，“Tateinheit”被称为“Idealkonkurrenz”，“Tatmehrheit”被称为“Realkonkurrenz”。

目前，关于“Tateinheit”比“Tatmehrheit”更宽大处理是否合理的讨论仍在继续，一些学者认为，“Tateinheit”导致的宽大处理既不是因为罪责较轻，也不是因为错误较轻。[2] 不过推测，法律可能是不会改变的。

至于普通法系的代表国家英国（以英格兰法律为主），与大陆法系国家相比，他们没有对数罪的问题在理论上讨论得深入和细致，但是在司法实践中也存在一个行为触犯多个罪名以及多个行为触犯不同罪名的问题。针对本项目的模拟案例，检察官对约翰和玛丽起诉了三项罪名，但是法官认定了一项罪名：“谋杀比尔未遂罪”，最后判处的也是一个刑罚：有期徒刑20年。我们可以注意到，英格兰判决的量刑部分遵循了2023年7月1日由量刑委员会颁布的《量刑指导原则》，其中针对数罪规定了与大陆法系近似的量刑原则，

---

[1] Franz v. Liszt: Das deutsche Reichsstrafrecht, 1881, S. 164.

[2] Bernd Lang, Die Idealkonkurrenz als Missverständnis: zur Entwicklung der Konkurrenzen im 19. Jahrhundert. Berlin: Duncker & Humblot, 2008.

即“刑罚的结构可以是(同时执行)[1](concurrence)或(连续执行)[2](consecutive)。对于如何安排刑期,并没有明确的规定。”下面这个《量刑指导原则》又进一步给出两种执行刑罚方式的具体建议。

> 如果是连续执行刑罚,通常不可能仅仅通过将名义上的单一刑期相加来得出一个公正且相称的刑期。通常需要做一些向下的调整。
>
> 如果是同时判刑,通常情况下,任何一个单一罪行的名义上的刑期都不能充分反映整体的刑期。通常情况下,需要对刑期进行一定程度的上调,这可能会导致刑期超出适合单项罪行的类别范围。

从我们这个项目的模拟案例中英、德法官的判决看,似乎量刑的原则是相同的,德国的法官给约翰判定两个罪名即故意杀人未遂和故意重伤害。在定罪方面英美法系的裁量权较大,能够不说明理由直接删除两个较轻的伤害罪,仅保留较重的杀人未遂罪。从量刑的表面看,两国的模拟法官都对约翰判处一个刑罚,只是两国的判刑轻重悬殊较大,德国判约翰有期徒刑2年3个月,而英格兰判20年有期徒刑。但从以上英格兰《量刑指导原则》看,德国和英国对数罪的量刑原则是不同的。依照德国《刑法典》第52条的规定,当一个行为触犯多个条文时,虽然可以认定多个罪名,但是量刑时不是将刑法中的两个罪名的刑罚同时进行,例如,较重的罪判25年,较轻的罪判5年有期徒刑,重罪吸收轻罪判25年,轻罪的刑罚就等于在执行重罪的刑罚时同时执行了。德国在这种情况下只按照那个较重的罪量刑,轻罪完全被删除。法官不允许在判决中对两个罪分别量刑,然后决定执行的刑罚。德国《刑法典》第54条规定的数罪并罚的量刑原则[3]与英国的数罪并罚的区别较大,前面提到

---

[1] 这里“同时执行”的含义为:如果一个被定罪者的一个行为触犯了多个罪名,量刑时应当每个罪分别量刑,然后重罪的刑罚吸收轻罪的刑罚。

[2] 这里的“连续执行”是指如果一个人的多个行为触犯了不同的法条,量刑时应当分别量刑,执行时逐一执行,换言之就是简单累加。

[3] 德国《刑法典》第54条规定:综合刑罚的确定 (1)如果个别罪行的刑罚之一是终身监禁,则判处终身监禁的总刑罚。在所有其他情况下,综合刑罚是通过加重最严厉的个别刑罚来确定的,在不同种类刑罚的情况下,通过加重性质最严厉的刑罚来确定。罪犯的个人和个别罪行将被视为一个整体。(2)总刑期不得超过各刑期的总和。如果是有期徒刑,刑期不得超过15年;如果是罚金,刑期不得超过720日。(3)如果总刑期由监禁和罚金组成,在计算各刑期总和时,一个日刑率相当于一天监禁。

的《量刑指导原则》中的“连续执行”，通常情况下是指数个罪行分别量刑，然后简单相加，只是《量刑指导原则》建议应“向下调整”，这或许是英格兰模拟判决约翰20年有期徒刑的依据。德国的一些刑法专家认为这违背刑法的罪责原则。[1] 各国法院对约翰的罪名及量刑见表2。

表2　约翰的罪名及量刑

国别	约翰	量刑
阿根廷	故意杀人罪未遂	6年监禁
保加利亚	故意伤害罪	5年监禁
巴西	情节严重的人身伤害	2年4个月监禁及112日罚金
柬埔寨	杀人未遂	25年监禁
智利	故意杀人未遂	5年1日监禁
中国	故意杀人未遂	5年监禁
英国	杀人未遂	20年监禁（服2/3）
法国	杀人未遂	13年监禁（包括6.5年的最低刑期）；附加刑
德国	杀人未遂及危险的身体侵害	2年3个月自由刑
伊朗	故意伤害罪；饮酒罪	5年监禁；饮酒罪80鞭
意大利	重伤害罪	3年监禁
荷兰	故意杀人未遂；威胁实施危害生命罪	18个月监禁
波兰	杀人罪；重伤害罪	9年监禁
乌拉圭	故意杀人罪	4年4个月监禁
越南	故意伤害罪	8年6个月监禁

在中国，笔者认为在比较法的研究中首先遇到的是如何准确翻译重要法律词汇的问题。例如，前述的德语 Idealkonkurrenz 和 Realkonkurrenz 在中国被译为“想象的竞合”和“实质的竞合”，笔者和其他少数学者质疑这一翻译。首先，在中国的词典里是没有“竞合”这个词语的，据有些学者考证，“竞合”这

[1] Johannes Wessels, Werner Beulke, Helmut Satzger, Strafrecht Allgemeiner Teil, 53. Auflage S. 445.

个词来自日本的法律用语。[1] 按照德语“Konkurrenz”是“竞争”的意思，放在刑法中可能引申为一种特殊的考量，即当一个行为触犯多个法条，或多个重复的行为触犯同一法条时如何定罪和量刑。而且在目前刑法典和教科书中都不使用这两个概念了，而是用“Tateinheit”（一行为触犯数罪名）和“Tatmehrheit”（数行为触犯数罪名）来表述刑法中的数罪并罚问题。[2] 中国目前使用的词汇虽然已经约定俗成，但是不准确，且很难理解。

中国《刑法》中并没有明确规定一个行为触犯多个刑法罪名的定罪量刑问题，而只是在《刑法》第 69 条第 1 款[3]中规定了一人犯数罪，除死刑和无期徒刑以外刑罚的计算方式，即“应当在总和刑期以下、数刑中最高刑期以上，酌情决定执行的刑期”，并且对若干刑罚的最高刑进行了限制。中国《刑法》在今后的修改中可增加一人犯罪触犯多个刑法条文的量刑规则，因为简单地用重罪吸收轻罪的刑罚执行方法并不能完全恰当地展示对刑法法益之保护。

三、刑法中的正当防卫

虽然各国的判决书中将主要被告人约翰判为谋杀罪或故意伤害罪，但是从判决书或附属材料中还是能够看出：无论是法官还是辩护律师都要考量约翰的行为是否属于正当防卫或防卫过当。

以下是案情描述中约翰刺伤比尔前的情形：

> 比尔从自己的车里拿了一把螺丝刀，在约翰车的引擎盖上划了道又长又深的划痕。约翰怒气冲冲地从车里出来，扑向比尔，从比尔手中夺过螺丝刀。约翰对比尔尖叫：“我要杀了你，混蛋！”

这个案情给各国的立法者和法律实践工作者提出若干问题：(1) 对于财产的损害是否包含在正当防卫的范围？(2) 如果对第一个问题的回答是确定的，在什么时间范围内能进行正当防卫？即如何定义“正在发生”“持续进

---

[1] 许道敏：《移植西方法律概念不能忘了翻译》，载《检察日报》2007 年 7 月 12 日，第 3 版。

[2] Johannnes Wessels, Werner Beulke, Helmut Satzger, Strafrecht Allgemeiner Teil, 53. Auflage S. 444－446.

[3] 中国《刑法》第 69 条第 1 款规定：“判决宣告以前一人犯数罪的，除判处死刑和无期徒刑的以外，应当在总和刑期以下、数刑中最高刑期以上，酌情决定执行的刑期，但是管制最高不能超过三年，拘役最高不能超过一年，有期徒刑总和刑期不满三十五年的，最高不能超过二十年，总和刑期在三十五年以上的，最高不能超过二十五年。”

行”?(3)如何限定刑法中的防卫过当?

德国的判决理由中否认了被告人约翰的行为属于正当防卫或防卫过当,其根据首先是依据《刑法典》第 32 条,[1] 认为约翰对于比尔“对其汽车的攻击已经结束”。其次是依据《刑法典》第 33 条,认为被告人约翰的行为“不是出于慌乱、恐惧或惊吓,而是出于愤怒,愤怒并不是《刑法典》第 33 条[2] 所包含的原因(BGH NStZ – 1993,133)”。

回答上面的第一个问题,德国《刑法典》第 32 条第 2 款所规定的“必要防卫”范围总体看是比较广的,可以理解为“自卫是为避免自己或他人当前的非法攻击”。这个条款被法律专家在比较著名的《刑法评注》中解释得非常广泛,仅个人方面就包含了生命、身体、自由、财产等方面的合法利益。[3] 但是我们也应当注意到德国《刑法典》第 32 条第 1 款“自卫所需的行为”也是对正当防卫有限制的,这些限制大致可分为五种情形:(1)如果侵害人是儿童或少年,被侵害者应先选择逃离。(2)如果侵害行为发生在家庭成员之间,被侵害者也应先选择逃离。(3)如果自卫是由挑衅引起的。(4)绝对的不合比例。[4] (5)《欧洲人权公约》第 2 条的生命权否定为保护财产权而损害侵害人生命和健康的行为具有合法性,但是这在《欧洲人权公约》的成员国中是有争议的。[5]

从上述模拟案例的描述可以看到,当比尔拿了一把螺丝刀在约翰车的引擎盖上划了道又长又深的划痕后,被告人约翰马上就从车上下来并从比尔手中夺过了螺丝刀,致使正在发生的对约翰财产的破坏暂时中止,当然也无法推断如果约翰不夺下这把螺丝刀,比尔会有什么行为,可能继续划车,也可能用螺丝刀刺杀约翰。因为通常德国的法律原则是不能对即将发生的侵害行为实施预先的防卫,但是笔者认为在实践中很难判断侵害人的行为是否

[1] 德国《刑法典》第 32 条规定:自卫 (1)任何人实施自卫所需的行为并非非法行为。(2)自卫是为避免自己或他人当前的非法攻击而进行的必要防卫。

[2] 德国《刑法典》第 33 条规定:超出自卫限度 如果行为人出于混乱、恐惧或惊吓而超出自卫限度,则不应受到处罚。

[3] Schoenke/Schroeder, Strafgesetzbuch Kommentar, 30. Auflage, C. H. Beck, 2019, S. 650 – 651.

[4] Johannnes Wessels, Werner Beulke, Helmut Satzger, Strafrecht Allgemeiner Teil, 53. Auflage edition, S. 172 – 173.

[5] Johannnes Wessels, Werner Beulke, Helmut Satzger, Strafrecht Allgemeiner Teil, 53. Auflage edition, S. 170 – 171.

继续。

关于被告人的主观心理状态。德国的法官依据《刑法典》第33条的规定认为被告人约翰的行为“不是出于慌乱、恐惧或惊吓,而是出于愤怒,愤怒并不是《刑法典》第33条[1]所包含的原因”。法官判断依据的证据是被告人对比尔说的话,“我要杀了你,混蛋!”笔者认为,当被告人受到非法侵害时,其心理活动是复杂的,可以是慌乱、恐惧、惊吓、愤怒的混合体,仅依据一句“我要杀了你”就认定被告人有故意杀人的动机是值得商榷的,并且被告人还在酒精的部分影响下,这可能也是有若干国家的陪审团或法官在判决时降等选择了较轻的罪名的原因,如巴西、保加利亚、越南和伊朗等。

而普通法的发源地英格兰/威尔士法对正当防卫的规定与大陆法系的德国类似,学者们认为最初的制定法源于《1967年刑法》第3条规定了正当防卫的主要原则:“为预防犯罪,或为实施或协助合法逮捕罪犯或犯罪嫌疑人或非法在逃人员,任何人可使用在当时情况下合理的武力。”这里的“预防犯罪”被解读为在许多情况下自卫是在预防犯罪,此后法官在办案中拓展了正当防卫的规则。在2008年颁布的《刑事司法和移民法》中的第76条进一步解释了《1967年刑法》第3条的规定,强调了正当防卫的两个基本点:必要性及合比例性。[2] 但是,在《2013年犯罪与法院法》第43条对上述第76条进行了修订,允许人们使用更大的武力保护自己的住宅免遭窃贼入室盗窃。这实际上放宽了对合比例原则的解释,至少在入室盗窃的案件中扩大了使用武力的合理性。

英国和德国对正当防卫的法律规定和司法实践讨论的问题是近似的,不同之处是由不同的法律模式所体现的,英国法有关正当防卫的法律和原则多数是从判例中发展而来的,法官有更大的解释法律的权力。两个国家目前共同讨论的问题是关于执行《欧洲人权公约》第2条中的生命权,两国学者都认为在正当防卫中生命权的保护是绝对必要的,但是我们要注意的是《欧洲人权公约》规定的是国家与公民的权力/权利和义务,而正当防卫在多数情况下是在公民之间发生的。

---

〔1〕 德国《刑法典》第33条规定:超出自卫限度　如果行为人出于混乱、恐惧或惊吓而超出自卫限度,则不应受到处罚。

〔2〕 Andrew Ashworth, Principles of Criminal Law, sixth edition, 2009, p. 116 – 124.

在2024年年初，中国最高人民检察院主持拍摄了一部电影《第二十条》，片名就是指《刑法》第20条[1]规定的正当防卫原则。在2024年第十四届全国人民代表大会上，最高人民法院院长张军在《最高人民法院工作报告》中又特别提到正当防卫的问题，该报告给出了一个正当防卫的统计数据，从2021年到2023年共有77名被告人以正当防卫被宣告无罪，这在中国刑事案件中是一个极小的数字，所以张军院长也提到"20条已被唤醒"。笔者认为，这或许想说明2020年最高人民法院、最高人民检察院、公安部《关于依法适用正当防卫制度的指导意见》（以下简称《正当防卫指导意见》）对促进《刑法》第20条在实践中的运用发挥了一定作用。

中国《刑法》第20条及《正当防卫指导意见》所规定的正当防卫所保护的权益范围与其他国家法律制度的保护范围基本是相同的，即正当防卫针对的"不法侵害"包括可能造成的生命、健康、人身自由以及公私财产权的损害。但是中国《刑法》与其他国家有些许不同的是，正当防卫行为的范围不仅包括犯罪行为，而且包括没有构成犯罪的违法行为，并且在《刑法》第20条第3款对列举的针对若干暴力犯罪，杀人、抢劫、强奸、绑架等严重暴力犯罪的正当防卫如果造成犯罪者重伤或死亡的不认定为防卫过当。《正当防卫指导意见》中对各国办理正当防卫案件的法律人员普遍探讨的问题提出了指导原则，例如关于实施防卫人员的主观认识与客观情况的差异，办案人员特别是法官都是在案件发生后，从局外人的角度客观、理性地评判防卫人，所以有时判决的结果形成对防卫人新的实体性的不公。《正当防卫指导意见》建议："要充分考虑防卫人面临不法侵害时的紧迫状态和紧张心理，防止在事后以正常情况下冷静理性、客观精确的标准去评判防卫人。"另外一个在实践中颇具有争议的问题是正当防卫的时间条件。例如，在财产犯罪中，不法侵害人虽已取得财物并逃跑，被害人想通过追赶、阻击等措施追回财物，《正当防卫指导意见》认为可以视为不法侵害仍在进行，并指出："对于不法侵害虽然暂

---

〔1〕 中国《刑法》第20条规定：为了使国家、公共利益、本人或者他人的人身、财产和其他权利免受正在进行的不法侵害，而采取的制止不法侵害的行为，对不法侵害人造成损害的，属于正当防卫，不负刑事责任。正当防卫明显超过必要限度造成重大损害的，应当负刑事责任，但是应当减轻或者免除处罚。对正在进行行凶、杀人、抢劫、强奸、绑架以及其他严重危及人身安全的暴力犯罪，采取防卫行为，造成不法侵害人伤亡的，不属于防卫过当，不负刑事责任。

时中断或者被暂时制止，但不法侵害人仍有继续实施侵害的现实可能性的，应当认定为不法侵害仍在进行……对于不法侵害人确已失去侵害能力或者确已放弃侵害的，应当认定为不法侵害已经结束。”《正当防卫指导意见》建议按照“公众的一般认知”判断不法侵害的开始与结束时间，结合案件的客观情况对认定正当防卫的必要性及成比例性。

四、未成年人犯罪的刑事司法

在模拟案例中的第三被告人杰克是第一被告人约翰的弟弟，其犯罪时未满 18 岁。在其兄约翰实施犯罪时，杰克也在犯罪现场，在约翰刺伤比尔后，杰克将约翰拉进车里，在没有驾驶执照、没有帮约翰系安全带，且自己也没有系安全带的情况下，高速、野蛮驾驶，导致严重的交通事故，致奥莉维亚死亡，约翰重伤。

从适用实体法律的层面看，在 15 个国家中只有巴西〔1〕、德国〔2〕和乌拉圭〔3〕有专门处理青少年犯罪案件的法律，其他国家在定罪方面主要依据《刑法》或《交通安全法》，英国在量刑方面有《儿童和青少年量刑指南》。比较有特点的是阿根廷的法官在对杰克的判决进行说理时直接引用了联合国的《儿童权利公约》《联合国少年司法最低限度标准规则》（以下简称《北京规则》）和《美洲人权法院规则》（可简称为第 22. 278 号法），学术著作以及阿根廷对青少年犯罪的先前判例，这种说理方式提升了在处理青少年犯罪案件时贯彻联合国青少年司法原则的重要性。

笔者注意到，在对杰克判决的法官说明中展现了在不同的文化背景下，对杰克犯罪意图的解读和相应的刑事责任是有不同的（见表 3）。例如，在阿根廷，杰克的辩护律师在陈述辩护意见时提到阿根廷《刑法典》第 277 条第 4 款规定，如果为犯罪者提供帮助的人是法律规定的亲属（包括兄弟姐妹），则可以免除其因帮助犯罪者而产生的刑事责任。法官最后也没有认定杰克构成协助或窝藏、包庇罪。而英国的法官在向杰克解释对他的判决时特别提到杰克帮助他哥哥逃避严重罪行的侦查而危险驾驶是进一步加重刑罚的特征。

---

〔1〕 巴西《儿童和青少年条例》、巴西《国家社会教育关怀制度法》。

〔2〕 德国《少年法庭法》。

〔3〕 乌拉圭《儿童和青少年法》。

无论在理论上还是各国的司法实践中,豁免犯罪辅助亲属的刑事责任都是一个具有争议性的问题,其理念与中国古代的"亲亲相隐"的理念类似,将维护家庭特别是将家庭成员之间的忠诚的价值置于很重要的位置,但是目前包括中国在内的许多国家的刑法或证据法,只给予被告人的亲属作证的豁免权,而并没有给予协助被告人犯罪的罪责豁免权。对给予协助犯罪的亲属豁免权持反对意见的人认为:这种豁免可能会被滥用,可能会削弱司法系统对所有个人平等追究责任的能力。他们还认为,为家庭成员提供豁免可能会鼓励犯罪行为,或者通过使犯罪者逃避犯罪后果来阻碍司法。笔者比较同意这种反对意见,认为这涉及比较复杂的道德与法价值观的平衡问题,需要在理论与实践中继续深入讨论,如何在尊重家庭和维护司法正义方面取得微妙的平衡。

表 3　杰克的罪名及量刑

国别	罪名	量刑
阿根廷	过失杀人罪;过失致人重伤罪	监护治疗 1 年,不适用任何刑罚
保加利亚	故意违反交通规则致人死亡	4 年 6 个月监禁
巴西	违反交通法	社会教育拘留措施,在不超过 6 个月的时间内重新评估
柬埔寨	违反《道路交通法》	2 年 6 个月监禁
智利	故意杀人罪;故意严重伤害罪	2 年监禁
中国	以危险方法危害公共安全罪;窝藏罪	4 年监禁
英国	危险驾驶致人死亡、重伤	6 年长期监禁(3 +3)
法国	过失杀人罪;未向处于危险中的人施救;交通肇事逃逸	2 年 6 个月监禁;缓刑 1.5 年;社区服务 1 年;附加刑
德国	加重谋杀;危险的身体侵害;危害道路交通;物品损坏;无证驾驶	3 年 6 个月少年自由刑
伊朗	无证驾驶致人死亡	2 年 10 个月监禁;5 年禁驾
意大利①	驾车杀人罪	适用普通程序:8 年有期徒刑 适用简易程序:5 年 4 个月有期徒刑

续表

国别	罪名	量刑
荷兰	交通事故致他人死亡;交通事故致他人伤害	12个月少年监禁,其中有4个月缓刑;缓刑期2年
波兰	在他人遇到危险不协助罪;交通肇事;协助犯	2年2个月监禁;5年内不得驾驶任何机动车;支付赔偿金
乌拉圭	杀人罪及伤害罪	12个月监禁
越南	违反交通规则	2年6个月监禁,允许适用缓刑

①杰克由少年刑事法庭审理。

参加这个项目的15个国家都已加入了联合国《儿童权利公约》和《北京规则》及《联合国预防少年犯罪准则》等。这些联合国文件所确立的核心原则就是"儿童最大利益原则"。对于我们这个项目提供的模拟案例,贯彻这个原则主要体现在对被告人杰克的量刑上。《北京规则》第17.1条c项规定:"除非未成年人被判定犯有涉及暴力侵害他人的严重行为……否则不得剥夺其人身自由。"该条还规定,只有在"没有其他适当的应对措施"的情况下,才可剥夺未成年犯的人身自由。在这个项目的15个国家中,阿根廷在对杰克的量刑方面展示了最大限度贯彻联合国规则的判决,虽然判定杰克过失杀人和过失伤害罪,但是只判处杰克在监护下治疗1年,而没有判处任何刑罚。在这15个国家中,有7个国家(乌拉圭、波兰、伊朗、德国、意大利、中国、保加利亚)没有判缓刑。这或许与案情的设计以及这几个国家的实体刑法有关,属于依照现行法"没有其他适当的应对措施"。以中国的法律为例,在中国《刑法》中没有将对青少年的定罪与量刑进行专章的规定,只在《刑事诉讼法》中将未成年人的诉讼程序与成年被告人的诉讼程序相分离。在中国《刑法》里,有两个罪名与这个模拟案例有关,一个是《刑法》第133条规定的交通肇事罪,另一个是《刑法》的第114~115条的以危险方法危害公共安全罪,区分这两个罪是比较微妙的,通常的观点认为交通肇事罪的被告人对他人造成的危害结果在主观方面是过失,而以危险方法危害公共安全罪的被告人在主观方面是故意。对于案件中的杰克,综合案情,他可能没有直接的故意希望危害的结果发生,他只想帮哥哥逃跑避免刑事追究,但是他的年龄已经接近成年,又没有喝酒,应推断他对以危险驾驶的方式可能造成他人的生命或健康损害的后果有判断的能力,但是他放任了这种结果的发生,且产生一死二伤的结果,这属于间接故意。另外，从客观方面看，交通肇事罪只针对交通运输的安全，但是以危险方法危害公共安全罪涉及对不确定多数人的生命和健康的危害。我们不应忽视案件的一个细节，杰克疯狂超速驾驶的道路在市中心，这种行为的潜在危害对象就是不确定多数人的生命和健康。因为中国《刑法》第115条以危险方法危害公共安全造成严重危害后果的量刑并没有缓刑，所以只能判监禁刑，而且最低的刑期为10年，但是考虑到杰克仍然是未成年人且是初犯，在诉讼过程中能如实供述，表示悔改，量刑是在这个罪名的最低起点——有期徒刑10年的下半部分判定的。依据《刑法》第17条的规定，“追究刑事责任的不满十八周岁的人，应当从轻或减轻处罚”。所以中国判决书中对于杰克的量刑在现有刑法的框架下已经是很大程度的减轻了。

德国在实施联合国“最大利益原则”方面也有可借鉴之处。德国有专门的《少年法庭法》，依照这一法律，虽然杰克也被判处监禁刑没有缓刑，但是法官判处的是“少年监禁刑”。少年监禁刑与成年人监禁刑的区别，即对于少年监禁刑如何执行，各州是有区别的，每个州有其自行的立法。

各国在判决中贯彻执行儿童“最大利益原则”不但体现在定罪、量刑等主要方面，也体现在一些附加的禁止规则方面。例如，在判决中有若干国家对杰克附加判处了禁止驾驶的期间，如波兰和伊朗。在德国的判决书中也提到了如何处理杰克的驾驶资格问题，德国法官的描述更多地体现了照顾未成年人最大利益的精神，其中写道：“法院从他在法庭上的行为中确信，他知道这些事件和可怕的后果是他的错，已经对他产生了有益的影响。他需要在获释后尽快取得驾照，以便继续接受教育或寻找工作，更重要的是能够处理他面临的预期民事责任。而在他重返社会的道路上设置更多的障碍将适得其反。”

五、刑事诉讼的费用

在这个项目提交判决的15个国家中有9个国家（阿根廷、保加利亚、巴西、波兰、德国、法国、意大利、英国、越南）的判决里提到被定罪的人应当付刑事诉讼费。在这些国家中，有些国家专门制定了刑事诉讼费用法，如波兰，其他多数国家将收费的规则规定在刑事诉讼法中。从各国的判决可以看到，各国的具体收费和减免原则、收费标准都有一些差异，而且在世界范围，无论是在何种诉讼模式下，有关刑事诉讼的费用、应否向被定罪的人收费，以及刑事诉讼中的哪些项目需要收费、如何通过改革使刑事诉讼程序更有效率地进行等议题都存在很大争议。笔者注意到,在中国无论是在理论方面还是在立法和实践方面,对刑事诉讼费用和收费的问题都还未展开广泛的讨论,因此,笔者认为有必要通过这个比较刑事判决的项目,对刑事诉讼收费的议题进行介绍和讨论,希望对中国的立法和实践有所帮助。

笔者尝试以德国为例介绍德国有关刑事诉讼收费的具体内容,希望对其他国家的立法和实践有一定参考作用。

19 世纪以来,一些国家的刑事诉讼法采用了由被定罪的被告承担刑事诉讼费用的原则。1877 年德国第一部《刑事诉讼法》中就有相应的规则(第 497 条),其基本原理是败诉方始终必须承担诉讼费用。该原则不仅适用于刑事诉讼,也适用于民事和行政诉讼。[1] 德国现行《刑事诉讼法》[2]专章规定了诉讼费用,其中第 465 条明确规定,被判犯有刑事罪的罪犯必须承担刑事诉讼的费用,而且在第 464 条也明确规定了在作出刑事判决时,法院还必须就诉讼费用作出裁决,即诉讼费用应作为判决的一部分。第 464a 条规定了诉讼费用的范围,即何为"必要开支"。[3] 我们可能注意到,这一法律规定是比较笼统和广泛的,在这一条文的第 2 项和后续的法条中还特别提到对证人的误工补贴、申请再审的费用等。在实践中,聘请专家证人或对计算机系统的调查、鉴定费用都包括在诉讼费用中,但是,在通常情况下,为贫穷的被告人聘请辩护律师,以及翻译的费用应由国家支付。当被定罪人属于少年法庭审判范围时,依据《少年法庭法》有一个例外,即第 74 条规定,"少年为刑事被告人的诉讼程序中,可免除由刑事被告人承担的费用和垫付款"。虽然该法本身没有详细说明在一般规则之外引入这一例外的原因,但是可以推断:少年法庭应优先考虑少年犯的教育和重新融入社会的目的,而如果强制执行诉讼费用,这一目标可能会受到损害。这样的理念在德国是不容置疑的。

虽然德国关于刑事诉讼费用的法律规定已经实施近 150 年,但是长期以

---

〔1〕 Bernd - Dieter Meier, Die Kostenlast des Verurteilten. Eine empirische Untersuchung zur kriminalpolitischen und fiskalischen Bedeutung des strafprozessualen Kostenrechts, Bundesanzeiger, S. 19.

〔2〕《德国刑事诉讼法典》,岳礼玲、林静译,中国检察出版社 2016 年版。

〔3〕 德国《刑事诉讼法》第 464a 条:"1. 诉讼费用是费用和国库开支。为了准备提起公诉、执行对行为的法律处分而产生的费用也属于诉讼费用。"

来对这一收费原则在法学界中一直有批评和呼吁彻底废除的声音,同时也呼吁在被告最终被定罪的情况下,应由国家自行承担刑事诉讼的费用。[1] 概括这些学者的观点,他们提出了三个理由来证明废除刑事定罪必须导致被告承担刑事诉讼费用的原则是合理的。

首先,有观点认为,已定罪罪犯承担刑事诉讼费用的原则是基于纯粹从财政方面的考量和论证:认为国家收回刑事侦查和诉讼费用,这当然是罪犯实施刑事犯罪的后果。但是,刑事侦查和刑事诉讼(以及刑事处罚)被宣称为符合公共利益。事实上,刑事法律的执行首先是为了国家的利益,国家以这种方式执行和维护权力的垄断。根据德国《刑事诉讼法》,在某些有选择的自诉刑事犯罪(Privatklagedelikte)中,国家(检察官)也可以宣布起诉不符合公共利益,在这种情况下,如果受害者选择起诉就只能引发私人起诉,结果是败诉方(提起诉讼的被害人或被定罪的人)将最终承担费用,而不是国家。

其次,人们日益关注刑事处罚对罪犯改造和重返社会的影响,因此有人批评刑事诉讼(和执行刑事处罚)的费用可能会对刑法的目标实现产生不利影响,阻碍罪犯成功重返社会。[2] 类似观点另见美国强调法庭费用不利影响并建议取消法庭费用的讨论。[3]

最后,批评者认为,通过执行程序只能收回很小一部分刑事诉讼成本。这被认为不符合成本效益的计算方法:国家在执行方面的成本要高于从被定罪的罪犯身上收回的成本。[4]

在德国,对刑事诉讼费用的争议也曾提交到联邦宪法法院,而联邦宪法

---

〔1〕 Heinrich Friedenreich, Die Lehre von den Kosten im Strafprocess, Schletter, 1901. Hassemer, W., Dogmatische, kriminalpolitische und verfassungsrechtliche Bedenken gegen die Kostentragungspflicht des verurteilten Angeklagten. Zeitschrift für die Gesamte Strafrechtswissenschaft 85, p. 651 – 671. Bernd – Dieter Meier, Die Kostenlast des Verurteilten. Eine empirische Untersuchung zur kriminalpolitischen und fiskalischen Bedeutung des strafprozessualen Kostenrechts, Bundesanzeiger, S. 19.

〔2〕 Eberhard Schmidt – Assmann, Deutsches Strafprozeßrecht: Ein Kolleg, Vandenhoeck und Ruprecht, 1967.

〔3〕 Menendez, M., et al., The Steep Costs of Criminal Justice Fees and Fines, 2019.

〔4〕 Hassemer, W., Dogmatische, kriminalpolitische und verfassungsrechtliche Bedenken gegen die Kostentragungspflicht des verurteilten Angeklagten. Zeitschrift für die Gesamte Strafrechtswissenschaft 85, p. 651 – 671.

法院的最后裁决是刑事诉讼收费原则不违反基本权利中的成比例原则。[1] 然而,联邦宪法法院也裁定,在量刑时必须考虑到针对特别高昂的刑事诉讼费用是否可作为减刑因素。[2] 在宪法法院审理的案件中,被告被判处 6 个月的缓刑和 23,400 欧元的附加罚金(Geldauflage)[3];收取的刑事诉讼费用包括 70 欧元的刑事处罚令程序的诉讼费和 30,711 欧元的专家调查被告计算机系统的费用。

目前,德国有限的研究数据表明一种结果:诉讼费用是否能够收回取决于刑罚的类型,在判决监禁刑的情况下,很少能从被定罪的罪犯那里完全收回费用。[4] 尽管对刑事诉讼收费存在争议,但是德国议会(以及政府或政党)显然没有展示出考虑对关于刑事诉讼收费的条款进行修订的意愿。

通过在我们这个项目提交的判决以及可以在网上查找到的资料看,从比较法的角度看,在欧洲各国的刑事司法制度中,有关刑事诉讼收费的规定有很大的不同。

在英格兰/威尔士,根据《1985 年犯罪起诉法》第 18 条规定,法院可命令被定罪的被告支付(公正合理的)费用。费用应包括起诉费用,但该命令应取决于被告的财力。2015 年年初,出于财政方面的考虑,引入了旨在"从罪犯手中收回刑事法庭的部分费用以资助法庭……让罪犯面对他们给英格兰和威尔士纳税人带来的成本"的立法。然而,在对该立法可能产生的影响进行严格审查后下议院司法委员会于 2015 年特别指出,犯罪嫌疑人可能会迫于压力认罪,以避免刑事法庭的全部指控。[5] 该法律于 2015 年年底被撤销。

在法国,《刑事诉讼法》规定(第 800 - 1 条),与刑事司法和警方调查有关的所有费用均由国家承担(而不是由被定罪的罪犯承担)。不过,罪犯须支付固定的法庭费用,其金额取决于刑事法庭的类型(以及罪行的严重程

---

〔1〕 Bundesverfassungsgericht Entscheidungen, Vol. 18, S. 302.; Vol. 31, S. 137.

〔2〕 联邦宪法法院 2020 年 12 月 28 日的判决——2 BvR 211/19。

〔3〕 在德国刑法中,被称为"Geldauflage"的罚金不同于日罚金,不是典型的罚金刑,而只是判缓刑的一个附属条件,要求被判刑人在判缓刑的情况下要满足法律所规定的条件,如将钱付给社会福利机构或国库等。

〔4〕 Bernd - Dieter Meier, Die Kostenlast des Verurteilten. Eine empirische Untersuchung zur kriminalpolitischen und fiskalischen Bedeutung des strafprozessualen Kostenrechts, Bundesanzeiger, S. 339.

〔5〕 下议院司法委员会(2015 年):刑事法庭指控。2015—2016 年度第二次报告。伦敦:The Stationery Office。

度），如警察法庭：31 欧元；治安法庭（惩戒法庭）：127 欧元；陪审法庭：527 欧元。

在荷兰，刑事诉讼不向被定罪的罪犯收取法庭费用以及其他诉讼和调查费用。

在欧洲若干没有参加这个项目的国家中，刑事诉讼收费的规定是比较普遍的，但是同时这些规定也展示了不同的特点。

在芬兰，《刑事诉讼法》第 9 章第 1 条规定，被定罪的罪犯有义务承担刑事诉讼的费用。

在挪威，2013 年修订的《刑事诉讼法》规定了被定罪的罪犯应承担刑事诉讼费用的原则（第 436 条）。[1] 比较特别的是，该法还规定，如果被告人在刑事诉讼中因其故意的行为致使诉讼花销增长（如开庭故意不出席法庭审理等），在实际的诉讼花销比通常所需的还要高的情况下，被告还要承担刑事诉讼中额外增加的费用（第 436 条）。

在瑞典，根据《司法程序法》第 31 章第 1 节的规定，被定罪的被告应承担（合理、必要的）诉讼费用（以及侦查费用，也包括刑事辩护律师的费用）。不过，瑞典立法者规定得较为灵活，“如果考虑到被告的犯罪情况或其个人和财务状况”，法院可以调整甚至完全免除被告必须支付的金额。

同样，奥地利和瑞士也制定了法律（奥地利《刑事诉讼法》第 381 条和第 389 条；瑞士《刑事诉讼法》第 426 条），都规定被定罪的罪犯有义务承担刑事诉讼的费用。

在世界范围内有相当数量的国家通过制定法律对被判处有罪的被告人收取刑事诉讼费用，但是由于各国在政治、经济、文化等方面的差异，法律规定的收费范围、减免规则是有很大差异的。目前，在中国，无论是立法、司法实践领域还是学术界，都未对这个议题进行广泛的讨论。笔者认为，在中国是否应确立对被定罪者收费的原则应采取审慎的态度。

综观已通过立法确立对被定罪人收取刑事诉讼费的国家，主要的考量是如何应对较大的司法花销问题。支持确立这个原则的观点主要基于以下几点：（1）成本回收：对刑事诉讼收费可以帮助收回与法律程序相关的成本花销，包括法庭费用、法律援助辩护人的薪水和行政成本。（2）震慑作用：向被

---

[1] 参见《卑尔根刑法和刑事司法期刊》，第 4 卷，第 2 期，第 286 ~ 315 页。

定罪人征收诉讼费用可能会对个人参与犯罪活动产生震慑，那些预备犯罪的人可能会考虑到，如果受到刑事追究，他们不但要受到刑事处罚，还要承担法律程序的经济费用。(3)资源分配：收费可能确保刑事司法系统内部资源的有效分配，优先处理成功可能性更高的案件或涉及严重罪行的案件。(4)公平：支持者可能会主张，对犯罪行为的个人征收费用是公平的，因为他们要承担法律系统处理他们案件所产生的费用。

虽然有相当数量的国家立法允许对被定罪人收取刑事诉讼费用，但是无论是在未收费的国家还是已收费的国家内部都有争议，主要的反对观点如下：(1)不平等：收取费用会不成比例地影响低收入人群，构成寻求正义的障碍。这可能导致贫穷的被告无法负担辩护人、鉴定人、关键证人出庭作证等费用，或者不得不在支付费用和满足基本需求之间作出选择，使司法公平正义的目标不能实现。(2)不公正的负担：对被告征收费用是不公正的负担。被定罪人已经面临刑罚的处罚，有的失去自由或承担罚金刑，同时再负担诉讼费用属于不公正的负担。特别是考虑到刑事司法系统中的许多被定罪人已经在经济上处于劣势或者被边缘化。(3)对改造和回归社会的影响：征收额外的诉讼费可能会阻碍罪犯的悔改，加剧他们的经济困境，并降低他们重新融入社会的能力。(4)利益冲突：收费可能会在国家或法律体系内引发利益冲突，因为他们可能会将财政收入置于公正和公平司法之上。(5)宪法关切：在一些国家，对被定罪的犯罪个人征收费用可能存在违反宪法的问题，特别是如果这妨碍了他们获得公正审判或寻求正义的权利。

笔者相信，虽然中国官方目前还没有公布刑事诉讼程序花销的数据，但是从一些项目的花销看，刑事诉讼的花销和预算应是不小的数字。例如，仅看涉及金融、经济方面犯罪案件聘请的专业财会人员的费用，或涉及计算机犯罪的专家鉴定费都是不小的金额。尽管如此，笔者认为，中国目前应慎重考虑设立向被定罪的被告人收取刑事诉讼程序费用的立法建议，其理由是：首先，从公诉案件的刑事诉讼的性质看，它是由国家发动的对刑事犯罪进行追究的活动，其追诉权是由国家垄断的，义务应由国家承担。国家减少刑事诉讼花销主要的、长远的考量应是将重点放在预防犯罪和减少犯罪方面，而不是在给被判刑人刑事处罚以外增加更多的经济负担。其次，现代刑法和刑罚的主要目的是教育、改造，使犯罪人重归社会，接受刑事判决已经是被判刑人对自己的违法行为所付的代价。如果在刑罚之外增加经济上的处罚，这可能不利于他们重返社会。最后，从司法实践方面看，中国还没有国家层面的被害人补偿法，在有被害人的刑事案件中，虽然有些案件的被害人一方提起附带民事诉讼希望得到赔偿，但是由于多数被判刑人的经济状况比较差，即使他/她愿意给予被害人经济上的赔偿，也没有能力进行赔偿，所以最高人民检察院还对部分被害人实施司法救助。[1] 在对被害人都没有能力赔偿的情况下，再规定被判刑人要付刑事诉讼程序的花销，其实施的结果是值得被质疑的。基于这些理由，在中国是否确立向被判刑人收取刑事诉讼费用的问题需要从法理和实践方面慎重研究。

六、刑事判决书的风格

当我们提到“风格”时通常是指独特的表达、执行或呈现方式。它可以适用于诸如艺术、文学、时尚或行为等各个领域，反映出独有的特征或美学。而刑事判决的风格通常指法官在刑事案件中作出裁决时表现的方式或态度，它主要包括判决书的逻辑结构；语言，特别是专业用语的表达方式和法律分析的方式等。我们探讨刑事判决的风格的目的就是找寻实现判决书目标的最佳方式。因为我们这个研究项目的参加者是按照一个事先设计好的案情撰写的，所以这对于比较判决书相对更加容易。在这个项目的 15 个参加国中，除了英国，其他 14 个国家基本属于大陆法系国家，其中一些国家在判决中吸收英美法系的传统也列举先前的判例。笔者在这些国家中选择了 3 个在不同地区的国家进行比较。

（一）刑事判决书的结构

1. 德国

（1）概况，这部分包括：被告人基本情况；法院认定的罪名；法庭组成人员；判决概要（包括诉讼费）；判决适用的法律条款（按照被告人逐个列举）。

（2）判决说理部分，这是判决书的核心部分，具体包括 4 个方面：第一部分以介绍被告人的背景开始，包括认定被告人犯罪时的年龄，并提到被告人约翰具有的犯罪前科的具体情况。第二部分是对犯罪事实的全面、具体叙

---

〔1〕 最高人民检察院《刑事检察工作白皮书（2023）》于 2024 年 3 月 9 日发布。在这个白皮书中，最高人民检察院提到在 2023 年间，对那些因受到故意杀人、故意伤害等犯罪受到严重伤害，又没有在诉讼中得到补偿的被害人给予司法救助，共受理 8.5 万件，救助 9.5 万人，支付司法救助金 8.3 亿元。

述。第三部分是对证据的分析,表明哪些证据可以认定,哪些证据予以否定。第四部分是适用法律的个体性分析,也包括相近罪名的区分和量刑的法律依据。

2. 巴西

巴西是拉丁美洲国家,在近代,巴西短暂成为过葡萄牙的殖民地,因此研究比较刑事司法制度的学者在最初可能会坚信巴西的刑事诉讼程序应当类似葡萄牙的大陆法系审问式,但是基于刑事诉讼法和宪法的发展史,特别是1988年宪法的修改,巴西的刑事诉讼法向英美法系的对抗式倾斜,形成了现在的混合式模式,但是仍然保留了很多审问式的特征。[1] 了解这些背景因素对于我们理解巴西的刑事判决书的结构和内容会有所帮助。

巴西的判决书依据《联邦宪法》的规定,《刑法》只适用于18周岁以上的公民,所以我们项目提供的模拟案例中的被告人之一杰克不满18周岁,适用《儿童和青少年条例》,因此巴西提供了两个判决书,这两个判决书的结构也略有不同。

成人被告人约翰的判决书主要包括3个部分:第一部分是案件诉讼程序,这部分比较有特点,包含起诉的事实和应当适用的法律、对程序问题裁决的上诉,以及对证人证言的审查和陪审团的遴选。第二部分是法律问题的分析与论证。第三部分是量刑和刑罚的执行。

对未成年人杰克的判决书与主要被定罪人约翰的判决书结构类似,主要分为三大部分,首先是关于程序的报告,其中指明了检察院起诉的罪名;通过询问证人对事实进行了调查;法官通过对辩护意见的分析,认同了辩护律师的量刑建议。其次是判决的说理部分,包括对实体刑法构成要素的具体分析;通过评估证据认定事实;通过列举先前的判例判定一个行为触犯两个法律的吸收原则;解释判处杰克适用社会教育措施的执行方法。最后是结论。

3. 中国

中国判决书的结构包括三部分:第一部分列举了诉讼参与人。第二部分主要是检察官起诉的罪名、检察官叙述的事实,以及检察官建议的量刑。在这部分,法院也写明审理适用的程序以及法庭审理的简要总结。第三部分是

---

〔1〕 Leonel Ganzalez, Marco Fandino, Adversarial Criminal Justice in Latin America: Comparative Analysis and Proposals., 2019, Santiago, Chile, p. 9–11.

说理部分，其风格是按照检察官起诉的罪名分别叙述认定的事实和所依据的证据，法律分析部分是依据法条和犯罪构成的要件判定罪名和判处刑罚。

4. 小结

从上述三个国家的判决书结构看，所有判决书都有比较严谨的逻辑结构，都包括认定事实的叙述、法律分析和量刑理由，但是在结构方面笔者也注意到各国不同的特点。例如，德国的判决书把判决的概要放在判决书的最前面，便于迅速了解案件的结局。巴西的判决书结构与中国、德国的判决书最大的不同是首先叙述案件的诉讼程序，在介绍案件诉讼程序中使不了解巴西刑事诉讼混合式特征的读者能快速了解诉讼过程，而且通过了解诉讼过程也能判断程序是否公正合法，这对于普法和达到判决书的其他目的是有意义的。中国判决书的第二部分较详细地叙述了检察官起诉版本的案件事实、起诉罪名和量刑建议，这对于对照后面法官版本的案件事实和定罪量刑分析会有很大帮助。

（二）刑事判决书的事实叙述和证据推理方式

德国的判决书对事实的叙述是按照事件的发展过程叙述的，写作方式介于小说、剧本和平铺直叙的事实描述方式之间，使用的语言朴素、易懂，虽然也使用一些形容词，但是没有像纯文学作品那样过于夸张，这种叙述方式有利于普通百姓以他们能懂的方式更好地理解案件事实，以便为进一步的法律分析打下基础。判决书在叙述事实时有几处使用了铺垫的叙事方法，从表面看似乎与定罪量刑没有很大关系，但是从案件的发展逻辑关系上看其是有作用的。例如，事实描述从约翰买二手车、安装安全气囊开头，这为后面发生交通事故因为有安全气囊才没有导致违法、犯罪者杰克死亡进行了铺垫。在证据推理方面，判决书详细列举了证明事实的证据，在反驳被告人或辩护人的观点时都是用证据反驳观点，如关于被告人玛丽离开犯罪现场的论证，其分析带有个体性并让人信服。

巴西的判决书没有专门叙述事实的段落，而是在法官审查证据时伴随证人证言列举出来，这样的表述方法比较独特、易懂，使事实的叙述与证据紧密结合，使事实的认定更加直观。

中国的判决书的事实叙述分为两大部分，一个是检察院的版本，另一个是法官的版本。法官认定的事实也使用了铺垫式的叙述方式，从表面上看非常具体，但是比项目提供的案情事实版本相对简化，几乎叙述事实的每一句话都与后面的定罪与量刑有关。存在的问题是：在证据评价时很多地方需要重复证人证言的具体内容。因为在中国，只有认罪认罚适用简易程序案件的判决书才允许只列举证据目录，省略证人证言的具体内容。在本书中，为了缩短篇幅，避免过多的重复才只列举了证据目录。

综合看三个国家的刑事判决书中的事实叙述，各有特点，但是他们共同之处在于事实描述的语言都是通俗易懂、清晰的语言，并且在描述事实时都使用中立的语调，不带有个人偏见或情绪化的语言，而且使用的语言对案件涉及的各方，包括对被告人、被害人、证人、辩护人等都是尊重的，维护了所有诉讼参与人的尊严与权利。

（三）刑事判决书的法律分析方式

德国的判决书的法律分析部分是先列举相应的法条，然后用已经认定的犯罪事实分析犯罪构成的要件，如果有类似的罪名，就会运用先前联邦最高法院的判例，甚至用学术著作《刑法评论》作为论证的依据，使法律的分析个体化并有很强的说服力。

巴西的判决书法律分析首先列举犯罪构成要件，并再次用证据认定被告人的犯罪情节是否属于加重或减轻情节，同时用法律要件和证据反驳一些辩护观点，如约翰自卫的观点，这种分析方法简单明了，很容易被理解和接受。

中国的判决书法律分析方法是集中对控辩的观点进行评析，在分析中也列举具体的事实，评判证据，当遇有特别的法律问题时，法官的分析中带有法官对犯罪构成要件的理解与判断，如分析被告人杰克的窝藏罪和危害公共安全罪的认定原因。

从总体上看三国的判决书中的法律分析，法官的表述都是清晰且准确的，并都使用了法律专业人士、诉讼参与人和一般公众易于理解的语言。笔者认为，德国判决书的法律分析部分的写作风格值得借鉴。但是由于中国最高人民法院发布的指导性案例是经过编辑的，不是从判决中直接产生的，所以在判决中能否直接引用在目前是有争议的，并且法官在判决书中通常不会直接引用有争议的学术观点。

（四）刑事判决书的量刑

德国没有法院的量刑指导原则，在对约翰进行量刑的过程中考虑了以下五个因素：(1)首先是针对量刑较轻的案件，当一个犯罪行为触犯一个以上法条时，通常法官在几个罪名中量刑最高的刑罚中选取。(2)量刑时分析了被害人比尔的过错,并引用了先前的判例,这体现了量刑的公平性和人性化。(3)法官依据证据对约翰的饮酒量进行了非常细致的分析,用以判定酒精对思维判断能力的影响。(4)分析了前科对量刑的影响。(5)最后考虑到约翰失业的状况,考虑量刑对约翰重返社会的影响。

巴西的判决书的量刑部分非常详细,法官将量刑分为三个阶段:(1)依照刑法惩罚和预防犯罪的需要确定犯罪的8个情节:罪责大小、犯罪历史、社会行为、行为人的人格、犯罪动机、犯罪环境、犯罪后果、被害人的行为。(2)法官审查案件的减轻和加重情节,然后依照法定罪名的量刑幅度,加重或减轻1/6,这种量刑方法比较具有操作性,使个案的量刑既具有个体化,又保证公正性和量刑的一致性。(3)确定判决的执行方法,对于监禁刑,法官要决定是否用缓刑代替监禁刑,如果判处监禁刑,还要决定是在封闭、半封闭或开放的场所执行。巴西还实行日罚金制度,将其作为监禁刑的辅助刑罚。

中国的最高人民法院和最高人民检察院在2021年6月颁发了《关于常见犯罪的量刑指导意见(试行)》,该指导意见涵盖了23种常见的犯罪。就项目的模拟案例,其量刑的指导原则是未遂犯可以比照既遂犯减少基准刑的20%~50%。如果有犯罪前科,加重刑罚的幅度不能超过10%;如果认定为累犯,加重幅度在10%~40%。在中国的判决书中,法官以比较概括的方式指出量刑考虑的因素,这包括犯罪未遂、有犯罪前科、构成累犯,以及犯罪是由被害人的刺激引起的。

从总体上看,这三个国家对约翰的量刑都体现了刑法的主要目的,刑罚的确定遵循了合理的量刑原则,体现了量刑的个体性。比较三个国家法官判处约翰的刑期,虽然德国与巴西对约翰判定的罪名不同,但是确定的监禁刑部分相近,巴西是2年4个月监禁,德国是2年3个月自由刑,而中国的刑罚较重即5年监禁,这个刑期符合中国的量刑特点,在这15个国家中属于量刑偏重的国家。

总的来说,在专业环境中,这三个国家的刑事判决的风格反映了法律性、公平性、客观性和对法治的尊重原则。它旨在维护正义,在保持公众对法律体系的信心方面会起到积极作用。我们研究的目的是如何通过比较,通过调整判决书的风格,让判决书更好地实现刑法与刑罚的目的。

案情

郭烁 译

D. 杰克和 D. 约翰是兄弟。杰克 17 岁,约翰 25 岁。

杰克没有犯罪前科,他上了当地的高中,表现很好,同学都喜欢他。他的身体、智力、心理发展,都在他这个年龄的年轻人的正常范围内。他和他的父母住在一起。他还没有驾照。

约翰有 2 项盗窃前科,第一次是 5 年前被判处罚款,第二次是 3 年前被判处 18 个月监禁。约翰已经支付了罚款并且全部刑期已满。这些定罪还没有从他的犯罪记录中删除。约翰 17 岁时从当地的高中辍学,从那以后,他就断断续续地在一家汽车修理店工作。他是一名优秀而可靠的汽车机械师,这也是他的雇主 V. 彼得在他刑期满后又雇用他的原因。约翰有自己的老式二手跑车,他在业余时间总是调整它的发动机。到目前为止,约翰仅在驾驶座的一侧安装了一个安全气囊。买这辆二手车时,车里并没有安全气囊。

约翰租了一间小公寓和 23 岁的女友 J. 玛丽住在一起,她是约翰在开始服刑 3 个月前认识的。玛丽是一名驯狗师,也是一家疗养院的志愿者。2 年前,她通过了一个急救培训项目。

2021 年 3 月 26 日,星期五,杰克、约翰和玛丽决定一起外出庆祝约翰当天早上得到的加薪。20 时左右,他们开车去约翰最喜欢的酒吧"蓝月亮"吃一顿,喝几杯酒。杰克不喝酒,只喝了几杯可乐,而约翰一瓶接一瓶地喝啤酒。

22 时 30 分左右,约翰喝醉了,血液中的酒精浓度为 1.2‰。约翰和酒吧另一位客人 G. 比尔以及他的两个朋友 L. 鲍勃和 K. 本发生了激烈的争论,约翰以前同他们从未见过面。5 分钟后,杰克和玛丽就说服约翰离开了。付完账后,他们去了约翰的车里,当时约翰走路显然很摇晃,杰克和玛丽一直告诉他不应该开车。约翰愤怒地回答说,他完全有开车的能力,让杰克和玛丽闭嘴,同时约翰打开了驾驶座的车门。

与此同时，比尔、鲍勃和本走进停车场，看到了约翰的车。比尔从自己的车里拿了一把螺丝刀，在约翰车的引擎盖上划了道又长又深的划痕。约翰怒气冲冲地从车里出来，扑向比尔，从比尔手中夺过螺丝刀。约翰对比尔尖叫："我要杀了你，混蛋！"玛丽推了比尔，喊着："你这个白痴！为什么一定要激怒他呢？"约翰用螺丝刀刺了几次比尔的胸部和腹部，但一直没刺到。然而，当比尔滑倒在地上时，玛丽倒在比尔的身上，约翰用螺丝刀刺穿了比尔的脖子，伤到了一条动脉。比尔的脖子开始大量出血。比尔的朋友们深感震惊，并试图止血，他们驱赶了玛丽，当时玛丽靠着比尔，她的双手放在比尔的脖子上。玛丽站起来跑了。

杰克把约翰从地上拉了起来，并把他拖到了他的车里。杰克把约翰放在副驾驶座位上，因为时间紧，既没有系紧约翰的安全带，也没有系紧他自己的安全带，杰克用钥匙启动了引擎，在没有开灯的情况下高速离开。当鲍勃听到引擎声时，冲到自己的车里，驱车追赶杰克和约翰，而本留在比尔那儿，给他止血并叫了救护车，在杰克开车离开 7 分钟后救护车赶到了。比尔被送往附近的一家医院，经过紧急手术后被救了回来。

杰克显然没有太多的驾驶经验，他以 130km/h 的平均速度在光线昏暗的市中心街道上疾驶。他一再无视主干道路十字路口的红灯，并未减速。杰克的整个注意力都集中在逃跑上，这样他们俩就不会被确认身份，约翰也不会被抓住，不会因为袭击比尔而再次进监狱。杰克完全没意识到，此时如果有另一辆车或行人在路上，他的这种驾驶方式不能让他及时作出反应。然而，他所关心的只是甩开鲍勃，不管什么代价。而鲍勃在远处勉强跟上了他们，在当时的距离下，鲍勃无法看到约翰车的车牌号。

突然，当杰克在路上转弯时，看到 F. 奥莉维亚在他前面 20 米，奥莉维亚是外出散步的行人，当时在绿灯时通行。杰克试图刹车，但仍然以 120km/h 的速度撞到了奥莉维亚，将奥莉维亚撞到了空中，奥莉维亚的头部撞到了一座房子的墙上。奥莉维亚有多处颅骨骨折和脑损伤，当场死亡。奥莉维亚在 1 年前就失去了丈夫，是一个单身母亲，独自照顾着 3 个分别为 3 岁、5 岁和 10 岁的孩子。

杰克撞到奥莉维亚的震惊和剧烈的刹车动作使他失去了对汽车的控制。他以 90km/h 的速度与一根灯柱上的锻铁相撞，使汽车瞬间停止。由于没有系安全带，约翰撞穿了挡风玻璃，头骨、颈部、手臂和肋骨严重骨折。杰克本人被驾驶座的安全气囊缓冲，导致5根肋骨骨折和严重的撞击创伤。

从杰克、约翰和玛丽离开酒吧到车祸发生，期间有25分钟。捅刺事件发生15分钟后，玛丽在玫瑰园巷被两名警察D. 格雷格和P. 凯茜拘留，这条街道离打斗现场大约两个街区远。玛丽的哥哥J. 史蒂夫是一名医护人员，就住在那条街上。在随后的询问中，玛丽告诉警探Z. 亚瑟：她扑向比尔并倒在他身上，试图把比尔和约翰分开，她很清楚约翰的暴躁脾气。捅刺发生后，她压住比尔的脖子试图止血。玛丽还声称，她跑去找她的哥哥史蒂夫，史蒂夫是一名医护人员，住在离打斗现场两个街区远的地方，但她在到达她哥哥的公寓之前就被警察拘留了。她告诉了拘留她的两名警察，她正要去找她的哥哥去帮助比尔。

当约翰的雇主知道发生了什么事后，他立即解雇了约翰。

起草指南

郭烁 译

1. 杰克、约翰和玛丽将在事故发生后的两周内,根据其各自国内司法管辖下的任何和所有罪行而被起诉。

2. 杰克在审判中完全坦白了上述事实(但是在法律允许正式认罪的情况下没有作出有罪答辩)。

3. 约翰完全拒绝与政府、法院合作,并行使了沉默权(也没有认罪)。

4. 上述事实已在审判中通过以下内容得到证实:

(1)被告杰克(完全供述)和玛丽的陈述。

(2)比尔、鲍勃、本和彼得,以及 F. 奥斯瓦尔德(奥莉维亚的弟弟)和史蒂夫(玛丽的哥哥)的证人证言。

(3)警察 D. 格雷格、P. 凯茜以及警探 Z. 亚瑟的证人证言。

(4)警察 H. 克雷格关于杰克、约翰和玛丽之前犯罪记录的陈述。

(5)专家意见:

其一,在事故现场采集标本后约翰的血液酒精水平、原因和伤害类型(医学专家 A. 艾伦博士);

其二,汽车撞上奥莉维亚和灯柱的速度(事故专家 B. 欧内斯特)。

(6)玛丽的急救证书。

阿根廷刑事判决书(一)

Daniela Part, María Eugenia Sagasta, Glenda de la Cruz,
Octavia Botalla, Gonzalo Guerrero and Javier Augusto De Luca
曾元君 译

布宜诺斯艾利斯,2022 年 6 月 10 日

一、本案诉讼程序

由哈维尔·A. 德卢卡法官、贡萨洛·格雷罗法官和达尼埃拉·R. 帕特法官组成的布宜诺斯艾利斯自治市第三少年法庭对以下案件作出判决:“被告人:D. 杰克等人;罪行:严重过失杀人、致人重伤及其他”,第 CCC123/2022 号案涉及被告人 D. 杰克、D. 约翰和 J. 玛丽,他们分别由玛丽亚·欧亨尼娅·萨加斯塔、奥克塔维亚·博塔拉和格伦达·德拉克鲁兹律师辩护。

总检察长里卡多·纳瓦埃斯博士和原告代理律师阿里尔·佩莱格里诺和亚米拉·卢扎(分别代表被害人 F. 奥莉维亚和 G. 比尔)也参加了诉讼程序。

二、判决与理由

法官哈维尔·A. 德卢卡法官的陈述:

2021 年 3 月 26 日晚,布宜诺斯艾利斯市警察局第一派出所的 D. 格雷格和 P. 凯茜警察接到一个自称“本”的人的“911”报警电话,称他的朋友被人刺伤,脖子大出血并昏迷不醒,行凶者已逃走。两名警察大约在 22 时 35 分前往位于佩莱格里诺街 670 号的“蓝月亮”酒吧停车场。到达现场后,警察见一名女性正走开,于是将其拘留。该女性说她叫 J. 玛丽,并说她正要去找她的哥哥(一名医护人员)来帮她救助受伤男子。

警察还发现一名男子躺在地上,正在接受医护人员的救助,接着立即被救护车送往当地医院。另一名自称为 K. 本的男子也在现场,他说是他拨打了急救电话。该男子称,行凶者已乘坐一辆老式蓝色跑车朝圣马丁大道方向逃跑。

与此同时，警察还了解到，行凶者逃跑时乘坐的车辆撞倒了一名妇女，然后又撞上一根灯柱。

当警车驶达圣马丁和贝尔格拉诺街的交叉口时，警察发现许多人正围着一辆撞上灯柱的福特车，车型为陶努斯（Taunus），车牌号为 VAC 1031。穿过人群后，警察看见一名约 35 岁的妇女倒在地上，身穿蓝色 T 恤、黑色运动短裤和黑色运动鞋。他们叫来急救人员，医护人员证实这名妇女已死亡，死亡者名为 F. 奥莉维亚。

肇事车辆的司机名为 D. 杰克，17 岁，受伤后接受了医护人员的治疗。坐在副驾驶座上的人名为 D. 约翰，25 岁，因多处外伤而被紧急送往医院。

案件的侦查由公诉人办公室负责（《刑事诉讼法典》第 196 条）。

侦查期间，被害人 F. 奥莉维亚的弟弟和被害人 G. 比尔以及他们各自的诉讼代理人作为原告参与程序。

根据《刑事诉讼法典》第 347 条规定，本庭受理了公诉人（第 248/253 号卷宗）和原告（第 254/312 号卷宗）的起诉书，指控罪名如下所示。

三、公诉书中的指控事实

（一）事实一

D. 约翰被指控于 2021 年 3 月 26 日 22 时 35 分左右，在位于佩莱格里诺街 670 号的“蓝月亮”酒吧停车场，使用螺丝刀作为武器，企图致 G. 比尔死亡。

事件起因是被告人 D. 约翰与 G. 比尔及其两个朋友（L. 鲍勃和 K. 本）在前述酒吧中发生争执。喝得大醉的约翰在女友 J. 玛丽和弟弟 D. 杰克的劝说下离开了现场，停止了争吵。

几分钟后，在酒吧的停车场，当约翰一行人正准备离开时，两伙人又相遇了。G. 比尔当场从他自己的车内拿出一把螺丝刀，用它在约翰车的引擎盖上划了一道长且深的划痕。

于是，约翰的女友玛丽推了比尔一把，并骂他挑衅约翰。本已上车的约翰下车扑向比尔，从其手中夺过螺丝刀并大叫道：“我要杀了你，你这个混蛋！”然后，约翰数次用锐器刺向比尔的胸腹，但没有刺中。比尔脚滑摔倒在地，玛丽倒在他身上。

就在那时，约翰将螺丝刀刺入比尔脖子，造成了比尔的颈动脉损伤。比尔的脖子开始大出血。本和鲍勃试图止血,将倒在比尔身上且手捂着他脖子的玛丽推开。

玛丽起身离开现场去寻求帮助,更准确地说,去找身为医护人员的哥哥,他就住在离酒吧两个街区远的地方。

并未取得驾照的杰克(约翰的弟弟)将约翰从地上扶起并放在副驾驶座上,随后发动汽车,打算逃离现场。

鲍勃发现行凶者企图逃跑,便开始开车追逐。

本继续努力止血并拨打了"911"。救护车在7分钟后抵达现场,将伤者送往当地医院。比尔经过紧急手术,活了下来。

(二)事实二

D. 杰克被指控于2021年3月26日23时左右,非法驾驶机动车,致使F. 奥莉维亚死亡并致D. 约翰重伤,详情如下:

在上述指控"事实一"发生后的23时左右,杰克在未取得驾照和不具备驾驶经验的情况下,驾驶他哥哥的汽车,意图带其逃跑。他在照明不良的市中心街道上,以130km/h的速度驾车。

杰克的车速远超过最高限速,他多次无视主要交叉路口的红灯信号,并未减速。

最后,过弯道时,杰克撞上了交通信号灯前正在过马路的F. 奥莉维亚。虽然杰克试图刹车,但他无法避免地撞上了被害人。撞击时的车速为120km/h。被害人被撞飞,头部撞到了房屋墙壁上。因多处颅骨骨折和严重脑损伤,被害人当场死亡。

事发后,杰克无法控制汽车,以90km/h的车速撞上了铁制灯柱。坐在副驾驶座上的哥哥约翰由于未系安全带,他撞破挡风玻璃,头骨、颈部、手臂和肋骨严重骨折。

杰克由于驾驶座安全气囊的缓冲,只有5根肋骨骨折和严重的脖子扭伤。

公诉人已将此案提交审判,指控被告人D. 约翰犯故意杀人罪未遂(《刑法典》第45条和第79条),被告人D. 杰克因非法驾驶机动车(超过最高限速30公里、未取得驾照、鲁莽驾驶)而构成严重过失杀人罪(《刑法典》第84条之二),同时构成《刑法典》第94条之二规定的严重过失致人重伤罪。应当指出的是,公诉人没有提告J. 玛丽,她因不存在犯罪而被无罪释放。

原告 F. 奥斯瓦尔德（被害人 F. 奥莉维亚的弟弟）认为，D. 杰克的行为构成故意杀人罪，且具有掩盖另一罪行和/或逃脱罪责的加重情节（《刑法典》第80 条第 7 款）。

该原告就公诉书中指控的事实二，描述如下：

D. 杰克被指控于 2021 年 3 月 26 日 23 时左右，为帮助约翰逃避惩罚，非法驾驶机动车，致使 F. 奥莉维亚死亡。

在约翰杀人未遂（本诉讼程序正在调查此案）后，大约 23 时，杰克为了让他的哥哥逃跑，在没有驾照和驾驶经验的情况下开车。他以平均 130km/h 的驾驶速度穿过光线不明的市中心街道。

杰克的驾驶速度远超最高限速，他多次无视主要交叉路口的信号灯，并未减速。

最后，在确定有可能造成路人死亡的情况下，拐弯时，杰克撞到了正按交通信号灯过马路的 F. 奥莉维亚。虽然杰克试图刹车，但在明知不太可能刹住车的情况下，不可避免地撞上了被害人。撞击发生时的车速为 120km/h。被害人被抛向空中，头部撞上一栋房屋的墙壁。由于多处颅骨骨折和脑部严重创伤，被害人当场死亡。

事发后，杰克无法控制汽车，以 90km/h 的车速撞上了铁制灯柱。坐在副驾驶座上的哥哥约翰由于未系安全带，他撞破挡风玻璃，头骨、颈部、手臂和肋骨严重骨折。

四、证人证言

原告 G. 比尔在其诉讼代理人的协助下，对公诉书中指控的事实一作了如下描述：D. 约翰和 J. 玛丽被指控于 2021 年 3 月 26 日晚 10 点 35 分左右，在位于佩莱格里诺街 670 号的“蓝月亮”酒吧停车场，使用一把螺丝刀作为武器，企图以极端残忍的手段置 G. 比尔于死地。D. 杰克则被指控帮助 D. 约翰逃避他和 J. 玛丽被指控罪行的相关调查。

事件的起因是，被告人与被害人 G. 比尔及其两个朋友（L. 鲍勃和 K. 本）在上述酒吧发生争吵，当时被告人处于深度醉酒状态，争吵一直持续到酒吧外的停车场。

争吵中，G. 比尔拿起一把螺丝刀，意图损坏约翰的汽车，他也确实这样做了。约翰愤怒地从车里出来，扑向比尔，一把夺过螺丝刀并大喊：“我要杀了你,你这个混蛋!"然后,他用这把锋利的工具刺向 G. 比尔的胸腹,幸好 G. 比尔躲过了攻击。然而,G. 比尔滑倒在地,玛丽扑倒在他身上,约翰遂用螺丝刀刺中比尔的脖子,伤及其动脉。之后,J. 玛丽站在被害人上方,使他的朋友们无法施救,因此他们不得不把她拉开,之后玛丽便跑开了。

约翰的弟弟杰克没有驾照,他随后将约翰从地上扶起,放在副驾驶座位上,并启动汽车,意图逃离现场。鲍勃见状,开始驾车追逐他们。

本继续努力止血并拨打"911"。救护车在 7 分钟后抵达现场,将伤者送往当地医院。比尔经过紧急手术活了下来。

该原告指控 D. 约翰犯故意杀人罪未遂,具有极其残忍的加重情节(《刑法典》第 80 条第 2 款),J. 玛丽则为严重故意杀人罪未遂的必要参与者(《刑法典》第 80 条第 2 款和第 45 条),以及 D. 杰克犯藏匿罪(《刑法典》第 277 条)。

庭审开始后,被告人杰克做了陈述(在被提醒他有权拒绝作证而不会产生对其不利的推定后,他没有行使该权利而选择宣誓如实陈述)。他承认介入了被指控的事件。他说,上车时,他一心想着逃离这个地方,这样他的哥哥就不会再回到监狱,因为他的哥哥已经在监狱服刑过一年半了。眼下的情况并不公平,因为是比尔先挑衅和攻击约翰的。他知道自己的驾驶行为会带来风险,但他只是为了哥哥着想,并且伤者的一个朋友正开车追逐他们。他说,他无意造成奥莉维亚的死亡,并对所发生的一切深感后悔。被告人约翰行使了沉默权,并未就指控的事实做任何陈述。

被告人玛丽也做了陈述。玛丽是一名驯狗师和疗养院的志愿者。她说,事发时,她和约翰正处于恋爱关系。她的意图一直都是阻止约翰和比尔打斗。这也是她劝说约翰离开酒吧的原因,她当时看见约翰已经醉了,而且争吵越发激烈。她回忆道,当她在酒吧外看见比尔划伤约翰的车时,她骂了比尔挑衅。她表示,她具有一些急救知识,当见到比尔正在流血,她便知道伤到动脉了,而这种情况下唯一的办法就是按压动脉来止血,她立即决定这样做。当她尝试止血时,比尔的朋友用力将她拉开,然后她跑去向身为医护人员并住在离案发地两个街区远的哥哥求救,但在到达她哥哥家前,她就被拘留了。玛丽坚持认为,她并未参与行凶,她也不理解为何自己在未犯罪的情况下会受到(原告)指控。

法庭听证中,证人和警察经宣誓如实陈述并按《刑法典》关于虚假证言的规定，作出了陈述。

被害人G. 比尔作证，事发当天，他和朋友L. 鲍勃和K. 本去了“蓝月亮”酒吧。在酒吧里，他们与一个名为D. 约翰的人（他后来才知道名字，他们当时并不认识）发生争吵。他回忆说，当约翰一行人离开酒吧时，他感到非常生气，便决定损害约翰的车进行报复。为了确定约翰的车是哪辆，他一直等到约翰要上车时才动手。他说，他没有想过约翰的反应会如此过激。而且，据其回忆，约翰说要杀了他，接着开始用螺丝刀刺他的身体。比尔说，他成功躲开了起初的攻击，但是他随后摔倒在地，约翰便刺中他的脖子。他那时失去了意识，因为他没有任何后续记忆了。比尔在医院里醒来后被告知必须接受紧急手术，并且得知伤口影响到了重要部位，他能活下来是个“奇迹”。

证人K. 本作证，他在晚上10点35分左右和G. 比尔、L. 鲍勃去了“蓝月亮”酒吧。他们离开时，他的朋友比尔划伤了一个与他们在酒吧里发生争执的人的汽车。他记得那个人（后来得知名叫约翰）喊道：“我要杀了你，你这个混蛋！”然后用螺丝刀数次刺向比尔胸腹。本看见约翰将螺丝刀挥向比尔的脖子，然后比尔脖子开始大出血。比尔倒地时，一个女人（他后来得知，是行凶者的女朋友）倒在他正流血的朋友身上。他见到，那个女人将手伸向比尔的脖子。他在绝望和震惊的情况下，将那个女人推开并亲自为朋友止血。他记得，他拨打了“911”。救护车很快赶到，把他的朋友送往了医院。在医院里，比尔接受了紧急手术并活了下来。

随后，L. 鲍勃作证。他说，他是G. 比尔和K. 本的朋友。据鲍勃回忆，事发当晚，他与比尔、本一起外出。在酒吧里，他们与一个（后来得知）名叫约翰的人起了争执。在酒吧停车场，约翰刺了他的朋友比尔，而且他看见约翰和另一名男性企图驾车逃离。为了防止他们逃跑，鲍勃跑向自己的车，开始开车追逐。与约翰一起的人在开车。他没再见到那名女性。鲍勃记得，在追逐中的某一时刻逃跑的车辆向右转了。他听见刹车声以及巨大的声响。然后，他看见一名妇女躺在地上，而逃跑车辆则撞上了路灯灯柱。

证人V. 彼得作证说，他是一名汽车修理工，他在布宜诺斯艾利斯经营一家汽车修理店。他接着说，他认识D. 约翰，在案发时，约翰是他的雇员。此外，他还说，他认识约翰已有8年之久，约翰从17岁辍学后，就断断续续地在他的修理厂工作。他说，约翰设法买了一辆二手老式跑车。闲暇时，约翰总是在调试和修理这辆车。他回忆道，约翰最近一次修车时给驾驶员一侧安装了一个安全气囊。

接着,F. 奥斯瓦尔德提供了证言。他说,他是被杰克撞死的 F. 奥莉维亚的弟弟。他表示,姐姐是一个单身母亲,有 3 个孩子,分别为 3 岁、5 岁和 10 岁。孩子们的父亲已于 1 年前去世,由姐姐独自照顾。现在他的外甥们成了孤儿。他指出,事发当天姐姐出去散步,他从未想过自己会经历这些。他表示,没什么可说的了,他只想讨回公道。

接下来,在事发当日出警并于玫瑰园巷拘留 J. 玛丽的 D. 格雷格和 P. 凯茜警察作了证。

警方探员 Z. 亚瑟在陈述中说,玛丽被拘留后告诉他,当她试图把比尔和约翰分开时,她扑倒在了比尔身上,因为她了解她的男朋友,知道他脾气很坏,可能会有暴力反应。亚瑟补充道,被告人玛丽告诉他,她按压比尔的脖子是为了止血,她应该知道这一点,因为她上过急救培训课。而且考虑到当时情况复杂,她决定去找住在附近的哥哥,他是一名医护人员。最后,玛丽向他表示,她对拘留她的警察也是这样说的。

H. 克雷格警察报告了杰克、约翰和玛丽的犯罪记录。具体而言,他表示,杰克和玛丽没有犯罪记录,约翰曾因抢劫 2 次被定罪,第一次是 5 年前被处以罚款,第二次是 3 年前被判处 1 年 6 个月的监禁。

在书证方面,庭审宣读了有关 D. 约翰血液酒精浓度的专家报告,并且法医 A. 艾伦博士和事故专家 B. 欧内斯特出庭作证。

最后,玛丽的哥哥 J. 史蒂夫出庭作证。他说自己是一名医护人员,有能力在比尔所处的情况中对其施救。史蒂夫还说,他就住在他妹妹被拘留的那条街上。

J. 玛丽的急救证书也被提交给了法庭。

五、公诉人、原告和辩护人的主张

根据《刑事诉讼法典》第 393 条的规定,法庭听取了各方诉求,将在下文中详细说明:

(一)公诉人办公室的主张

公诉人里卡多·纳瓦埃斯博士认为,本案事实经庭审期间提出的证据查明,与此前公诉人在起诉书中描述的指控事实一致。

他指出,这些事实的重要性以及约翰和杰克在每项事实中的责任都已由审判中所听到的证言和提交的书面证据证明。

他将D.约翰的行为描述为故意杀人未遂(《刑法典》第42条、第45条、第79条),并表示被告人在主观方面具有造成G.比尔死亡的可能性,因为此前他告诉过G.比尔要杀了他,然后便攻击和/或伤害比尔的重要部位,比如胸部和脖子。

至于杰克,公诉人指出,其行为在法律上被认定为过失杀人罪和过失致人重伤罪(《刑法典》第94条之二),且具有无证驾驶、超过最高限速30km/h、鲁莽驾驶(《刑法典》第84条之二)的加重情节。

公诉人继续说,这是一起过失犯罪,被告人在这起案件中制造了不允许的风险,违反了注意义务,导致奥莉维亚死亡,约翰重伤。

本案中,过失杀人罪与过失伤害罪要求行为人通过非法驾驶机动车造成死亡或伤害,杰克存在诸多违法驾驶行为,如超速、失去对机动车的控制、因未成年而未取得驾照。

就D.约翰而言,公诉人请求法庭对其处以10年监禁和法定附加刑,并承担审判费用。

因为杰克是未成年人,受第22.278号法的特殊刑事制度管辖,公诉人请求法庭宣布杰克对上述罪行负有刑事责任。然而,至于是否需要处罚,公诉人解释道,他将在上述制度规定的监护治疗期(《少年刑法》第4条)结束后表明自己的立场。

(二)被害人F.奥莉维亚的弟弟的代理律师主张

F.奥莉维亚的弟弟的律师指出,起诉书描述的指控已由他所提到并评估的证据证实。

与公诉人就D.杰克的行为提出的建议不同,他认为该行为应被定性为故意杀人,因为该行为是在杰克确信自己可能杀人的情况下实施的,而且他无视可能造成的后果。该律师强调,被告人本人已经意识到了碾压路人的风险和无法控制车辆的可能性。尽管如此,他还是继续实施其行为。

同时,他指出,本案中杰克可能会被指控具有《刑法典》第80条第7款规定的加重处罚情节,因为其行为是为掩盖另一项罪行,为自己或他人逃避惩罚。最后,他补充说,一旦宣布了杰克的责任,并等法定监护治疗期结束,他将对可适用的监禁刑提出意见。

(三)被害人比尔的代理律师主张

被害人比尔的律师认为,指控的事实证据确凿。他要求对D.约翰判处

15 年监禁,因为他构成故意杀人未遂,且情节极其残忍(《刑法典》第 42 条、第 44 条和第 80 条第 2 款);玛丽作为必要共犯,应对其处以 10 年监禁(《刑法典》第 42 条、第 44 条和第 80 条第 2 款)。杰克因窝藏罪,应被判处 3 年监禁(《刑法典》第 277 条)。

原告律师指出,约翰曾试图用螺丝刀杀死比尔,并且在对比尔造成可能致命的伤害后,他被弟弟带走逃离了现场。该律师断言,这种手段以及审判中提出的案件具体情况表明,约翰不仅企图杀死比尔,而且使用的手段令人尤其难以接受。如果比尔的朋友没有迅速介入,他可能会痛苦不堪,当场失血过多而死。

原告律师认为,本案中玛丽参与了犯罪,她在约翰用螺丝刀袭击比尔前的打斗过程中提供了帮助,并且比尔脖子被刺伤之后,她站在被害人上方,这起初阻碍了本的救援。

原告请求法庭判定杰克犯有窝藏罪。在袭击发生后,杰克将自己的哥哥塞进车里,并以极快的速度逃离现场。原告指出,该行为是协助和挑唆约翰逃跑的一种方式,它也导致无法采用侦查所需的重要取证措施,因为这些措施必须在约翰身上进行(比如酒精测试)。

(四)D. 约翰辩护律师的主张

D. 约翰的辩护律师就证据发表了意见。辩护律师表示,他对该行为的性质没有异议,但他质疑被告人的责任,理由如下:

首先,被告人不具备承担责任的精神能力。他申明,他的当事人由于在案发时处于醉酒状态,无法自愿指挥自己的行为。他指出,这一点已在法庭辩论中得到充分证明,排除了其责任。因此,应宣告约翰无罪,并对其进行戒酒和再教育治疗,以消除其酒瘾(《刑法典》第 34 条)。

辩护律师认为,显然,在本案中,约翰并非为了实施犯罪而醉酒。这便排除了原因自由行为(ALIC)理论的适用。当比尔和他的朋友们去找约翰并挑衅、损坏他的车时,约翰已经准备离开那个地方。

其次,如果法庭认为被告人应负刑事责任,被告人的行为属于《刑法典》第 34 条规定的正当理由之一:正当防卫。辩护律师指出,是 G. 比尔先非法侵犯约翰,起初是在酒吧里,后来又损坏了约翰的车。约翰由于醉酒,思考能力有限,又因为他在面对三个年轻男子时,身边只有一个女人和一个未成年人,故约翰尽其所能地保护自己,以击退持续侵犯。辩护律师主张,法理与判例都一致认为,财产是一种可以通过以危害侵害者生命的手段加以保护的法益。本案中,约翰的行为正是为了保护自己的财产。此外,他的防卫也是为了抵御不断对他发出的伤害威胁。辩护律师申明,这些侵犯仍在继续,约翰为击退侵犯所使用的手段与侵权行为是相称的,因为自卫要素应在事前进行评估,并将自己置于自卫者的处境中。因此,应宣告约翰无罪。

再次,辩护律师强调,如果法庭排除了所有这些辩护理由,就应当考虑到约翰在任何时候都没有杀害比尔的意图,他的行为是防卫性的。在上述所有辩护都被驳回的情况下,法庭应根据《刑法典》第 35 条的规定,判定约翰防卫过当,而且应减刑两次,先减至过失杀人罪(《刑法典》第 84 条)的刑罚,再减至杀人罪未遂(《刑法典》第 44 条)的刑罚。

最后,如果法庭拒绝采纳上述论证,并选择按故意杀人罪未遂的法律描述(《刑法典》第 42 条和第 79 条)进行判决,那么基于上述考量,法庭应适用法定最低量刑标准。约翰去酒吧不是为了杀人,他没有携带武器,只是在他人的挑衅下,一时情绪激动,拿了自己能找到的东西。本案不存在加重处罚的情节。约翰不是一个爱吵架的人,他是一名工人,当时正在与弟弟和女友庆祝加薪。依据阿根廷的法律,鉴于应对行为而非品格负责的宪法性原则,犯罪记录不能作为加重处罚的情节。其唯一后果是,约翰不能因再次犯罪而获得假释(《刑法典》第 14 条)。因此,量刑不得超过 4 年监禁,并且在计算服刑时间时,应考虑到他在判决前已被预防性羁押了 1 年。

(五)D. 杰克的辩护律师主张

杰克的辩护律师提醒,杰克不能因试图帮哥哥离开冲突焦点而被指控犯有协助罪犯逃避逮捕罪,这是因为杰克知道约翰有犯罪前科,接下来的一切都会对约翰不利。事实上,《刑法典》第 277 条第 4 款规定,如果为犯罪者提供帮助的人是法律规定的亲属(包括兄弟姐妹),则可以免除其因帮助犯罪者而产生的刑事责任。

但无论如何,杰克的行为不构成协助罪犯罪,因为他帮助的不是犯罪者,而是合法自卫的人,即未犯罪的人。为依法行事的人提供帮助,不构成窝藏包庇。

在有关致 F. 奥莉维亚死亡的指控方面,辩护律师指出,杰克从未想过要杀死她,他也不曾预料到会发生这种事。他的确超速驾驶,但只是想带他哥哥远离冲突。他没想过可能撞到某人,即他相信不会发生什么事。这便排除了指控的故意杀人罪。

在有关过失杀人的指控方面,辩护律师认为,首先不能考虑杰克没有驾照或驾驶注册的情况,因为此罪必须证明的是行为、违反(对车辆的)掌控义务和死亡之间存在"确定联系"。律师表示,本案中奥莉维亚的死亡并非由于司机没有驾照,而是因为车速过快,他无法控制车速以及避免与被害人相撞。

辩护律师继而承认她的委托人违反了注意义务,超速行驶且在转弯时没有刹车,并且正是这一情况导致他无法控制汽车。因此,他可能被指控犯有过失致 F. 奥莉维亚死亡的罪名。

杰克的辩护律师补充道,杰克违反注意义务和不遵守汽车交通规则的目的是帮助他的哥哥。杰克的哥哥并未犯罪,只是自卫,他受到了企图报复的另一闹事者的迫害。这致使杰克有义务救人于危难。因此,他应该被无罪释放。

(六)J. 玛丽辩护律师的主张

玛丽的辩护律师认为,法庭辩论期间已有确凿证据表明,她的委托人没有实施任何犯罪行为,因此应被无罪释放。辩护律师从诉讼开始就一直坚持该观点。

律师回忆说,J. 玛丽在事发当晚的态度一直是尽力避免其男友约翰卷入任何争吵或打斗。她说服约翰离开了酒吧,只是在比尔划伤约翰的车以挑衅约翰时,她才辱骂了比尔,因为在那种情况下,任何人都会反唇相讥,醉酒后更是如此。而且,比尔受伤后,玛丽试图用急救知识去救他。比尔的一个朋友把她推开后,她跑去向身为医护人员的哥哥求助。但她在到达目的地前,就被警察抓住了。

辩护律师指出,她的委托人在任何时候都是依法行事的,而且本着利他主义的态度,积极挽救比尔生命。律师不明白为何原告坚持要起诉玛丽,甚至是在公诉人认为玛丽不构成犯罪因而未起诉的情况下。

综上,辩护律师支持无罪释放被告人。

六、哈维尔·A. 德卢卡法官的意见

经评估庭审出示的证据,我认为:

根据《刑事诉讼法典》第 382 条、第 384 条、第 389 条、第 391 条和第 392

条的规定，基于庭审期间收集的证据，可以得出结论：指控事实已经得到证实，被告人应承担公诉人办公室指控的刑事责任。

J. 玛丽不构成原告指控的犯罪。我将进行论证。

辩护律师们没有对主要事实质疑，也没有质疑 D. 约翰和 D. 杰克在其中的作用。

（一）事实一

我认为，2021 年 3 月 26 日晚 10 点 35 分左右，约翰数次用螺丝刀刺向 G. 比尔的胸腹，严重刺伤了他的颈部动脉，这一点确定无疑且经依法证实。比尔在几分钟内被赶到现场的救护车送往医院救治，挽救了生命。医疗检查确定了伤口的性质和特征，与缴获的螺丝刀相吻合。出警的警察和他们拍摄的照片确定了酒吧门前、停车场和约翰车上划痕的特征。车辆证件证明它属于约翰。化验结果表明，约翰血液中的酒精含量超过了每升 1.2 克。

庭审还证明，案发前，约翰及其弟弟杰克和女友玛丽在“蓝月亮”酒吧里与比尔、本和鲍勃发生了争吵。当比尔、鲍勃和本离开酒吧时，杰克、约翰和玛丽已经在外面（停车场）了。在停车场中，比尔用螺丝刀损坏了约翰的车。约翰明确告诉比尔，他会为此杀了比尔。他们打了起来，约翰从比尔手中夺过螺丝刀，并用螺丝刀刺伤了他。然后，约翰的弟弟杰克将约翰拖离现场，并用力将他弄进车的副驾驶座。杰克开车离开了现场。

约翰的行为符合犯罪的客观要件，比尔由于约翰控制之外的原因而未死亡，因此约翰属于杀人未遂（《刑法典》第 42 条和第 79 条）。

在主观要件方面，我认为约翰的行为具有直接故意，因为从提供的证据中可以清楚地看出，约翰有意地用短利器刺向被害人的要害部位（胸部和脖子），而且不可否认的是，他知道这个动作会造成死亡。同时，证人的证言证明，约翰在行凶前对比尔说过“我要杀了你”。

因此，死亡结果并未发生是由于被告人无法控制的原因，即外科手术挽救了比尔的生命。

D. 约翰的辩护人辩称，他的委托人在行为发生时由于醉酒而不负责任，还主张这是一起自卫案件，最后辩称被告人行动时并无杀人意图。

关于约翰的醉酒状态，我认为这不足以阻止他理解其行为的犯罪性并根据这一理解来指导其行为（《刑法典》第 34 条第 1 款）。辩护律师在这方面没有提供任何证据。我以公共知识为引导，比较了酒精的度数及其对约翰这种性别和体型的人通常产生的影响。在本案中,虽然约翰的血液酒精含量很高,但他能识别和理解当时的情况。因此,我的结论是,约翰的行为是以杀死比尔为目的的。

至于自卫的辩解,我认为不能成立,因为比尔的侵犯行为,即划伤约翰汽车的行为已经停止。约翰的行为是随后发生的,是对侵犯其财产行为的回应,而不是为了避免或击退侵犯。虽然可以理解为比尔的攻击仍在继续,但当他们发生扭打,并且约翰从比尔手中夺过螺丝刀,解除了他的武装时,比尔的攻击就已经结束了。因此,不符合法律规定的持续攻击要求(《刑法典》第34 条第 6 款)。

如上所述,约翰的行为是有意图的。

他不是在争吵中无意间笨拙地造成伤害,而是从比尔手中夺过螺丝刀后直接、反复地攻击。

因此,我认为被告人 D. 约翰对故意杀人罪未遂(《刑法典》第 42 条、第 45 条和第 79 条)应负刑事责任。

本案中,庭审出示的证据不允许我们指控玛丽和杰克有任何程度的犯罪参与。他们都没有加入争吵。

玛丽试图劝阻约翰和比尔不要打架,并尽力将她男朋友带离现场,尽管没有成功。在发现比尔脖子上的伤口后,她用手捂住他的脖子,以防止他继续流血。没有证据表明玛丽想帮助她的男朋友。因此,她必须被宣告无罪,而且本案只有原告指控了她。

约翰的弟弟杰克既不能按与约翰共同犯罪而被追究责任(因为他什么也没做),也不能因开车将约翰带离现场而受追究。这正如杰克的辩护律师提到的一个论点,即兄弟姐妹帮助犯罪者逃避侦查的,不构成犯罪(《刑法典》第277 条第 4 款)。

(二)事实二

D. 杰克应对过失杀人和过失致人重伤承担刑事责任,并且这两项罪名都具有非法驾驶机动车的加重情形(《刑法典》第 45 条、第 84 条之二和第 94 条之二)。

事实充分证明,F. 奥莉维亚在被 D. 杰克驾驶的车辆撞击时遭受暴力致死。D. 杰克在没有驾照的情况下驾驶汽车,车速为 130km/h,而且没有打开车灯。事故还造成坐在副驾驶座上的 D. 约翰重伤,他的头骨、颈部、手臂和肋骨严重骨折。

驾驶机动车是一项受《交通和道路安全法》(第24449号法)规制的活动。该法规定了轻率、疏忽和/或违反掌控义务的行为。《刑法典》第84条对此有所提及,因为它是一项开放性的罪名。《交通和道路安全法》第39条b款规定,“驾驶员必须小心谨慎地驾驶,时刻保持对车辆或动物的有效控制,考虑到交通固有的风险和其他交通状况……不制造危险或影响交通流”。

在公共道路上,必须遵守交通信号,包括在有交通信号灯的道路上:(1)前方绿灯亮时,车辆必须向前行驶;(2)红灯亮时,车辆必须在标线或人行道前停车,避免任何移动……(3)行人必须在以下情况下过马路:前方的行人交通信号灯亮绿灯或白灯……(《交通和道路安全法》第44条)

此外,该法第50条规定:“驾驶员必须始终以这样的方式驾驶车辆,即考虑到自己的健康状况、车辆状况和载荷、现有能见度、道路状况以及交通时间和密度的情况下,始终能够完全控制自己的车辆,并且不妨碍交通。否则,他必须离开道路或停车。”

该法规定了最高时速限制,城市街道为40km/h,大道为60km/h。

鉴于立法和专家意见的结果,可以得出结论,由于D.杰克没有按交通法规定的参数调整自己的行为,他违反了注意义务。事实证明,D.杰克超过了规定最高时速的100%(在大道上的速度为120km/h),在穿过交叉路口时没有遵守交通信号灯的规定,也没有打开规定的信号灯,并且失去了对车辆的控制。

无证驾驶不是导致损害结果的决定性因素,但上述所有其他情况都是。它们导致了F.奥莉维亚死亡以及D.约翰重伤。

由于我们面对的是一名17岁的未成年人,在本判决中,我们必须分析他的责任。至于是判处监禁、罚款,还是宣告无罪释放,将取决于监护治疗的结果。

在分析了事实的重要性、其法律性质和约翰对这些事实的责任之后,剩下的就是确定约翰的刑罚。为此,我将考虑《刑法典》第40条和第41条规定的量刑个别化准则,以及故意杀人罪未遂的量刑框架。

行为的性质和实施手段是评估危险性的决定性准则。在本案中,它们将被视为量刑应至少高于最低可能量刑的情节。也就是说,由于约翰在其行为中使用了暴力并用利器伤害被害人身体的重要部位,它们属于加重处罚情节。我认为,使用攻击性手段会削弱被害人的自卫能力或者给他造成特殊痛苦,从而应当加重处罚。

我认为,被告人的责任因其年龄、缺乏教育(未完成高中学业)和社会背景而减轻。约翰在出狱后已很好地重新融入了社会,他获得了一份汽车修理厂的工作。

鉴于上述原因,我建议判处约翰 6 年监禁。

(1)判决已经登记在案的 D. 杰克对过失杀人罪和过失致人重伤罪负有刑事责任,他同时具有鲁莽和违规驾驶机动车的加重情节(《刑法典》第 45 条、第 54 条、第 84 条之二、第 94 条之二,以及第 22.278 号法第 4 条)。

(2)判决已被列入卷宗的 D. 约翰对故意杀人罪未遂负有刑事责任,判处 6 年监禁,并承担诉讼费用(《刑法典》第 42 条、第 44 条、第 45 条、第 79 条)。

(3)以不存在犯罪为由,宣告 J. 玛丽无罪(《刑事诉讼法典》第 402 条)。

七、贡萨洛·格雷罗法官与达尼埃拉·R. 帕特法官的意见

我们同意上述意见,认可其全部内容。

鉴于上述原因,并考虑到《刑事诉讼法典》第 396 条、第 398 条、第 399 条、第 400 条、第 402 条、第 403 条、第 530 条、第 531 条,第 22.278 号法第 4 条,以及前述二法的一致规定,我们认为,本案中法庭应一致判决:

(1)D. 杰克对过失杀人罪和过失致人重伤罪负有刑事责任,并且具有鲁莽和违规驾驶机动车的加重情节(《刑法典》第 45 条、第 54 条、第 84 条之二、第 94 条之二,以及第 22.278 号法第 4 条)。

(2)D. 约翰对故意杀人罪未遂负有刑事责任(《刑法典》第 42 条、第 44 条、第 45 条、第 79 条),对其处以 6 年监禁,并支付诉讼费用。

(3)以不存在犯罪为由,宣告 J. 玛丽无罪(《刑事诉讼法典》第 402 条)。

(4)判决经正式作出后将通知、送达当事方。

哈维尔·A. 德卢卡(合议庭法官)
贡萨洛·格雷罗(合议庭法官)
达尼埃拉·R. 帕特(合议庭法官)
玛丽埃拉·费尔南德斯(书记员)

已向当事方发出 5 份通知函并记录在案。

阿根廷刑事判决书(二)

Daniela Part, María Eugenia Sagasta, Glenda de la Cruz,
Octavia Botalla, Gonzalo Guerrero and Javier Augusto De Luca
曾元君 译

D. 杰克的最终判决

布宜诺斯艾利斯,2024 年 7 月 1 日

一、本案诉讼程序

由哈维尔 · A. 德卢卡法官、贡萨洛 · 格雷罗法官和达尼埃拉 · R. 帕特法官组成的布宜诺斯艾利斯自治市第三少年法庭对以下案件作出判决:“被告人:D. 杰克等人;罪行:严重过失杀人、致人重伤及其他”,案卷编号为 CCC123/2022。

被告人 D. 杰克,由玛丽亚 · 欧亨尼娅 · 萨加斯塔律师代理。国家公诉人办公室由总检察长里卡多 · 纳瓦埃斯博士代理。被害人 F. 奥莉维亚的弟弟 F. 奥斯瓦尔德由阿里尔 · 佩莱格里诺博士代理。未成年人和无行为能力者的官方辩护人胡安娜 · 佩雷斯博士参与了诉讼程序。

二、判决结果

依据 2022 年 6 月 10 日本庭的判决,D. 杰克对过失杀人罪、过失致人重伤罪负有刑事责任,并具有鲁莽和违规驾驶机动车的加重情节(《刑法典》第 45 条、第 54 条、第 84 条之二、第 94 条之二,以及第 22.278 号法第 4 条)。

2022 年 12 月 19 日,根据第 22.278 号法第 4 条的规定举行了听证会。

三、诉求

1. 未成年人和无行为能力者的辩护人请求,根据第 22.278 号法第 4 条无罪释放 D. 杰克。鉴于 D. 杰克在监护治疗中的进展、其行为以及参与国家程

序的情况,她认为没有必要对其实施刑事处罚。

如果该点不被接受并认为有必要施以刑罚,未成年人和无行为能力者的辩护人提出,根据第22.278号法第4条和《刑法典》第44条的规定,刑罚应为该罪行的最低量刑。并且,在这种情况下,她认为应适用缓刑。

2. 检察官同意未成年人和无行为能力者辩护人关于D. 杰克在监护治疗方面取得进展的意见,但认为D. 杰克不应被无罪释放。这是因为杰克被指控的行为十分严重,并且他有意帮他的哥哥逃避极其严重的行为导致的司法制裁,而且杰克缺少家人的陪伴。

因此,检察官申请按照第22.278号法第4条、《刑法典》第40条和第41条以及《儿童权利公约》第37条d款的规定,对D. 杰克予以减刑。检察官认为适当的刑罚是1年6个月监禁,缓期执行。检察官还提出D. 杰克应承担诉讼费用。

3. 被害人F. 奥莉维亚的弟弟的代理律师认为,由于罪行的严重性,D. 杰克不应被免于刑事处罚。D. 杰克的行为导致了一位年轻母亲的死亡,她的3个孩子现在都成了孤儿。事实上,他强调,从他的角度来看,被告人本应被认定犯有故意杀人罪,而不是过失杀人罪。

因此,律师建议判处被告人3年2个月监禁。律师认为,该量刑适当,因为考虑到了D. 杰克因其年龄而降低刑罚等级、其行为严重性、F. 奥莉维亚的合法利益(生命)以及D. 约翰的人身安全。

4. 最后,D. 杰克的辩护律师玛丽亚·欧亨尼娅·萨加斯塔博士提出,她同意未成年人和无行为能力者官方辩护人的意见。她认为,根据《儿童权利公约》第3条、第37条和第40条的规定,以及国家最高法院"马尔多纳多"判例的指导原则,显然没有必要对D. 杰克处以刑罚。辩护律师忆及,在该案中最高法院指出,惩罚性回应是一种例外,应仅具有特殊预防目的,以达到使被告人重新融入社会的目的。

辩护律师认为,如果法庭决定判处监禁,则应根据《刑法典》第26条的规定,缓期执行。

四、哈维尔·A. 德卢卡法官的意见

根据关于D. 杰克监护治疗的第234号档案,他在17岁时参与监护治疗,年满18岁后,监护自动终止。他的监护治疗为期1年。

此外,2022 年 6 月 10 日宣布 D. 杰克负刑事责任的判决是最终判决。

因此,第 22.278 号法第 4 条的要求已得到满足,法庭能够分析是否有必要对 D. 杰克处以刑罚,以及确定合适的量刑。

为此,我们必须考虑到对触犯刑法的儿童量刑的规则(《儿童权利公约》第 37 条 b 款,《北京规则》第 5 条、第 17 条、第 19 条,第 22.278 号法第 4 条),并遵循有关少年刑事司法的辅助性和相称性原则。

在这种情况下,一般原则是,由于监禁的有害影响,监禁刑应是例外情况〔1〕。

首先要考虑的标准是 D. 杰克被宣判负有刑事责任的行为的严重性。在这方面,尽管 D. 杰克的行为造成了非常严重的后果(尤其是造成一名女性死亡),但他被认定为因鲁莽而犯罪。根据法律,鲁莽行为的过错程度轻于故意行为。此外,从判决中可以清楚地看出,D. 杰克鲁莽行事是为了帮助他的哥哥,而并非出于对他人的蔑视。

《北京规则》第 17.1 条 c 项规定:"除非未成年人被判定犯有涉及暴力侵害他人的严重行为……否则不得剥夺其人身自由。"该条还规定,只有在"没有其他适当的应对措施"的情况下,才可剥夺未成年犯的人身自由。

在"马尔多纳多"案中,国家最高法院认为,行为的严重性是一个决定性标准,第 22.278 号法第 4 条提到的"惩罚的必要性"可以理解为行为的严重性〔2〕。

然而,不能仅仅根据行为的严重性或者被告人的危险性来确定是否需要处罚,还必须考虑到使其重新融入社会的目标。在所有未成年人刑事程序中都必须考虑这一因素,并考虑监禁和定罪可能产生的有害影响。

分析必须包括未成年人对其所经历的改造过程的服从程度,同时考虑到监护档案的积极和消极方面。

关于这一点,美洲人权法院指出,当国家对儿童和青少年的违法行为进

---

〔1〕 参见玛丽·贝洛夫、迭戈·弗里德曼、马里亚诺·基尔森鲍姆、马蒂尼亚诺·特拉尼:《少年刑法中的惩罚和教育理想》,载玛丽·贝洛夫主编特辑:《少年司法中的新问题》,布宜诺斯艾利斯,2017 年,第 122 页。

〔2〕 国家最高法院,"马尔多纳多,丹尼尔·恩里克"案判决书,2005 年 12 月 7 日,判决 328:4343。

行干预时,它必须尽一切努力保证他们改过自新[1]。

儿童权利委员会还认为,儿童在生理和心理发展方面均有别于成人,任何未成年人刑罚制度的一项指导原则都应是儿童的最大利益原则(《儿童权利公约》第3条)。而且,由于这些方面的差异,未成年人被视为罪行较轻。因此,对儿童应采用区别对待和个性化方法[2]。

从国家最高法院在上述"马尔多纳多"案中的论证可以得出结论,即依据第22.278号法的规定,法院有责任权衡"惩罚的必要性"。法庭必须首先考虑这一步,然后思考惩罚措施的问题。这一步要求法庭必须证明实施惩罚本身是合理的。

根据《儿童权利公约》第40条第1款规定,这些刑罚的主要目的不应是惩罚青少年。相反,惩罚的目的应是使犯罪的青少年重新融入社会。在这方面,应当考虑到,为了和平的社会共处和良好的个人发展,当事人必须在情感、道德和心理方面成熟起来,认识到其行为的错误性,并重新确定自己的生活方向。

简而言之,法院必须在此核实,D. 杰克在经历这一特别刑事程序的过程中已经实现了本庭最初就提出的目的。

从这个角度来看,我们充分肯定监护档案中的跨学科报告,这些报告体现了重新社会化目标的达成和建设性行为的养成。

至于D. 杰克的个人情况,应指出的是,案发时D. 杰克与父母同住,已经完成高中学业并开始上大学。他以前从未参与过犯罪行为。

还应注意到,D. 杰克在社会教育方面有所进展,并养成了建设性行为。

另外,D. 杰克对自己的行为表示后悔,并对被害人F. 奥莉维亚的死亡表达沉痛哀悼。他已自愿接受心理治疗。

在此情况下,我认为没有必要对其施以刑罚,因为监护治疗已经取得了积极和可喜的成果,有利于其今后良好的社会行为。

因此,未成年人刑事程序的特殊预防目的已经达到,而惩罚性回应只会产生单纯的报应效果。

---

〔1〕 美洲人权法院,"街头儿童"案——维拉格兰 - 莫拉莱等人诉危地马拉,1999年11月19日,ap. 197。

〔2〕 第24号一般性意见(2019年),第2段;美洲人权委员会,第17/02号,第45~54段。

基于上述理由，我认为对 D. 杰克适用刑罚是不适当的(《儿童权利公约》第 3 条、第 37 条、第 40 条；《北京规则》第 5 条、第 17 条、第 19 条；第 22.278 号法第 4 条最后一款；《刑事诉讼法典》第 398 条、第 399 条、第 400 条及相关条款)。

综上，我同意释放 D. 杰克，且不由其承担诉讼费用(《刑法典》第 45 条、第 54 条、第 84 条之二和第 94 条之二，以及第 22.278 号法第 4 条)。

哈维尔 · A. 德卢卡(合议庭法官)
贡萨洛 · 格雷罗(合议庭法官)
达尼埃拉 · R. 帕特(合议庭法官)
玛丽埃拉 · 费尔南德斯(书记员)

保加利亚刑事判决书

Tatiana Batchvarova
陶朗道 译

判决

索非亚,2021 年 11 月 22 日

以人民的名义

索非亚市法院刑事审判厅第 17 审判庭于 2021 年 11 月 22 日举行公开庭审,由以下人员组成:

主审法官:B. 艾玛
法官:K. 阿波斯托尔
陪审员:G. 帕夫莱纳
陪审员:B. 里克
陪审员:G. 斯特菲娜

在检察官 T. 斯蒂芬和法庭记录员 B. 黛安娜的参与下,就公诉刑事案件第 12345 × ×/2021 号,指派 B. 艾玛担任主审法官,根据法律和案件证据,在索非亚市法院 2021 年案件登记簿上登记。

判决:

经查,被告 D. 约翰于 1995 年 3 月 3 日出生在保加利亚普罗夫迪夫,系保加利亚国民,有犯罪前科,现住保加利亚索非亚市洛泽内茨。约翰的如下行为确定有罪:2021 年 3 月 26 日晚 10 时 30 分左右,在索非亚市中心维托沙大道 2 号,圣内德里亚教堂广场的司法宫附近用螺丝刀刺伤 G. 比尔的左颈外动

脉,致其脖子受伤并大量出血,可能导致长期的健康隐患。这种行为构成危险惯犯情况下的中度故意伤害罪,根据《刑法》第 54 条第 1 款,以及第 131a 条第 2 款、第 129 条第 2 款和第 29 条第 1 款 a 项规定,判处被告 D. 约翰监禁 5 年。此前,D. 约翰已经于 2018 年 9 月 13 日,在第 547/5689 号公诉案件中因盗窃罪被定罪,索非亚地区法院判处其 1 年 6 个月监禁,约翰已经服刑结束。

认定被告 D. 约翰对民事索赔人 G. 比尔遭受的非金钱损失负有责任,命令被告 D. 约翰向 G. 比尔支付 3000 列弗的赔偿金以及从侵权行为发生之日起至最终支付赔偿金之日止的法定利息,并以缺乏法定依据为由驳回就判决赔偿与索赔金额之间的差额提出的非金钱性民事损害赔偿。

认定被告 D. 约翰对 G. 比尔遭受的金钱损失(包括 2021 年 3 月 27 日至 6 月 30 日的医疗费用)负有责任,并责令被告 D. 约翰向 G. 比尔支付 10,000 列弗,以及自 2021 年 3 月 27 日起至最终支付裁定金额止的法定利息。

根据《刑事诉讼法》第 304 条的规定,认定被告 D. 约翰无罪,并根据《刑事诉讼法》第 116 条第 1 款第 12 点(与《刑法》第 115 条、第 18 条第 1 款和第 20 条第 2 款一并解读),撤销对他在危险惯犯情况下谋杀未遂的指控。

认定被告 J. 玛丽无罪,其于 1997 年 4 月 13 日出生于保加利亚卡尔洛沃,系保加利亚国民,现居保加利亚索非亚。根据《刑事诉讼法》第 304 条、《刑法》第 116 条第 1 款第 12 点(与第 115 条、第 18 条第 1 款和第 20 条第 4 款一并解读),撤销对其在危险惯犯情况下协助和教唆谋杀未遂罪的指控。

认定被告 D. 杰克无罪,其于 2003 年 9 月 1 日出生于保加利亚索非亚,系保加利亚国民,现居保加利亚索非亚市柳林区。根据《刑事诉讼法》第 304 条,《刑法》第 116 条第 1 款第 12 点、第 115 条、第 18 条第 1 款、第 20 条第 4 款和第 31 条第 2 款规定,撤销对其在危险惯犯情况下协助和教唆谋杀未遂罪的指控。作为未成年人,D. 杰克能够理解自身行为的性质和意义,并能够控制自己的行为。

认定被告 D. 杰克犯有以下罪行:2021 年 3 月 26 日晚 10 时 30 分至 11 时,其作为未成年人(16 岁以上 18 岁以下),在索非亚克尼亚兹 · 东杜科夫大道 13 号和司法宫附近灯光昏暗的内城街道上,在没有驾驶执照的情况下,以平均 130km/h 的速度驾驶车辆,在没有开灯的情况下,从司法宫向克尼亚兹 · 东杜科夫大道行驶,在红灯时穿过主要路口,以 120km/h 的速度撞到行人 F. 奥莉维亚,她是在行人绿灯亮起时穿过该大道的。D. 杰克充分意识到这种违反交通规则的驾驶方式将使他无法及时作出反应以避免与另一辆车或行人相撞，并认识到他的行为可能造成他人死亡。撞击的结果是，F. 奥莉维亚被抛向空中，落在房屋墙壁上，头部全力撞击墙壁，造成多处颅骨骨折和巨大脑部创伤，当场死亡。D. 杰克的以上行为构成故意违反交通规则造成他人死亡罪，根据《刑法》第 54 条第 1 款和第 63 条第 2 款第 2 点对其进行判决，其因触犯《刑法》第 342 条第 3 款 c 项和第 31 条第 2 款，被判处监禁 4 年 6 个月。

认定被告 D. 杰克犯有以下罪行：2021 年 3 月 26 日晚 10 时 30 分至 11 时，其作为未成年人（16 岁以上、18 岁以下），在索非亚克尼亚兹 · 东杜科夫大道 13 号和司法宫附近灯光昏暗的内城街道上，在没有驾驶执照的情况下，以平均 130km/h 的速度驾驶车辆，在没有开灯的情况下，从司法宫向克尼亚兹 · 东杜科夫大道行驶，以 90km/h 的速度与一根锻铁灯柱相撞，汽车当即停下，由于坐在前排乘客座位上的 D. 约翰没有系安全带，而撞上了挡风玻璃，造成颅骨、脖颈、手臂、肋骨多处受伤。D. 杰克应当预见却没有预见到D. 约翰的受伤结果。因此，作为一个能够理解行为性质和意义并能够控制自己行为的未成年人，在违反交通规则和没有驾驶执照的情况下驾驶机动车辆时，因疏忽大意造成他人中等程度的身体伤害，判决被告 D. 杰克犯《刑法》第 343 条第 3 款 a 项、第 343 条第 1 款 b 项连同第 129 条第 2 款、第 31 条第 2 款所列罪行，判处被告杰克监禁 2 年。

根据《刑法》第 23 条的规定，被告人 D. 杰克犯有《刑法》第 342 条第 3 款 c 项、第 343 条第 3 款 a 项、第 343 条第 1 款 b 项、第 129 条第 2 款、第 31 条第 2 款所列罪行，判处合并执行 4 年 6 个月的监禁。

根据《刑法》第 342 条第 3 款 c 项、第 31 条第 2 款的规定，判决被告 D. 杰克对民事索赔人 F. 罗伊、F. 亚历山德拉和 F. 格里塔因该罪行而遭受的非金钱损失负有责任，并责令被告杰克向民事索赔人 F. 罗伊、F. 亚历山德拉和 F. 格里塔支付 30, 000 列弗的赔偿金以及从侵权行为发生之日起至最终支付赔偿金止的法定利息。

根据《刑事诉讼法》第 189 条第 3 款和第 190 条第 2 款的规定，责令被告 D. 约翰和被告 D. 杰克通过索非亚市法院的银行账户向国家支付整个诉讼过程中产生的 1300 列弗费用。

根据《刑事诉讼法》第 21 章的规定，可即日起 15 日内向索非亚上诉法院对判决提出上诉。

审判长:(签名)

审判长:(签名)

陪审员:(签名)

陪审员:(签名)

陪审员:(签名)

陪审员 B. 里克和 G. 斯特菲娜对被告 D. 杰克的判决发表了部分不同意见。

索非亚市法院刑事庭第 17 审判庭对第 12345 × ×/2021 号公诉案件的判决理由:

索非亚市检察官办公室已在第 5643 × ×/2021 号预审程序中对 D. 约翰、D. 杰克和 J. 玛丽提起公诉,在第 4879 × ×/2021 号预审程序中对 D. 杰克提起公诉,在第 5668 × ×/2021 号预审程序中对 D. 杰克提起公诉,在第 4943 × ×/2021 号预审程序中对 D. 杰克提起公诉。

Ⅰ. 第 5643 × ×/2021 号预审程序起诉书、第 4879 × ×/2021 号检察官卷宗指控

1. 2021 年 3 月 26 日晚 10 时 30 分左右,在索非亚市中心维托沙大道 2 号圣内德里亚教堂广场的司法宫附近,D. 约翰作为行凶者(有两次盗窃前科,其中一次是 3 年前被判处的 18 个月监禁,已服满刑期),D. 杰克和 J. 玛丽作为协助者和教唆者,一起对 G. 比尔进行攻击,D. 约翰冲着 G. 比尔喊道:"我要杀了你,你这个混蛋!"他用一把刚从 G. 比尔手中夺来的螺丝刀瞄准比尔的胸部和腹部,当 G. 比尔滑倒在地时,约翰用刀刺伤了他的脖子,导致 G. 比尔的动脉受伤。该行为能够导致 G. 比尔的死亡,尽管死亡结果并未发生但这与行为人的意图无关,行为人的意图是实施该行为并造成该后果,因此,根据《刑法》第 116 条第 1 款第 12 点,以及第 115 条[1]、第 18 条第 1 款[2]和第

[1] 根据《刑法》第 115 条的规定,故意杀害他人的,应以谋杀罪论处,处以 10 年至 20 年的监禁。

[2] 根据《刑法》第 18 条第 1 款的规定,"未遂"是指"已经开始实行犯罪,但行为尚未完成,或者行为虽然已经完成,但法律所规定的、行为人所希望的后果并未发生"。

20 条第 2 款[1]一并解读,行为人犯下了危险惯犯[2]情形下的谋杀未遂罪。

2.2021 年 3 月 26 日晚 10 时 30 分左右,在索非亚市中心维托沙大道 2 号圣内德里亚教堂广场的司法宫附近,17 岁的教唆犯 D. 杰克与作为犯罪人的 D. 约翰和作为教唆犯的 J. 玛丽一起,同时站在 D. 约翰——当他对 G. 比尔进行人身攻击时,与 G. 比尔的朋友 L. 鲍勃和 K. 本之间,阻止 L. 鲍勃和 K. 本进行干预,进而在知情的情况之下,为 D. 约翰刺伤 G. 比尔的重要器官提供了便利。根据《刑法》第 116 条第 1 款第 12 点、第 115 条、第 18 条第 1 款、第 20 条第 4 款[3]和第 31 条第 2 款[4]的规定,D. 杰克是能够理解行为的性质和含义并能够控制自己行为的未成年人[5],构成帮助和教唆危险惯犯情形下的谋杀未遂罪。

3.2021 年 3 月 26 日晚 10 时 30 分左右,在索非亚维托沙市中心大道 2 号圣内德里亚教堂广场的司法宫附近,教唆犯 J. 玛丽,与作为犯罪人的 D. 约翰和作为教唆犯的 D. 杰克在一起,推了 G. 比尔一把,大叫道:“你这个白痴! 你为什么要激怒他!”当 G. 比尔滑倒在地时,J. 玛丽扑倒他身上,双手掐住他的脖子,当 D. 约翰用螺丝刀刺伤他的动脉时,J. 玛丽阻止 G. 比尔呼吸并从地上爬起来。根据《刑法》第 116 条第 1 款第 12 点以及第 115 条、第 18 条第 1 款和第 20 条第 4 款的规定,J. 玛丽构成帮助和教唆危险惯犯情形下的谋杀未遂罪。

Ⅱ. 预审程序中的起诉书第 5668××/2021 号,检察官卷宗第 4943××/2021 号指控

1.2021 年 3 月 26 日晚 10 时 30 分至 11 时,17 岁的 D. 杰克在索非亚克尼亚兹·东杜科夫大道 13 号和司法宫附近灯光昏暗的内城街道上,在没有驾驶执照的情况下,以平均 130km/h 的速度驾驶车辆,在没有开灯的情况下,从司法宫向索非亚克尼亚兹·东杜科夫大道行驶,在红灯时穿过主要路口,以

---

[1] 根据《刑法》第 20 条第 2 款的规定,“犯罪人是指参与实施犯罪行为的人”。

[2] 根据《刑法》第 29 条第 1 款 a 项的规定,如果某人因严重故意犯罪被判处 1 年以上监禁后又再犯罪,且未根据第 66 条的规定中止服刑,则属于危险惯犯。

[3] 根据《刑法》第 20 条第 4 款的规定,从犯是指通过建议、解释、承诺在犯罪行为发生后提供帮助等故意的方式,为犯罪提供便利、排除障碍、提供手段以及任何其他方式。

[4] 《刑法》第 31 条第 2 款规定:“已满 14 周岁未满 18 周岁的人,如果能够理解行为的性质和意义,并且能够控制自己的行为,则应当承担刑事责任。”

[5] 注意,《刑法》对未满 14 周岁的人和已满 14 未满 18 周岁的人作了区分,前者在任何情况下都不承担刑事责任(《刑法》第 32 条第 1 款),而后者则需要看未成年人是否有能力理解其行为和意义,以及是否能控制自己的行为,从而决定是否应承担刑事责任。

120km/h 的速度撞到行人 F. 奥莉维亚，她是在行人绿灯亮起时穿过该大道的。在被撞后，F. 奥莉维亚被抛向空中，落在房屋墙壁上，头部全力撞击墙壁，造成多处颅骨骨折和巨大脑部创伤，当场死亡。D. 杰克充分意识到这种违反交通规则的驾驶方式将使他无法及时作出反应以避免与另一辆车或行人相撞，并认识到他的行为可能造成他人死亡。D. 杰克虽然是未成年人，但他能够理解其行为的性质和含义，也能够控制自身行为，依据《刑法》第 342 条第 3 款 c 项和第 31 条第 2 款，他因上述行为构成故意违反交通规则造成他人死亡罪。

2. 2021 年 3 月 26 日晚 10 时 30 分至 11 时，在索非亚克尼亚兹 · 东杜科夫大道 13 号，17 岁的 D. 杰克在没有驾驶执照的情况下，从司法宫向索非亚克尼亚兹 · 东杜科夫大道方向以 130km/h 的速度行驶，以 90km/h 的速度与一根锻铁灯柱相撞，汽车当即停下，由于坐在前排乘客座位上的 D. 约翰没有系安全带，撞上了挡风玻璃，造成颅骨、脖颈、手臂、肋骨多处受伤。D. 杰克应当预见却没有预见到 D. 约翰的受伤结果。因此，作为一个能够理解行为性质和意义并能够控制自己行为的未成年人，在违反交通规则和没有驾驶执照的情况下驾驶机动车辆时，因疏忽大意造成他人中等程度的身体伤害，D. 杰克的行为构成《刑法》第 343 条第 3 款 a 项、第 343 条第 1 款 b 项、第 129 条第 2 款[1]、第 31 条第 2 款所列罪行。

Ⅲ. 审判程序

1. 合并案件

根据《刑事诉讼法》第 35 条第 2 款的规定，对 D. 约翰、D. 杰克和 J. 玛丽的诉讼与对 D. 杰克的诉讼合并为第 1234 × ×/2021 号公诉案件。

根据《刑事诉讼法》第 41 条第 1 款的规定，可以合并审理两起或多起针对不同人的不同罪行的案件，只要这些案件之间存在联系。

至于两起案件之间的联系，除了两起案件中被指控的情况发生在同一时间和同一地点之外，还因为两起案件都涉及同一被指控人（被告 D. 杰克）而进一步联系在一起。

---

〔1〕 根据《刑法》第 129 条第 2 款的规定，“在下列情况下造成的身体伤害应被视为中度伤害：造成永久性视力或者听力减弱；永久性语言障碍；四肢、身体或者脖子活动困难；性器官功能紊乱，但未丧失生育能力；下颌断裂或者牙齿脱落，但咀嚼或者语言能力未受到损害；面部或者身体其他部位毁容；健康受到永久性损害但不危及生命或者危及生命，但健康受到暂时性损害；刺穿颅腔、胸腔和腹腔的伤害”。

根据《刑事诉讼法》第 35 条第 2 款的规定，鉴于所指控罪行的严重性，两起案件均属于索非亚市法院的管辖范围。

2. 根据《刑事诉讼法》第 370 条的规定进行预审

在合并案件后，审判庭决定根据《刑事诉讼法》第 370 条的规定，自行召集当事方和起诉书中确定为被控罪行受害者的人员进行预审，以确定应遵循的程序，包括是否根据《刑事诉讼法》第 27 章的规定适用简易程序。

《刑事诉讼法》第 372 条第 2 款规定，在根据《刑事诉讼法》第 370 条及其后条款进行诉讼的案件中，必须为无律师辩护的被告指定律师，审判庭在 2021 年 9 月 30 日根据第 370 条进行的预审开始时注意到，被告 J. 玛丽没有辩护律师出庭，于是指定索非亚律师协会的尼科洛夫律师担任被告 J. 玛丽的辩护人。

3. 关于允许补充当事人的决定

审判庭还传唤了在起诉书中被确定为被害人的个人和死者的近亲，通知他们根据《刑事诉讼法》第 75 条享有的权利，包括根据《刑事诉讼法》第 76 条及其后相关条款申请作为自诉人和/或根据《刑事诉讼法》第 84 条及其后相关条款申请作为民事当事人参与的权利。审判庭必须对被害人的参与申请作出裁决，因为无论是自诉人还是民事当事人都不是刑事诉讼中不可或缺的一方，刑事司法程序可以在没有他们的情况下进行（参见最高上诉法院于 2004 年 2 月 5 日在最高上诉法院刑事庭联席会议上宣布的第 2/2003 号刑事案件解释性裁决中作出的约束性判例）。

根据《刑法》第 116 条第 1 款第 12 点、第 115 条、第 18 条第 1 款、第 20 条第 2 款的规定，G. 比尔在起诉书中被确定为犯罪被害人。

同样，审判庭受理了 G. 比尔对 3 名被告提出的民事赔偿要求，金额为 45, 000 列弗，包括 2021 年 3 月 27 日至 6 月 30 日的医疗费用 10, 000 列弗的金钱损失赔偿，以及因犯罪行为造成长期心理伤害的 35, 000 列弗的非金钱损失赔偿。审判庭认为，民事索赔符合《刑事诉讼法》第 85 条规定的受理条件，因此给予 G. 比尔民事诉讼原告人的诉讼地位。

在同一次庭审上，审判庭根据《刑事诉讼法》第 101 条第 1 款指定索非亚律师协会的东切瓦律师担任 3 岁的 F. 罗伊、5 岁的 F. 亚历山德拉和 10 岁的 F. 格里塔的未成年人权利和法律利益的特别代表，D. 杰克造成了他们母亲（唯一的照顾者）F. 奥莉维亚死亡。根据《刑法》第 342 条第 3 款 c 项的规定，特别代表东切瓦律师代表这三名未成年被害人对被告 D. 杰克提出联合民事索赔，审判庭赋予他们自诉人的诉讼地位。

审判庭以口头命令的形式在庭审中驳回了东切瓦律师代表三个未成年人 F. 罗伊、F. 亚历山德拉、F. 格里塔针对 D. 杰克增加 10,000 列弗民事索赔申请的请求。因为，审判庭注意到，这些金钱损失的民事索赔既没有具体说明物质损害的性质或具体来源，即每个被害人遭受的金钱损失（如食物、衣服等费用），也没有说明要求金钱损失的时间区间。因此，由于金钱损失赔偿的民事索偿要求需要提供进一步证明资料，而特别代表东切瓦律师无法在同一次庭审中提供这些资料。审判庭认为，因金钱损失赔偿的民事索偿申请而暂停诉讼程序，有违缩短审判程序的目的，难以达到及时和迅速地审理刑事案件的目标。最高上诉法院于 2004 年 2 月 5 日在最高上诉法院刑事庭联席会议上宣布的第 2 号解释性裁决（第 2/2003 号刑事案件）即为具有约束力的先例。根据该判例，被害人行使作为民事方参与刑事案件的权利不得损害公共利益或司法的及时性和高效性。审判庭还指出，它驳回要求审议赔偿金钱损失的民事索赔的申请，并不影响被害人根据《刑法》第 342 条第 3 款 c 项在民事诉讼中就所称罪行造成的伤害要求赔偿的权利。

与此同时，审判庭接受特别代表东切瓦律师代表三名未成年被害人 F. 罗伊、F. 亚历山德拉、F. 格里塔对被告人 D. 杰克提出的联合民事索赔，要求赔偿因被害人失去唯一照顾者（他们的母亲）F. 奥莉维亚而造成的非金钱损失 30,000 列弗。审判庭注意到，截至 2021 年 9 月 1 日，被告人 D. 杰克已达到完全法定年龄，因此，受理对其提出的非金钱损失民事索偿诉讼不存在任何法律障碍。于是，在审判庭确认非金钱损失民事索赔符合《刑事诉讼法》第 85 条的要求后，给予 F. 罗伊、F. 亚历山德拉、F. 格里塔民事诉讼原告——民事索赔人的地位。

死者 F. 奥莉维亚的弟弟 F. 奥斯瓦尔德先生也被传唤参加预审，并被告知其根据《刑事诉讼法》第 74 条第 2 款、第 76 条及其后相关条款和第 84 条及其后相关条款的规定，他有权申请作为自诉人、民事诉讼原告或同时作为自诉人和民事诉讼原告参与诉讼，因为他失去了近亲。F. 奥斯瓦尔德先生说，他不想申请参与本案的诉讼。

4. 根据《刑事诉讼法》第 370 ~ 374 条规定的简易程序进行审判的决定

审判庭在任命律师、特别代表并就被害人作为自诉人和（或）民事诉讼原告参与诉讼的申请作出裁决后，通知被告人，根据《刑事诉讼法》第 371 条，他们有权同意采用《刑事诉讼法》第 370 ~ 374 条规定的简易程序审理案件。根据《刑事诉讼法》第 372 条的规定，审判庭向各当事方和参与者解释，这是一个分阶段的程序，允许被告选择其一：

（1）放弃在审判时审查和/或传唤证据的权利，仅依据在诉讼预审阶段收集的证据参与审判。允许使用在诉讼预审阶段收集的证据材料，如证人和/或专家的陈述、专家报告以及其他书面、口头和有形证据，对案件的是非曲直进行裁决，不在审判时审查和/或收集新证据（《刑事诉讼法》第 371 条第 1 点）。

（2）完全承认起诉书中描述的事实和情节，放弃就这些事实和情节收集证据的权利（《刑事诉讼法》第 371 条第 2 点）。

审判庭随后听取了各方关于根据《刑事诉讼法》第 370 条进行诉讼的陈述，特别是关于是否遵循简易审判程序的陈述，如果是，其选择放弃哪一项权利进而遵循简短审判程序。

同案被告 D. 杰克和 D. 约翰及其共同法律代表，即首席律师萨默女士和协办律师金先生，表示同意根据《刑事诉讼法》第 371 条第 1 点规定的简易审判程序进行审判，放弃在审判环节对预审阶段证据进行质证的权利。

被告 D. 约翰表示愿意在最后陈述案情之前做未经宣誓的陈述。

被告 D. 杰克提出，他坚持其在诉讼程序预审阶段的陈述和供词，并请求审判庭将其学校校长 D. 肖恩出具的学生品行报告采纳为证据。

被告 J. 玛丽和指定律师尼科洛夫表示同意根据《刑事诉讼法》第 371 条第 1 点规定的简易审判程序进行审判，表示无须审查在预审阶段收集的证据。被告人 J. 玛丽提出，她坚持自己在预审阶段陈述中说的每一个字，并请求审判庭将一份绩效考核报告和一份急救证明作为证据。

自诉人和民事原告 G. 比尔及其律师格林先生，以及代表自诉人和民事原告 F. 罗伊、F. 亚历山德拉、F. 格里塔的特别代表东切瓦也同意根据《刑事诉讼法》第 371 条第 1 点规定的简易程序进行审判。

在听取各方陈述后，审判庭裁定，审判将根据《刑事诉讼法》第 371 条第 1 点规定的简易程序进行，并定于 2021 年 11 月 22 日举行庭审，听取被告 D. 约翰未经宣誓的陈述以及各方的最后陈述，并宣布判决和刑期。[1]

5. 2021 年 11 月 22 日庭审，引入证据和最终陈述

在 2021 年 11 月 22 日的庭审中，审判庭根据《刑事诉讼法》第 373 条第 1 款(与第 283 条一并解读)将在预审阶段收集的证据纳入审判记录，同时确定这些证据是依法收集的。

(1)检察官的陈述

在双方最后提交的陈述中，索非亚市检察官办公室的检察官坚持对被告 D. 约翰的指控，要求根据《刑法》第 116 条第 1 款第 12 点、第 115 条、第 18 条第 1 款和第 20 条第 2 款的规定，判定他在危险惯犯情况下犯有谋杀未遂罪，并要求据此判处他 15 年监禁。检察官指出，尽管被告 D. 约翰对造成伤害表示了悔恨，但其是在屡次触犯法律之后才犯下被指控的罪行的，检察官认为这应被视为加重处罚情节。检察官认为，D. 约翰产生杀死 G. 比尔的意图是受 G. 比尔侵略性动作的挑衅。

关于民事诉讼原告 G. 比尔的赔偿要求，检察官认为应全额赔偿。

检察官坚持指控被告 D. 杰克犯有《刑法》第 342 条第 3 款 c 项(与第 31 条第 2 款一并解读)所列罪行，以及第 343 条第 3 款 a 项(与第 343 条第 1 款 b 项、第 129 条第 2 款一并解读)和《刑法》第 31 条第 2 款所列罪行，并请求根据《刑法》第 23 条第 1 款对两项指控定罪并合并判刑，刑期在 3 年至 5 年监禁。

作为与量刑有关的情节，检察官指出被告年龄小(从轻处罚情节)，2021 年 3 月 26 日晚，他在没有驾驶执照的情况下坐在方向盘后面(从重处罚情节)，以及他的行为导致 3 个孩子变成孤儿并失去唯一照顾者(从重处罚情节)，此外，他的行为还导致另一个人——被告的哥哥、同案被告 D. 约翰——受伤(从重处罚情节)。

检察官没有坚持根据《刑法》第 116 条第 1 款第 12 点、第 115 条、第 18 条第 1 款、第 20 条第 4 款和第 31 条第 2 款的规定，指控被告 D. 杰克作为未成年人，帮助和教唆在危险惯犯情况下实施谋杀未遂罪。检察官指出缺乏足够的证据来证实这一指控，并认为 D. 杰克应被无罪释放。

---

[1] 《刑事诉讼法》没有规定单独的量刑程序，这一点与其他司法管辖区不同，如国际刑事法院和黎巴嫩特别法庭。

检察官没有坚持针对J. 玛丽的指控，因为根据J. 玛丽在诉讼预审阶段接受讯问时所作的陈述以及她哥哥J. 史蒂夫的证人证言，特别是审判庭采纳的书面证据，被告J. 玛丽显然无意协助D. 约翰实施谋杀G. 比尔未遂的罪行。检察官认为，J. 玛丽事实上试图推开G. 比尔以停止争吵，并为被害人提供急救，试图止住伤口流血。

（2）自诉人和民事诉讼原告的陈述

自诉人兼民事诉讼原告G. 比尔及其律师格林先生请求审判庭判定被告D. 约翰谋杀未遂罪成立，并判处法律规定的最高刑期。关于同案被告D. 杰克和J. 玛丽协助和教唆谋杀未遂罪的指控，自诉人G. 比尔及其律师没有发表意见，完全由审判庭决定。

特别代表东切瓦律师请求根据《刑法》第342条第3款c项和第31条第2款，判定D. 杰克故意违反交通规则致他人死亡罪，因为他是未成年人，能够理解行为的性质和意义，并能够控制自己的行为。特别代表东切瓦请求审判庭裁定全额赔偿民事诉讼原告人的非金钱损失。

（3）辩方陈述

D. 约翰的首席律师萨默坚持认为她的委托人是无辜的，并请求宣告他无罪。萨默律师认为，证据证明G. 比尔的伤是在一次由G. 比尔引起的争吵中无意造成的，G. 比尔跟踪被告到他的车旁，并开始骚扰他。D. 约翰无意伤害比尔，只是为了防止自身和车辆受到伤害而进行自卫。此外，萨默律师坚持认为，D. 约翰受伤是G. 比尔摔倒在地并将D. 约翰拉倒在地导致的结果。因此，萨默律师请求审判庭宣布被告D. 约翰无罪，认定这次伤害是《刑法》第15条[1]所指的意外事故，或者认为被告是出于自卫，从而根据《刑法》第12条第1款宣布被告无罪。

被告D. 约翰最后请求无罪释放，重申他在未经宣誓的陈述中提出的情况，请求审判庭根据《刑法》第15条或作为替代办法的第12条第1款，认定他对G. 比尔受伤不承担责任。被告D. 约翰还请求审判庭对其弟弟、同案被告D. 杰克从宽处理。

被告D. 杰克的首席律师萨默女士辩称，对于协助和教唆G. 比尔谋杀未

〔1〕《刑法》第15条规定，如果行为人没有义务或者没有能力预见危害社会后果的发生，则该行为应被视为无过错行为（意外行为）。

遂罪的指控，D. 杰克是无辜的。她请求审判庭在认定当事人的两起交通犯罪责任时从宽处理。萨默律师强调了 D. 杰克优秀的个人品质和他未成年的年龄，并争辩说，他在 2021 年 3 月 26 日晚上在没有驾驶执照的情况下坐在方向盘后面并违反交通规则开车的唯一原因是他想从 G. 比尔咄咄逼人的朋友手中救出他的哥哥，尤其是在其不慎受伤之后，这些朋友当时渴求复仇。

被告 D. 杰克在最后陈述中对 F. 奥莉维亚的死亡及其哥哥 D. 约翰的受伤表示悔恨，说他愿意承担其行为的后果，请求审判庭在量刑时从宽处理。被告对协助和教唆谋杀未遂罪的指控不认罪。

被告 J. 玛丽的指定律师尼科洛夫坚持认为其委托人无罪，完全同意检察官的立场。被告 J. 玛丽在最后陈述中坚称自己无罪，请求无罪释放。她还请求对同案被告 D. 约翰和 D. 杰克宽大处理，坚称争吵完全是 G. 比尔挑起的。

索非亚市法院在对证据本身和证据的整体性进行评估后发现了以下内容：

一、关于事实

被告 D. 约翰和被告 D. 杰克是兄弟。D. 约翰于 1995 年出生在保加利亚普罗夫迪夫，D. 杰克于 2003 年 9 月 1 日出生在保加利亚索非亚。

被告 J. 玛丽于 1997 年 4 月 13 日出生在保加利亚卡尔洛沃，她与被告 D. 约翰关系亲密。

Ⅰ. 被告人 D. 约翰

D. 约翰有两起盗窃的定罪记录。[1] 第一起案件是根据索非亚地区法院第 21 审判庭 2016 年 5 月 25 日第 235/3780 号审判判决作出的，判处罚款；第二起案件是根据索非亚地区法院第 14 审判庭 2018 年 9 月 13 日第 547/5689 号审判判决作出的，判处 18 个月监禁。被告 D. 约翰已服满刑期并缴纳了罚金，但其犯罪记录尚未消除。

被告 D. 约翰 17 岁时从当地高中“瓦西里 - 列夫斯基”辍学，此后一直在同一家汽车修理店“给自己一个刹车”断断续续地工作。他的雇主彼得认为

---

〔1〕《刑法》第 194 条规定，盗窃最高可判处 8 年监禁。《刑法》第 93 条第 7 款规定，“严重罪行”是指“法律规定处以 5 年以上监禁、无期徒刑或者终身监禁的任何罪行”。

他是一个可靠的、很好的汽车修理工，并承诺允许 D. 约翰在服刑后继续回来上班。D. 约翰有一辆自己的老式二手跑车，他利用业余时间一直在对这辆车进行改装。被告买车时，这辆车没有安全气囊，他利用业余时间设法在驾驶员一侧安装了一个安全气囊。

Ⅱ. 被告人 D. 杰克

被告 D. 杰克没有犯罪前科。他与父母住在一起，在当地高中“瓦西里－列夫斯基”就读 10 年级。被告勤奋好学，心地善良，受到同学和老师的尊敬。

Ⅲ. 被告 J. 玛丽

被告 J. 玛丽是“四爪”组织的一名驯狗员，也是索非亚“圣尼古拉斯”老年护理院的一名志愿者。她在“四爪”的雇主眼中是一位善良、体贴的年轻女性，深受雇主的尊敬。

Ⅳ. 2021 年 3 月 26 日晚的事件经过

2021 年 3 月 26 日星期五 20 时左右，3 名被告坐着 D. 约翰的车去他最喜欢的“蓝月亮”酒吧吃饭、喝酒。

当日 22 时 30 分左右，D. 约翰喝了大量的酒，血液中的酒精浓度达到了 1.2‰。出于嫉妒，他与另一位客人 G. 比尔和其两位朋友 L. 鲍勃和 K. 本发生了激烈的争吵，他与这些人事先完全不认识。5 分钟后，D. 杰克和 J. 玛丽试图劝说他离开。

结账后，3 名被告来到停车场，靠近 D. 约翰的车。D. 杰克和 J. 玛丽坚持认为 D. 约翰不应该开车，因为他走路已经开始摇摇晃晃了，但当他正准备从驾驶座的车门上车时，G. 比尔出现了。

与此同时，G. 比尔、L. 鲍勃和 K. 本来到停车场，G. 比尔从自己的车里拿出一把螺丝刀，然后走到 D. 约翰的车旁，用螺丝刀在车盖上划了一道又长又深的划痕。D. 约翰怒气冲冲地下了车，扑向 G. 比尔，从他手里夺过螺丝刀，冲他大喊：“我要杀了你，你这个混蛋！”

J. 玛丽也冲着 G. 比尔喊道：“你这个笨蛋！你做了什么！他现在很易怒，你这个白痴！”她试图把 G. 比尔从 D. 约翰身边推开。

D. 杰克也站在他哥哥和 G. 比尔之间，另一边是 G. 比尔的朋友，但几乎就在此时，他被 K. 本推开，站到了一边。

此时，D. 约翰多次用螺丝刀瞄准比尔的胸膛和腹部，但多次刺歪了。G. 比尔随后滑倒在地，J. 玛丽压在了 G. 比尔身上，D. 约翰用螺丝刀刺入了

G. 比尔的脖子，划破了动脉。G. 比尔的朋友推开了 J. 玛丽，J. 玛丽此时俯在 G. 比尔身上，双手捂着他的脖子，但脖子鲜血直流。L. 鲍勃和 K. 本一边打电话叫救护车，一边试图止住血流。

在 J. 玛丽被 G. 比尔的朋友推开后，她双手沾满鲜血，开始向她哥哥 J. 史蒂夫的公寓跑去，J. 史蒂夫是一名医护人员，住在离“蓝月亮”酒吧不远的地方，与此同时，被告 J. 玛丽试图打电话联系 J. 史蒂夫，但他没有接。在她离开停车场大约 15 分钟后，距到达她哥哥的住址还有一条街时，J. 玛丽被警察 D. 格雷格和 P. 凯茜拘留了。

同时，就在 D. 约翰打伤 G. 比尔之后，他的弟弟 D. 杰克把他从地上拉了起来，并把他拖到自己的车上。被告 D. 杰克把 D. 约翰放在副驾驶座位上，他自己坐在方向盘后面，由于时间不够，既没有系他哥哥的安全带，也没有系他自己的安全带。他用还在点火器里的钥匙启动了发动机，然后在没有打开车灯的情况下高速行驶。

当 L. 鲍勃听到汽车的引擎声，他冲入自己的车里，去追 D. 杰克和 D. 约翰，此时 K. 本就在 G. 比尔的旁边，等待救护车。7 分钟后，G. 比尔被送往附近的皮拉戈夫医院，经紧急手术抢救成功。

被告 D. 杰克是一名没有经验的无证司机，他以平均 130km/h 的速度在灯光昏暗的市内街道上急速行驶，多次无视主要路口的红色交通信号灯，且不减速。他的注意力完全集中在逃跑上以免他的哥哥 D. 约翰被认出来和被逮捕。

当 D. 杰克沿克尼亚兹—东杜科夫大道拐弯时，正在傍晚散步的行人 F. 奥莉维亚被被告 D. 杰克驾驶的汽车以平均 120km/h 的速度撞上。撞击力将 F. 奥莉维亚抛向空中，然后她撞上了房屋的墙壁，头部全力撞击墙壁。F. 奥莉维亚在一年前失去了丈夫，她是一位单身母亲，独自照顾 3 个年仅 3 岁、5 岁和 10 岁的孩子，他们分别是 F. 罗伊、F. 亚历山德拉和 F. 格里塔。

在与 F. 奥莉维亚相撞后，被告 D. 杰克失去了对汽车的控制，以 90km/h 的速度与铁制灯柱相撞，汽车瞬间停了下来。由于 D. 约翰没有系安全带，撞破了挡风玻璃，头骨、颈部、手臂和肋骨严重骨折。由于 D. 杰克有驾驶员安全气囊的缓冲，他只遭受了 5 根肋骨的骨折和严重的撞击创伤。5 分钟后，警察 B. 托尼和 W. 格里赶到交通事故现场，叫来救护车并拘留了 D. 杰克。

二、关于证据

上述事实是根据诉讼程序预审阶段收集的书面证据和口头证据、被告

D. 约翰未经宣誓的陈述、简易审判程序中作为证据的书面文件确定的。

Ⅰ. 证据类型

在确定相关事实时，审判庭考虑了以下口供证据：被告 D. 杰克根据《刑事诉讼法》第 222 条在预审程序中在法官面前所作陈述（供词）（预审记录第 17 ~ 20 页）；被告 J. 玛丽的讯问记录（预审记录第 13 ~ 14 页）；被告 D. 约翰的讯问记录（预审记录第 12 页）。证人 G. 比尔在预审法官面前依据《刑事诉讼法》第 223 条作出的陈述（预审记录第 38 ~ 40 页）；证人 L. 鲍勃的陈述（预审记录第 77 ~ 78 页）、K. 本的陈述（预审记录第 72 页）、J. 史蒂夫的陈述（预审记录第 41 页）、F. 奥斯瓦尔德的陈述（预审记录第 74 页）、V. 彼得的陈述（预审记录第 42 ~ 43 页）、D. 格雷格的陈述（预审记录第 75 页）、P. 凯茜的陈述（预审记录第 76 页）、H. 克雷格的陈述（预审记录第 77 页）、P. 米莱娜的陈述（预审记录第 78 页）、B. 托尼的陈述（预审记录第 79 页）和 W. 格里的陈述（预审记录第 80 页）。

审判庭还审议了下列书面证据：搜查和扣押 D. 杰克的记录（预审记录第 27 页）、搜查和扣押 D. 约翰的记录（预审记录第 28 页）、搜查和扣押 J. 玛丽的记录（预审记录第 29 页）、医学专家 G. 休博士关于 G. 比尔的法医检查报告（预审记录第 36 页）、检查交通事故现场的协议书（预审记录第 42 页）、医学专家 A. 艾伦博士关于 D. 约翰血液酒精含量的医疗报告（预审记录第 31 页）、医疗专家 A. 艾伦博士关于 D. 杰克血液酒精含量的医疗报告（预审记录第 32 页）、专家 B. 欧内斯特的汽车技术专家报告（预审记录第 33 ~ 35 页），专家对于儿童 F. 格里塔的咨询建议（预审记录第 49 ~ 50 页）、医学专家 A. 艾伦博士对死者 F. 奥莉维亚尸体的法医检查报告（预审记录第 20 页）、医学专家 A. 艾伦博士对 D. 约翰的法医检查报告（预审记录第 21 页）、R. 金姆博士对儿童 F. 格里塔的心理评估（预审记录第 51 ~ 55 页）、R. 金姆博士对儿童 F. 罗伊的心理评估（预审记录第 56 ~ 62 页）、R. 金姆博士对儿童 F. 亚历山德拉的心理评估（预审记录第 63 ~ 70 页）、第 CPA - 354/13.06.2021 号社会报告（预审记录第 72 ~ 83 页）、D. 杰克被指控的未成年罪犯的法医精神病学和心理评估报告（预审记录第 72 ~ 83 页）、M. 詹姆斯医生对 D. 杰克的法医精神病学和心理评估报告（预审记录第 84 ~ 101 页）、M. 詹姆斯医生对 D. 约翰的法医精神病学和心理评估报告（预审记录第 102 ~ 105 页）。

在审判程序中，审判庭接受了社会援助局洛泽涅茨分局提供的下列书面证据:关于孤儿 F. 罗伊、F. 亚历山德拉和 F. 格里塔状况的社会报告,关于孤儿 F. 罗伊、F. 亚历山德拉和 F. 格里塔状况的第 NSG - 3231/19.11.2021 号社会报告,关于 2021 年 3 月 27 日至 6 月 30 日向 G. 比尔提供的医疗服务(包括康复、处方和药物)的医疗费用文件,J. 玛丽的雇主 D. 维克多对她的业绩评估报告,J. 玛丽名下的第 2435/13.03.2019 号急救证书,D. 肖恩校长关于 D. 杰克的学生品行报告,2021 年 3 月 26 日以 J. 史蒂夫名义登记的电话号码 00359××××××的呼叫序列表,2021 年 3 月 26 日以 J. 玛丽名义登记的电话号码 00359××××××的呼叫序列表,D. 约翰、D. 杰克和 J. 玛丽的最新犯罪记录证明。

Ⅱ. 讨论

1. 与被告 D. 约翰有关的证据

关于被告 D. 约翰,审判庭注意到,虽然他在预审阶段根据《刑事诉讼法》第 55 条第 1 款规定有权保持沉默,但随后在根据《刑事诉讼法》第 370 条及其后相关条款进行的简易审判程序中,他提供了未经宣誓的陈述。关于被告未经宣誓的陈述,审判庭注意到其双重性质。一方面,被告人未经宣誓的陈述是为其辩护服务的,这就解释了为什么法律没有对其真实性作出承诺。另一方面,未经宣誓的陈述构成证据材料的一部分,只要它们包含与案件有关的全部或部分信息就可以成为证据。

审判庭进一步指出,被告人的陈述并不具有预先确定的证据权重。相反,审判庭必须在仔细分析被告人对事实的陈述是否以及在多大程度上得到其他证据证实的基础上,评估其证明价值。被告人未经宣誓的陈述的可信度与任何其他类型和证据的情况一样,取决于它在多大程度上得到其他不同性质的证据或来自其他来源的证据的证实。

审判庭根据被告 D. 约翰的陈述本身,参照记录在案的其他证据对其进行了评估,认为被告 D. 约翰对事实的陈述得到了本案其他证据的部分证实。审判庭注意到,D. 约翰未经宣誓的陈述并不是证明他与被害人 G. 比尔在 2021 年 3 月 26 日晚上见面之前互不相识以及 G. 比尔激怒了被告人,因为当晚早些时候他们在"蓝月亮"酒吧发生了激烈的争吵的唯一证据。其他同案被告人 D. 杰克和 J. 玛丽的陈述以及 G. 比尔的朋友即证人 L. 鲍勃和 K. 本的证言也反映了同样的事实。所有这些证据综合起来证明,D. 约翰和 G. 比尔第一次见面是在酒吧,在那里他们因 D. 约翰的嫉妒而发生了激烈争吵,之后 D. 约翰和其他同案被告踉踉跄跄地离开了酒吧,然后G.比尔和他的朋友们跟着他们来到停车场,G.比尔与D.约翰在那里对峙。

同样,这些证据,无论是单独考虑还是综合考虑,都证实了其他相关事实,即被告D.约翰用来打伤G.比尔的螺丝刀属于G.比尔,以及D.约翰从G.比尔手中夺下螺丝刀后,由于刚刚喝了很多酒,开始用笨拙而不协调的动作朝G.比尔的方向击打。另一个同样相关的情况是,根据3名被告人的陈述以及证人L.鲍勃和K.本的证言,就在争吵发生之前,G.比尔用螺丝刀划了D.约翰的汽车引擎盖,而D.约翰在闲暇时间一直在调试他的汽车。所有这些事实综合起来看,表明D.约翰的行为是对G.比尔挑衅行为的回应,正如被告在未经宣誓的陈述中所声称的那样。

虽然D.杰克和J.玛丽提供的陈述可能被认为是片面的,是可能出于有助于他们辩护立场的陈述,因为他们是协助和教唆D.约翰的同案被告,同时他们与D.约翰关系密切(作为弟弟和女友),但审判庭认为,这些陈述有助于确定D.约翰行为的有关事实和情况。

尽管D.杰克和J.玛丽的陈述具有双重性质,但考虑到他们作为共同被告人的身份,审判庭认为他们在上述各点上的陈述是可信和可靠的证据。D.杰克和J.玛丽在有关D.约翰行为部分的陈述是详细的、内在的和相互一致的,并得到证人L.鲍勃和K.本的证言进一步证实。与同案被告D.杰克和J.玛丽相反,这两名证人与被害人G.比尔关系亲近,并且不是被告人。然而,L.鲍勃和K.本都承认是他们的朋友G.比尔跟踪D.约翰到停车场的,而且是G.比尔带来的螺丝刀。

至于D.约翰陈述的其余部分,审判庭认为,这是为他的辩护服务的,因此,审判庭不认为D.约翰陈述的其余部分是确定与案件有关的事实的证据。特别是审判庭认为D.约翰关于他不是故意刺伤G.比尔,而是被G.比尔拖着滑倒在地后无意中发生刺伤的说法不可信。在这一点上,被告陈述的其余部分仍然是孤立的,特别是相较于G.比尔、L.鲍勃、K.本之间相辅相成的证言而言。这些证据综合起来可以证明,在G.比尔摔倒在地之前,D.约翰冲向他,从他手中夺过螺丝刀,大声喊道:“我要杀了你,你这个混蛋!”尽管他的动作不太协调,但他已经把螺丝刀对准了G.比尔。因此,被告是故意伤害G.比尔,并且大声承认了这一点。

同样,这些证据也证明,D.约翰并不是无意滑倒在G.比尔身上。相反,他故意压倒在了G. 比尔的身上，并且用螺丝刀划破G. 比尔的脖子。

J. 玛丽对D. 约翰汽车引擎盖受损的反应进一步证实了D. 约翰故意伤害G. 比尔的结论，她对G. 比尔嚷道："你这个傻瓜！你做了什么？他现在非常易怒，你这个白痴！"她指的是D. 约翰。

J. 玛丽的这种反应同样映射在G. 比尔、L. 鲍勃和K. 本的证言中。

证实D. 约翰故意伤害G. 比尔这一推断的其他事实有：被告脾气暴躁（同案被告J. 玛丽和D. 杰克的陈述以及D. 约翰雇主V. 彼得的陈述都反映了这一点），D. 约翰当晚喝了大量的酒（同案被告的陈述证明了这一点，A. 艾伦博士关于约翰血液中酒精含量的医疗报告也证实了这一点，该报告显示D. 约翰血液中的酒精浓度为1.2‰），以及D. 约翰被G. 比尔的攻击行为激怒，包括损坏了他最喜欢的汽车。被告J. 玛丽的陈述证实了D. 约翰业余时间不断改装汽车的事实，V. 彼得的证人证言也进一步证实了这一事实。所有的这些情形均表明，D. 约翰在愤怒的状态下作出伤害行为并且几乎不能控制自己。因此，审判庭得出结论，被告D. 约翰是故意造成G. 比尔的身体伤害的。

在确定G. 比尔所受伤害的严重程度和类型时，审判庭依据的是医学专家G. 休博士提供的法医检查报告。根据专家报告，G. 比尔的左颈外动脉被切开了个口子，造成了短暂危及生命的健康问题。

2. 与被告J. 玛丽有关的证据

尽管如上所述，被告人J. 玛丽未经宣誓的陈述具有双重性质，但审判庭认为，她在诉讼程序预审阶段提供的陈述整体上是可信的，因此，有助于查明真相。J. 玛丽未经宣誓的陈述清晰、符合逻辑、具有内在一致性。此外，在评估J. 玛丽的陈述时不能孤立地观之，而是要结合本案的全部证据综合考量。J. 玛丽的陈述在很大程度上引起了共鸣，并且得到了大部分其他口头及书面证据的补充。更确切地说，J. 玛丽的陈述，即她将G. 比尔从D. 约翰身边推开，试图阻止争吵，得到了G. 比尔、K. 本和L. 鲍勃的证人证言的补充。K. 本和L. 鲍勃的证言佐证了这一说法，如前所述，他们听到J. 玛丽对G. 比尔喊道："你这个笨蛋！你做了什么！他现在非常易怒，你这个白痴！"J. 玛丽指的是D. 约翰。同样，J. 玛丽辩称她扑倒在地，试图将G. 比尔与J. 约翰分开，并用手捂住G. 比尔的脖子，帮助他止血，以她的名字开具的急救证明也证实了这一点，审判庭将这些采纳为证据。

J. 玛丽试图帮助被害人的事实还表现在她在事发后立即跑向她的哥哥

J. 史蒂夫的住处,他住在离"蓝月亮"酒吧不远的地方,J. 玛丽想去找他帮助 G. 比尔。证人 J. 史蒂夫的证言证明了 J. 玛丽陈述的真实性,他说他是一名医护人员,住在离她妹妹被警察拘留的那条街上的一个街区远处。证人 J. 史蒂夫进一步解释说,2021 年 3 月 26 日晚 10 时 40 分左右,他看到他妹妹的一个未接来电,但当他给她回电话时,她没有接听。

依据警察 D. 格雷格和 P. 凯茜的证人证言,可以清楚地看出,当晚 10 时 50 分左右,他们拘留了 J. 玛丽,当时她正沿着汗阿斯帕鲁大街向市中心跑去,神情沮丧,迷失方向,双手沾满鲜血。

2021 年 3 月 26 日,电话号码 00359 × × × × × × 的通话顺序表和电话号码 00359 × × × × × × 的通话顺序表进一步证实了 J. 史蒂夫的证人证言。这些证据显示,2021 年 3 月 26 日晚 10 时 46 分,J. 玛丽给 J. 史蒂夫打了一个电话但没人接听,随后 J. 史蒂夫在 2021 年 3 月 26 日 22 时 52 分给 J. 玛丽的手机打了一个时长为 00:00 分钟的电话,这些记录证明了 J. 玛丽在 22 时 46 分给她的哥哥打了一个未接来电,几分钟后 J. 史蒂夫又给 J. 玛丽回了一个未接来电。

审判庭认为,上述证据本身和综合起来看,都证明 J. 玛丽试图阻止 D. 约翰和 G. 比尔之间的争吵,之后又试图帮助被害人。G. 比尔、L. 鲍勃和 K. 本的证人证言以及 D. 格雷格和 P. 凯茜的证人证言都没有削弱这一结论。虽然后面二者的证言只能证明拘留 J. 玛丽时,她沮丧地在路上奔跑,并且双手沾满鲜血。然而,这些情况都不能否定 J. 玛丽陈述的可信性。相反,它们进一步证实了 J. 玛丽曾试图为 G. 比尔的脖子止血,而且她拼命地试图联系她的哥哥,让他来帮助 G. 比尔的事实。虽然根据 G. 比尔的陈述,他认为 J. 玛丽在推他、让他躺在地上,但这并不能否定 J. 玛丽这样做是为了帮助他的结论。

证人 L. 鲍勃和 K. 本的证言也是如此,他们看到自己的朋友满身是血地躺在地上,J. 玛丽靠在他身上,假定性地认为她要伤害 G. 比尔并立即推开了她,但实际上他们并没有真正看到她到底在做什么。因此,审判庭不认为 L. 鲍勃和 K. 本的证人证言推翻了 J. 玛丽的陈述。特别是,尽管 L. 鲍勃和 K. 本与被害人 G. 比尔是朋友,但审判庭认为没有理由质疑他们的证人证言在这一点上的可信度。之所以得出这一结论,是因为 J. 玛丽当时的姿势使两名证人无法看清她的动作。J. 玛丽、L. 鲍勃和 K. 本都说她是面向 G. 比尔的,即面向地面的。因此,两名证人只能看到 J. 玛丽的背影。此外,L. 鲍勃和

K. 本都说他们把 J. 玛丽从 G. 比尔身边推开是因为他们认为 J. 玛丽要伤害 G. 比尔,但并没有说他们真的看到 J. 玛丽伤害了他们的朋友。因此,尽管 L. 鲍勃和 K. 本的证言是可信的(他们是真诚地认为 J. 玛丽要伤害 G. 比尔),但在这一点上,两位证人的证言是不可靠的,因为实际上他们并没有看到J. 玛丽有任何不法行为。[1]

3. 与被告 D. 杰克有关的证据

关于被告 D. 杰克,审判庭考虑到了他在诉讼程序预审阶段向法官所作的陈述,他承认自己对 G. 比尔和 D. 约翰之间的争吵以及自己当时所处的具体位置没有清晰的记忆,并解释说自己当时唯一的想法就是如何尽快将哥哥 D. 约翰带离停车场。被告解释道,他害怕 D. 约翰因打架再次惹上麻烦,他想不惜一切代价来阻止这种情况发生。

在预审阶段,被告在接受法官讯问时承认,他有可能站在他的哥哥和 G. 比尔的朋友之间,尽管由于压力过大,他不记得当时争吵的确切情形。同时,被告声称,如果确实如此,这也仅仅是人合乎逻辑的防卫反应,因为 G. 比尔的朋友比他的哥哥要强壮许多并且人数也更多。因此,D. 杰克表示,他的本能反应是站在他们中间,至少从一侧保护他的哥哥,因为 G. 比尔可能从另一侧正用螺丝刀攻击他的哥哥。

审判庭认为没有理由质疑 D. 杰克在该项陈述上的可信性。应当考虑的是,根据案件具体情况,被告的陈述除了为其辩护外,还可能有助于确定案件的主要争议。被告在这一点上的陈述是前后一致的,并非不合理,特别是考虑到本案相关情况。

更重要的是,目击者的陈述似乎都没有削弱 D. 杰克所述事实的可信性。事实上,L. 鲍勃和 K. 本说,D. 杰克在他们和 D. 约翰之间站了几秒钟,当时 D. 约翰和 G. 比尔都还站着。然后,据 L. 鲍勃说他之后再也没有见过 D. 杰克。审判庭还考虑了证人 K. 本的证言,即 D. 杰克脸朝他和 L. 鲍勃站着,背对着 D. 约翰和 G. 比尔。因此,审判庭得出结论,D. 杰克无法察觉 D. 约翰和 G. 比尔在做什么,特别是谁在攻击谁。鉴于上述所有情况,审判庭认为,现有

---

〔1〕 类似判决见国际刑事法院,检察官诉托马斯 · 班加 · 迪伊洛案,上诉法院 2014 年 12 月 1 日的判决书,第 239 段,上诉法院在该段中指出,“尽管证人可能是诚实的,因而是可信的,但他或她提供的证据仍然可能是不可靠的”。

证据不能证实D. 杰克阻止了L. 鲍勃和K. 本介入D. 约翰和G. 比尔之间。相反,迄今为止所有的证人证言都表明,D. 杰克几乎立即被L. 鲍勃推开,在G. 比尔倒地受伤之前,没有再回到那个地方。

此外,审判庭注意到被告D. 杰克完全供认犯有两起交通罪。与此相关的是,审判庭考虑了《刑事诉讼法》第116条所宣布的刑事司法最高戒律,即禁止仅根据被告的认罪宣告定罪。同样相关的是《刑事诉讼法》第116条第2款,根据该款,被告的供认不应免除有关机构收集其他相关证据的义务。

因此,审判庭必须审查D. 杰克的全部供词是否得到本案中其他来源和/或不同性质的其他证据的证实。与阐明交通肇事犯罪情节及其直接后果直接相关的其他证据有:交通事故现场检查规程、汽车技术专家报告、D. 杰克血液酒精含量报告、关于D. 约翰和死者F. 奥莉维亚所受伤害的法医检查报告、关于D. 杰克被指控为未成年罪犯的法医精神病学和心理评估报告,曾到过交通事故现场、与急救中心联系过并且拘留了D. 杰克的警察B. 托尼和W. 格里的证人证言,以及医护人员P. 米莱娜的证人证言,根据她的证言,救护车在7分钟内到达交通事故现场。这些证据相互印证、互为补充。

上述证据,从其本身和整体来看,既确定了这两起交通犯罪是被告D. 杰克所为,又确定了犯罪前的情况以及犯罪的方式和顺序。首先,警察B. 托尼和W. 格里的证人证词符合逻辑且具有一致性,再加上D. 杰克的完整供词和D. 杰克血液酒精含量报告,有助于确定被告是在没有驾驶执照且未受酒精影响的情况下驾驶汽车这一事实。

交通事故现场检查记录进一步证明,就在撞到F. 奥莉维亚之前,肇事车辆在红灯时通过了主要交叉路口。同一份证据显示,被害人被D. 杰克撞到之前,她正穿过马路,并且行人信号灯是绿灯。交通事故现场勘查记录和汽车技术专家报告进一步证明,在与F. 奥莉维亚发生碰撞时,D. 杰克在限速50km/h的公共街道上以120km/h的速度驾驶车辆。根据汽车技术专家的报告,在碰撞地点的路面上没有发现刹车痕迹。因此,审判庭得出结论,F. 奥莉维亚被D. 杰克驾驶的车辆全速撞击,导致她的身体被抛向空中,全力落在第一个障碍物上,根据交通事故现场检查结果,该障碍物是一堵房屋墙壁。

交通事故现场勘查记录和汽车技术专家报告确定的事实也支持了上述推论,即在撞上F. 奥莉维亚后,D. 杰克立即失去了对车辆的控制,车辆以大约 90km/h 的速度撞上了一根铁灯柱，并瞬间停止。这一速度在汽车技术专家报告中有所反映。此外，技术专家 B. 欧内斯特在报告中指出，他没有在碰撞地点的路面上发现刹车痕迹。

根据对死者 F. 奥莉维亚的法医检查报告，她的头骨多处骨折，脑部受到重创，导致当场死亡。专家 A. 艾伦博士的结论是，F. 奥莉维亚的创伤和骨折类型与全速大型物体碰撞所造成的外伤和骨折相符，如与车辆或墙壁碰撞，或二者都有。

关于 D. 约翰所受的伤，法医检查报告指出他受到以下伤害：右脖子 3 处骨折，右臂肘部 2 处骨折，肋骨外伤，右侧第四根和第五根肋骨骨折。报告还指出，D. 约翰头部右上方右颞骨上方约 3 厘米处有 1 处骨折，穿透头骨约 2 厘米。专家 A. 艾伦博士得出结论，D. 约翰的外伤和骨折类型与全速撞击切割物和硬物（如挡风玻璃和路面）造成的外伤和骨折相符。

根据 D. 杰克的未成年罪犯法医精神病学和心理学评估报告，他的心理状况与同龄青少年的心理状况相符。专家 M. 詹姆斯博士指出，D. 杰克的心理是健康的，在实施犯罪行为时，他能够理解自己行为的性质和意义，并能控制自己的行为。

三、关于法律

Ⅰ. 关于对被告 D. 约翰的指控

根据《刑法》第 116 条第 1 款第 12 点、第 115 条、第 18 条第 1 款和第 20 条第 2 款的规定，指控被告 D. 约翰构成在危险惯犯情况下的谋杀未遂罪，审判庭裁定如下。

依据经过对证据综合评估所确定的事实和情节，可以得出以下结论：2021 年 3 月 26 日晚 10 时 30 分左右，被告 D. 约翰（有盗窃犯罪前科，已服满 1 年 6 个月的监禁）用螺丝刀划伤了他此前从未谋面的 G. 比尔的左颈外动脉，造成被害人大出血，危及生命。根据《刑法》第 129 条第 2 款的规定，对 G. 比尔造成的伤害属于中度人身伤害。

此外，伤害是在危险的惯犯环境中造成的。根据《刑法》第 29 条第 1 款 a 项的规定，D. 约翰曾经因故意从事犯罪情节较重的犯罪而被定罪，即因盗窃罪而涉嫌《刑法》第 194 条规定最高刑期为 8 年监禁的犯罪，最终被判处 18 个月监禁，根据《刑法》第 66 条的规定，服刑期间不得执行缓刑。

因此，被告的行为符合《刑法》第131a条第2款规定的犯罪客观要件，即在危险的累犯案件中造成中等程度的身体伤害。

审判庭注意到，在危险惯犯案件中造成中度人身伤害罪的客观要件与在危险惯犯造成中度人身伤害的情况下谋杀未遂罪（被告D.约翰被控的罪行）的客观要件相似。

因此，区分这两种罪行的核心要素在于被告人的犯罪意图，即他是有意从事会导致被害人死亡的行为，还是有意从事会导致中等程度身体伤害的行为。因此，对被告行为和举止恰当的法律定性取决于被告行为满足上述客观要件时的心理状态（其犯罪意图）。

1. 没有造成G.比尔死亡的直接意图

《刑法》第11条第2款a项规定，直接故意是指行为人明知其行为的非法性质，预见到其对社会的危害性后果，并希望结果发生的意图。

通过对证据的综合评估，审判庭得出结论认为，被告D.约翰不具有《刑法》第11条第2款a项所指的造成G.比尔死亡的直接故意。与此相关的是造成伤害前发生的一系列事件，特别是被告人D.约翰与被害人G.比尔的行为。对此，审判庭考虑到被告脾气暴躁以及他喝了大量的酒，影响了他行为的敏捷性和协调性这一事实。审判庭还考虑到被告人和被害人G.比尔以前从未见过面这一事实。

同样，审判庭注意到，并不是被告引发了在停车场的争吵。相反，尽管被告在酒馆里因嫉妒而与G.比尔发生了短暂的激烈争吵，但被告随后走开了，这表明他既不希望也不打算与G.比尔有任何进一步的接触，更不用说对质了。还需要指出的是，由于当晚早些时候喝了很多酒，被告是在动作不协调的情况下实施伤害的。此外，实施伤害的工具是被告在此之前偶然从被害人手中得到的，而且是在被害人用该工具故意损坏被告的汽车之后得到的。

同样，审判庭认为，除了脖子的切口外，被害人没有受到其他伤害。尽管D.约翰当时有机会造成其他的伤害，但他没有这样做。特别是，审判庭注意到，被告人手持螺丝刀，俯身压在G.比尔身上，而G.比尔受伤躺在他身下的地上，无法动弹，更无法进行自卫，但此时D.约翰没有继续伤害他。

这些认定没有被D.约翰曾用螺丝刀指着G.比尔并声称要杀掉他的事实所改变。因为，审判庭认为，这些是被告受被害人挑衅而暂时丧失理性所致，这些可以归根于D.约翰脾气暴躁和受酒精影响。

因此，审判庭认为，依据案件的情况和争执情况，在 2021 年 3 月 26 日晚上的事件中，D. 约翰没有杀害 G. 比尔的直接故意。审判庭认为，虽然 D. 约翰有意伤害 G. 比尔，以反击其挑衅行为，但他并不是有意杀死 G. 比尔，即他并不希望造成被害人死亡。

与此同时，审判庭注意到，G. 比尔脖子的切口影响到动脉，因此造成了危及生命的情况。同样，审判庭认为，在对 G. 比尔的脖子进行切割之前，D. 约翰将螺丝刀瞄准了他的胸部和腹部。根据当时的情况，对这些身体部位的伤害也可能造成危及生命的情况。因此，尽管 D. 约翰的直接意图是对 G. 比尔造成身体伤害，但被告预见到他的行为可能会导致死亡，他还是继续实施了自己的行为，即他接受了被害人可能因他的行为而死亡的事实。

因此，如果 D. 约翰的行为造成 G. 比尔的死亡，根据《刑法》第 116 条第 1 款第 12 点、第 115 条、第 20 条第 2 款的规定，被告应根据《刑法》第 11 条第 2 款 b 项的含义，以偶犯的方式对谋杀罪负责。根据《刑法》第 11 条第 2 款 b 项的规定，以偶犯方式实施的故意行为是指行为人明知其行为的非法性质，预见到其对社会的危险性后果，并允许其发生。

在目前这种没有发生死亡的情况下，出现的问题是被告是否需要通过"偶发事件"的方式对谋杀未遂负责。与此相关的是《刑法》第 18 条第 1 款，其规定未遂是指"已开始实施故意犯罪，但行为尚未完成，或者虽然行为已完成，但法律规定的、犯罪人所希望的危害社会后果尚未发生"。"致使行为人所希望的……后果"的法条措辞表明，其包含《刑法》第 11 条第 2 款 a 项所规定直接犯罪意图需要直接与行为结果相关联，因此《刑法》没有纳入"偶发事件"的方法。

因此，根据《刑法》第 116 条第 1 款第 12 点、第 115 条、第 18 条第 1 款、第 20 条第 2 款的规定，被告 D. 约翰缺乏谋杀未遂罪所需的犯罪意图，因此没有在危险惯犯的情况下犯谋杀未遂罪。

2. 对 G. 比尔造成中度身体伤害的直接意图

与此同时，审判庭认定，D. 约翰的意图是从事一种会造成中等程度身体伤害的行为。特别是，根据精神和心理评估报告，审判庭得出结论认为，尽管被告在事发当晚喝了很多酒，但他知道自己的行为——对他人造成身体伤害——的非法性质，并能够预见到对 G. 比尔脖子的割伤会造成对其身体重要部位的伤害，也能预见到这可能导致危及生命的健康状况。此外，被告也有意造成该后果，即希望他的非法行为造成 G. 比尔中度受伤。

因此，审判庭认定，根据《刑法》第 131a 条第 2 项、第 129 条第 2 款、第 29 条第 1 款 a 项、第 11 条第 2 款 a 项的规定，被告在危险惯犯情况下直接故意造成中度人身伤害的犯罪要件成立。

在这一点上，审判庭将简要讨论被告 D. 约翰的论点，即对 G. 比尔造成的伤害是《刑法》第 15 条意义上的意外行为，或者是《刑法》第 12 条第 1 款意义上的自卫。

现有证据表明，对 G. 比尔的伤害不是《刑法》第 15 条意义上的意外事件造成的（被告没有义务或没有能力预见身体伤害的发生）。相反，正如上文详细讨论的观点，证据明确显示，被告 D. 约翰对 G. 比尔的挑衅行为作出了反应，向被害人扑去，大喊要杀死他，并用螺丝刀瞄准他的胸部和腹部。这种蓄意行为在 G. 比尔滑倒在地后仍在继续，当时 D. 约翰俯身压在他身上——这也是一种有意识的蓄意行为，并刺伤了被害人的脖子——这也是被告的另一种有意识的蓄意行为。因此，根据《刑法》第 15 条的规定，D. 约翰的行为不构成意外事件。

同样无法成立的还有 D. 约翰的另一种说法，即他是根据《刑法》第 12 条第 1 款进行自卫的。尽管 G. 比尔的行为是非法的，但并不构成上述条款意义上的"攻击"，尤其是在 D. 约翰拧开 G. 比尔的手将螺丝刀从他手中夺走之后。从这一刻起，就不存在 D. 约翰有权进行自卫的攻击。因此，D. 约翰的行为不属于《刑法》第 12 条第 1 款所规定的情况。

根据上述所有情况，审判庭认定，虽然根据《刑法》第 116 条第 1 款第 12 点的规定（与第 115 条、第 18 条第 1 款和第 20 条第 2 款一并解读），D. 约翰不构成危险惯犯情况下谋杀未遂罪，但他的行为符合《刑法》第 131a 条第 2 项以及第 129 条第 2 款、第 29 条第 1 款 a 项和第 11 条第 2 款 a 项所规定的危险惯犯情况下直接故意造成中等程度人身伤害罪的主客观要件。

审判庭认定，D. 约翰所犯的罪行并不严重，而且如上文所述，实际罪行包含与被控罪行相同的客观要件。因此，审判庭根据《刑法》第 131a 条第 2 项，第 129 条第 2 款、第 29 条第 1 款 a 项、第 11 条第 2 款 a 项规定的直接故意，判定被告人 D. 约翰犯有在危险惯犯情况下造成中等程度人身伤害罪，并根据《刑事诉讼法》第 304 条（与《刑法》第 116 条第 1 款第 12 点、第 115 条、第 18 条、第 20 条第 2 款一并解读）宣告被告人 D. 约翰对在危险惯犯情况下的谋杀未遂罪。

Ⅱ. 关于对被告 J. 玛丽的指控

根据《刑法》第 116 条第 1 款第 12 点、第 115 条、第 18 条第 1 款、第 20 条第 4 款的规定，针对被告 J. 玛丽提出的在危险惯犯情况下协助和教唆谋杀未遂罪的指控，审判庭认定如下。

对证据的综合评估支持了唯一合理的结论，即被告 J. 玛丽的行为既不符合被控罪行的客观要件，也不符合被控罪行的主观要件。

这一推论的依据是审判庭对 J. 玛丽在事发当晚行为的事实认定，详见上文。最重要的是，对全部证据的评估都准确无误地表明，J. 玛丽不仅试图阻止事件的发生，而且随后亲自对被害人进行了急救，并试图将她那做医护人员且居住在离案发地只有两个街区远的哥哥带到犯罪现场。

因此，J. 玛丽的行为不是帮助 D. 约翰伤害 G. 比尔，而是为了防止 D. 约翰伤害 G. 比尔，并立即向被害人提供急救和进一步的专业医疗帮助。所有这些考虑因素都支持这样的结论，即被告的行为并不违法，而恰恰相反，是为了防止争吵和帮助被害人。

鉴于上述情况，审判庭得出结论认为，被告 J. 玛丽无罪，因此应根据《刑事诉讼法》第 304 条，与《刑法》第 116 条第 1 款第 12 点、第 115 条、第 18 条第 1 款、第 20 条第 4 款一并解读，宣告其不构成协助和教唆在危险惯犯情况下的谋杀未遂罪。

Ⅲ. 关于对被告 D. 杰克的指控

1. 根据《刑法》第 116 条第 1 款第 12 点、第 115 条、第 18 条第 1 款、第 20 条第 4 款和第 31 条第 2 款的规定，被告人 D. 杰克作为能够理解行为的性质和意义并能控制自己行为的未成年人，被指控在危险惯犯情况下协助和教唆实施谋杀未遂罪，对此，审判庭认定如下。

如上文详细讨论的那样，对证据的整体评估并未证实被告 D. 杰克有任何旨在协助其兄被告 D. 约翰伤害 G. 比尔的行为或举动。审判庭在此重申，D. 杰克仅仅是站在他的哥哥和被害人的两个朋友之间片刻，然后被他们推开，这一事实本身并不违法。鉴于没有任何证据表明 D. 杰克是造成 G. 比尔受伤的同谋，被告的行为不符合所控罪行的客观要件。因此，根据《刑事诉讼法》第 304 条的规定，被告 D. 杰克无罪。他作为未成年人，能够理解行为的性质和含义，并能够控制自己的行为，根据《刑法》第 116 条第 1 款第 12 点，以及

《刑法》第 115 条、第 18 条第 1 款、第 20 条第 4 款和第 31 条第 2 款的规定，D. 杰克不构成协助和教唆他人在危险惯犯情况下实施谋杀未遂罪。

2. 根据《刑法》第 342 条第 3 款 c 项、第 31 条第 2 款的规定，审判庭对被告 D. 杰克在未成年情况下违反交通规则造成他人死亡罪作出如下判决。这些判决考虑了他能够理解行为的性质和意义，并能够控制自己的行为。

对证据进行全面评估后得出的唯一合理结论是，被告 D. 杰克的行为符合所控罪行的主客观要件。

关于犯罪的客观行为要件，审判庭认为，D. 杰克的驾驶方式违反了《道路交通法》规定的若干交通规则。特别是，被告的行为违反了《道路交通法》第 20 条第 1 款和第 2 款的规定，即驾驶员有义务始终保持对所驾驶车辆的控制，并根据大气条件、道路通行状况、车辆技术状态、交通流量与密度、实际能见度等因素选择行驶速度，确保在任何可以预见的路况变化前能够安全停车；必要时，须在存在交通安全隐患的情形下立即减速或停车。同样，被告的行为违反了《道路交通法》第 116 条——车辆驾驶人有义务对行人小心谨慎，以及《道路交通法》第 120 条第 1 款——车辆驾驶人有义务在交通信号灯发出信号时在人行横道处停车，并允许行人通过。此外，被告在未取得相关驾驶执照的情况下驾驶机动车辆，违反了《道路交通法》第 177 条第 1 款第 2 点的规定。

根据交通事故现场勘查记录、汽车技术专家报告和有关死者 F. 奥莉维亚的法医检查报告，审判庭得出结论认为，被告的上述行为与 F. 奥莉维亚的死亡之间存在直接联系。首先，汽车技术专家报告和交通事故现场勘查记录共同支持以下结论，即如果被告 D. 杰克遵守上述交通规则，他本可以及时启动车辆制动系统，从而避免与行人相撞。其次，有关死者 F. 奥莉维亚的法医检查报告明确无误地证明，被告造成的事故与被害人遭受的致命创伤和骨折之间存在直接联系。

关于必要的犯罪意图，审判庭认定，被告人的行为属于《刑法》第 11 条第 2 款 b 项含义范围内的故意偶犯。特别是 D. 杰克意识到他的驾驶行为违反了《道路交通法》。同样，D. 杰克也知道自己行为的违法情形，并预见到其后果，如可能与另一辆车、旁观者或行人相撞，从而可能导致他人死亡，但他仍然继续驾驶，不顾可能造成的后果。因此，尽管被告并非有意造成违法情形或导致因其行为而产生的违法后果(其危险驾驶导致他人死亡)，但他预见到自己的行为可能导致此类后果，并放任该后果的发生。在这方面，被告 D. 杰克的陈述很有启发性，他说他当时决心不惜一切代价防止其哥哥被抓到。尽管被告 D. 杰克的年龄尚小，但鉴于法医的精神病学和心理学评估结果。审判庭得出结论认为，在被告 D. 杰克实施犯罪行为时，他能够理解该行为的性质和意义，并能够控制自己的行为。

综上所述，根据《刑法》第 342 条第 3 款 c 项和第 31 条第 2 款的规定，被告虽然是未成年人，但其能够理解行为的性质和含义，并能够控制自己的行为，被告的行为符合故意违反交通规则致人死亡罪的主客观要件。因此，被告犯有被指控的罪行并被确认有罪。

3. 根据《刑法》第 343 条第 3 款 a 项、第 343 条第 1 款 b 项、第 129 条第 2 款、第 31 条第 2 款的规定，被告 D. 杰克作为未成年人，能够理解行为的性质和含义，能够控制自己的行为，在违反交通规则和没有驾驶执照的情况下驾驶车辆，因疏忽造成他人死亡的结果，构成犯罪，审判庭判决如下。

被告在未持有相应驾驶执照的情况下驾驶机动车辆的行为违反了《道路交通法》第 177 条第 1 款第 2 点的规定，因此，根据《刑法》第 343 条第 3 款 a 项的规定，被告的行为属于较重的犯罪行为(应受到更严厉的处罚)。

根据交通事故现场勘查记录、汽车技术专家报告、有关 D. 约翰所受伤害的法医检查报告，审判庭得出结论，被告的上述行为与 D. 约翰所受伤害之间存在直接联系。D. 约翰的法医检查报告明确证实，被告造成的事故与 D. 约翰遭受的创伤和伤害之间存在直接联系。其一，汽车技术专家报告和交通事故现场勘查记录共同支撑了以下结论，即如果 D. 杰克遵守上述交通规则，则他能及时启动车辆的制动系统，从而能够控制车辆，避免与锻铁灯柱发生碰撞。其二，D. 约翰的法医检查报告明确指出，被告造成的事故与 D. 约翰遭受的创伤及伤害之间存在直接的关联。

关于主观犯罪意图的认定，审判庭认为，被告知道自己的驾驶行为违反了《道路交通法》。同时，记录中没有证据证明被告 D. 杰克知道只有驾驶座有安全气囊，而 D. 约翰所坐的副驾驶座没有配备安全气囊。这辆车并不属于 D. 杰克，而且也没有其他证据可以证明他知道这辆车没有适当配备安全气囊的情况。这就可以顺理成章地得出结论，被告 D. 杰克并不知道在发生碰撞时，坐在前排乘客座位上的他的哥哥将得不到充分保护。

然而，尽管被告 D. 杰克没有预见到他的非法行为的后果，但考虑到周围的所有情况，包括处于光线不好的街道和交叉路口、汽车正高速行驶，他应当预见但没有预见他的驾驶方式可能会在发生碰撞时危及他身旁的哥哥的人身安全。综上所述，根据《刑法》第 11 条第 3 款 a 项的规定，被告构成过失犯罪，即行为人有义务并能够预见违法后果发生，但实际上却没有预见。

此外，如上所述，尽管被告 D. 杰克的年龄尚小，但根据法医的精神病学和心理学评估结果，他在实施犯罪行为时能够理解行为的性质和意义，并能够控制自己的行为。

综上所述，根据《刑法》第 343 条第 3 款 a 项、第 343 条第 1 款 b 项、第 129 条第 2 款、第 31 条第 2 款规定，被告作为未成年人，能够理解行为的性质和含义并能够控制自己的行为，在违反交通规则和未持有驾驶执照的情况下驾驶机动车辆，因疏忽造成他人中等程度的身体伤害。被告的行为符合犯罪的主客观构成要件，被告犯有所控罪行，并因此被确认有罪。

四、关于量刑

Ⅰ. 根据《刑法》第 131a 条、第 129 条第 2 款、第 29 条第 1 款 a 项的规定，对 D. 约翰所犯罪行的处罚

根据《刑法》第 13la 条第 2 款的规定，在危险惯犯案件中，构成人身伤害的处罚为 5 年至 12 年监禁。原则上，在量刑时，即在确定刑罚的种类和期限时，审判庭要考虑所有相关因素，如所有减轻和/或加重处罚的因素，以及犯罪情节和犯罪人的个人情况。

审判庭认为，对 D. 约翰的处罚应是法律规定的最低限度，即 5 年监禁。得出这一结论的依据是，本案从轻处罚的情节数量超过了加重处罚的情节数量。特别是，审判庭考虑到 D. 约翰尽管对其行为的非法性提出怀疑，但仍对造成伤害的结果表示悔恨，应当将此作为减轻处罚情节。另一个相关的从轻处罚情节是，被告是对被害人的挑衅行为作出回应，用从被害人手里夺下的工具实施伤害，其夺下工具也是为了防止被害人进一步损坏其汽车引擎盖。因此，是被害人的挑衅致使约翰处于一种情绪紊乱的状态。

审判庭认为，加重处罚的情节指的是造成身体伤害的具体方式和位置，伤害发生在被害人身体的重要部位——脖子。

与此同时，审判庭不同意检察官关于被告以前的定罪也应被视为加重处罚情节的主张。虽然 D. 约翰以前曾两次触犯法律，已服满各自的刑期（其中一次是《刑法》规定的严重罪行），并在服满刑期后实施了被控罪行，但是该罪

行的法律性质是《刑法》第 29 条第 1 款 a 项所指的在危险惯犯情况下实施的罪行。根据《刑法》第 131a 条第 2 款的规定，在危险的累犯情况下实施犯罪这一事实已经确定会导致更严厉的刑罚后果。

鉴于被告的犯罪前科是构成本罪的一个法律要素特征，会导致更严厉的处罚，不能将其再次作为加重处罚情节单独考虑。在量刑时，同一事实只能被考虑一次（要么作为被指控罪行的犯罪构成要件，要么作为从重或从轻处罚的情节）。这一原则在《刑法》第 56 条中被明确承认，根据该条规定，相关犯罪定义中已经反映的情况不得被作为从轻或加重处罚的情节考虑。

尽管有上述几项减轻处罚的情节，但根据《刑法》第 55 条第 1 款第 1 点的规定，审判庭认为量刑不能低于法律所规定的限度。因此，根据《刑法》第 36 条第 1 款的规定，5 年监禁的处罚能够达到普通预防和特殊预防的刑罚目的。

Ⅱ. 根据《刑法》第 342 条第 3 款 c 项、第 31 条第 2 款的规定，对 D. 杰克违反交通规则故意造成他人死亡的罪行进行量刑

根据《刑法》第 342 条第 3 款 c 项的规定，对该罪行的处罚是 10 年至 20 年监禁。然而，鉴于被告犯罪时是已满 16 周岁的未成年人，根据《刑法》第 63 条第 2 款第 2 点的规定，刑期依法改为 2 年至 8 年监禁。

在确定法定刑期内的具体刑罚时，审判庭平衡了减轻和加重情节。一方面，审判庭考虑到 D. 杰克的品行良好，以及他完全供认犯罪并表示悔恨的事实，将这些作为量刑的减轻情节。另一方面，审判庭将被告无证驾驶这一事实视为从重处罚情节（根据《刑法》第 342 条第 3 款 c 项规定，这一事实不是犯罪的客观要件），以及他的行为造成的严重后果——F. 奥莉维亚死亡、3 个未成年子女成为孤儿。基于此，审判庭认为，对 D. 杰克判处 4 年 6 个月的刑期最适当地达到了《刑法》第 36 条第 1 款规定的一般预防和特殊预防的刑罚目的。

Ⅲ. 根据《刑法》第 343 条第 3 款 a 项、第 343 条第 1 款 b 项、第 129 条第 2 款、第 31 条第 2 款的规定，对 D. 杰克在违反交通规则驾驶机动车辆、未持有驾驶执照，疏忽造成中等程度的身体伤害犯罪的处罚

对于《刑法》第 342 条第 3 款 c 项规定的犯罪，被告在没有驾驶执照的情况下驾车这一事实并不影响其行为的法律定性，仅构成加重处罚情节。然而，这一事实影响了罪行严重性和相应处罚的判断。由于在没有驾照的情况

下行驶车辆这一额外的客观因素，被告的行为构成了《刑法》第 343 条第 3 款 a 项规定的犯罪，这比第 343 条第 1 款 b 项规定的犯罪更为严重。因此，与第 343 条第 1 款 b 项所规定的处罚（最多 3 年或缓刑）相比，犯罪应当导致更严厉的处罚，即 1 年至 6 年的监禁。

在确定最适当的刑罚时，审判庭考虑到被告为未成年人、品行端正、完全认罪并对犯罪表示悔恨等减轻处罚的情节。同时，审判庭认为，被告的哥哥 D. 约翰因事故而遭受的创伤是唯一加重罪行的情节，即身体多处骨折，包括颅骨、脖子、手臂和肋骨，因此，审判庭认为，对被告的处罚应略高于最低刑罚，即 2 年监禁。

Ⅳ. 对 D. 杰克所犯的两项犯罪合并量刑

鉴于被告 D. 杰克是在对其中任何一项罪行的判决生效之前犯下这两项罪行的，在确定对被告被定罪的每项罪行处罚时，审判庭根据《刑法》第 23 条，对《刑法》第 342 条第 3 款 c 项所述罪行判处 4 年 6 个月监禁，对《刑法》第 343 条第 3 款 a 项所述罪行判处 2 年监禁，并且根据《刑法》第 23 条，合并判决的刑期应为两个刑期中较长的那个，即 4 年 6 个月监禁。因此，审判庭对 D. 杰克合并判处 4 年 6 个月监禁。

五、关于民事索赔和费用

Ⅰ. 关于 G. 比尔的民事索赔

鉴于被告 D. 约翰被判定犯有《刑法》第 131a 条、第 129 条第 2 款、第 29 条第 1 款 a 项规定的罪行，审判庭还审查了 G. 比尔提出的民事赔偿请求。审判庭认定，鉴于被告 D. 约翰的行为是非法和有罪的，《民事诉讼法》第 45 条关于被告 D. 约翰承担民事责任的先决条件已经满足。

民事诉讼原告 G. 比尔因为 D. 约翰的行为遭受了非金钱损失，即巨大的痛苦和严重的折磨。法院根据《民事诉讼法》第 52 条的规定，以公平为标准，裁定 D. 约翰有责任赔偿民事原告所遭受的非金钱损失 3000 列弗，以及从侵权行为发生之日起至最终支付赔偿金额止的法定利息。

同时，由于被告的行为是由 G. 比尔的挑衅行为引起的，审判庭驳回超过 3000 列弗的非金钱损失的索赔要求。

关于 G. 比尔遭受的金钱损失，包括 2021 年 3 月 27 日至 6 月 30 日因被控行为造成的伤害而支付的医疗费用，金额为 10,000 列弗，审判庭根据民事员工提供的证据(发票和其他财务文件)认定应全额赔偿。因此,审判庭判决被告 D. 约翰有责任赔偿 G. 比尔的金钱损失 10,000 列弗,以及从 2021 年 3 月 27 日到最终支付赔偿金期间的法定利息。

Ⅱ. 关于 F. 罗伊、F. 亚历山德拉和 F. 格里塔的民事诉讼要求

同样,鉴于被告 D. 杰克被依据《刑法》第 342 条第 3 款 c 项定罪,审判庭还审查了 3 名未成年被害人,即民事诉讼原告 F. 罗伊、F. 亚历山德拉和 F. 格里塔提出的非金钱损失民事索赔的请求。审判庭认定,鉴于被告 D. 杰克的行为是非法和有罪的,《民事诉讼法》第 45 条关于被告 D. 杰克承担民事责任的先决条件已经满足。

在评估 3 名民事诉讼原告作为孤儿所遭受的非金钱损失程度时,审判庭考虑了 R. 金姆博士对 3 名孤儿的心理评估结果,以及社会援助署社会援助局的社会报告(参见第 SG-3231/19. 号文件)。在这些证据的基础上,审判庭认为,由于失去母亲和唯一的父母,3 个未成年子女中的每一个人都遭受了非金钱损害,遭受了严重而长期的痛苦,这种痛苦一直持续到了现在。

审判庭根据《民事诉讼法》第 52 条的规定,采用公平标准,判决 D. 杰克有责任赔偿民事索赔人遭受的非金钱损失,索赔总额为 30,000 列弗,并支付自侵权行为发生之日起至最终支付赔偿金止的法定利息。

Ⅲ. 关于费用

审判庭认为,根据《刑事诉讼法》第 189 条第 3 款和第 190 条第 2 款的规定,被告 D. 约翰和被告 D. 杰克应承担整个诉讼过程中产生的 1300 列弗的费用,需要将费用转入索非亚市法院的银行账户。

审判庭根据上述推理宣布了判决。

陪审员 B. 里克和 G. 史蒂芬娜的联合部分反对意见

虽然我们同意大多数人关于 3 名被告责任认定的意见,但我们认为根据《刑法》第 342 条第 3 款 c 项、第 31 条第 2 款对被告 D. 杰克所犯罪行的量刑过轻,也认为根据《刑法》第 23 条对被告的合并量刑过轻。

更确切地说,我们认为,对被告 D. 杰克的刑期,即 4 年 6 个月,没有达到《刑法》第 36 条第 1 款规定的刑罚目的,没有达到一般预防和特殊预防的效果。

尽管本案存在一些减轻处罚的情节,如被告年龄小、品行端正、在整个诉

讼过程中完全认罪并表示悔过,但他的行为应受到高度谴责,因为他的行为给社会其他成员,尤其是年轻人和青少年,带来负面影响。

此外,根据《刑法》第 36 条的规定,由于被告的非法行为,一位有 3 个孩子的母亲死亡,她的未成年子女失去了唯一的照顾者,这一事实也应同样反映在对被告的量刑中。

鉴于上述考虑,我们坚定地认为,为了实现《刑法》第 36 条第 1 款规定的刑罚目的,特别是对社会其他成员产生教育和威慑作用,对被告 D. 杰克的合并刑罚应确定为法律规定的最高刑期,即 7 年监禁。

陪审员:(B. 里克签名)

陪审员:(G. 史蒂芬娜签名)

巴西刑事判决书(一)

Paulo de Oliveira Segundo
林静 译

巴西国徽

国家法院×××

司法区域×××

刑事法庭

地址×××

判 决

审判:

公诉人:××国家监察办公室

被告人:约翰

玛丽

杰克

一、案件诉讼过程

本案涉及检察院对约翰和玛丽提起的刑事诉讼,指控他们犯有巴西《刑法》第121条第2款第2项所述罪行,并符合巴西《刑法》第14条第2项规定的情形。

根据起诉书,约翰在其女友玛丽的帮助下,于2021年3月26日22时30分左右,在没有正当理由的情形下,在"蓝月亮"酒吧的停车场,用螺丝刀击打G. 比尔的胸部、腹部和动脉,企图杀死他。

考虑到杀人罪是危害生命罪,根据1988年《联邦宪法》第5条第38款d项的规定,这一罪行应由陪审法庭管辖,其程序由《刑事诉讼法》第406条及其后条款规定。

2021 年 5 月 20 日,在起诉阶段(judicium accusationis)结束时,独任法官以没有证据证明玛丽是检察院指控罪行的共犯或参与者为由,作出了驳回起诉玛丽的决定。法官指出,玛丽试图通过躺在被害人身上来阻止约翰继续殴打比尔,并试图阻止被害人的血液流出,减轻伤害的后果。在同一项裁决中,根据检察官办公室提交的控诉书,法院认定约翰构成无预谋的故意杀人罪(未遂),但驳回了辩方提出的将该罪行归为严重的故意伤害罪的请求,以及基于正当防卫而排除行为的非法性的请求。其理由是既不能证明被告不存在敌意,也不能证明被告的行为足以排除非法性,特别是考虑到适用于指控阶段的"疑罪从无"(in dubio pro societate)原则。

根据《刑事诉讼法》第 413 条的规定,起诉书被受理,法官以存在实质性证据和充分的犯罪迹象为依据,决定将约翰案提交陪审法庭。

2021 年 4 月 1 日,辩方对不利判决提出上诉,旨在将判决结果改变为"被告仅构成性质严重的人身伤害罪或构成正当防卫"。然而,国家法院刑事庭驳回了上诉,并决定将案件记录移交陪审法庭主审法官。

2021 年 6 月 15 日,案件记录被提交至陪审法庭。

在提交案件记录后,陪审法庭主审法官决定通知检察官办公室和约翰的辩护人在 5 天内提交一份在全体会议上作证的证人名单,最多不超过 5 人。如果他们愿意,还可以提交文件并要求采取进一步措施(《刑事诉讼法》第 422 条)。

双方都提交了自己的证人名单,没有要求采取其他措施,认为在指控阶段提供的证据已经充分。

随后,根据《刑事诉讼法》第 423 条第 2 款的规定,编写了案件简要报告。同时,该案被列入陪审法庭会议议程。主审法官确认案件符合规定,并决定通知当事方、被害人、证人和鉴定人参加定于 2021 年 7 月 30 日举行的指导和审判会议。

在陪审法庭开庭期间,主审法官确认从公民总名单(年满 18 岁且名声不好)中选出的 25 名陪审员均已到庭,并宣布诉讼程序结束,将案件提交审判。随后,法官从 25 名到场陪审员中随机抽签任命了 7 名量刑委员会成员。

然后,根据《刑事诉讼法》第 472 条的规定,主审法官起立,并与所有在场人员一起,向陪审员作了如下训诫:"我以法律的名义敦促你们公正地审查此案,并根据你们的良知和正义的要求作出裁决。"相应地,陪审员们也作出了如下宣誓:"我承诺。"

随后，以下文件被递交到了陪审员们的手中：起诉书副本和案件报告副本。

首先，主审法官、检察官办公室和被告辩护律师依次直接听取被害人G. 比尔的个人陈述（交叉询问制度）。

被害人在陈述中称，他在“蓝月亮”酒吧发生争执后，他拿起螺丝刀划了约翰的汽车，只是为了激怒约翰，却受到了约翰的非法攻击。他还说，约翰夺走了他手中的工具，说要杀了他，并开始对他大打出手，其伤害行为甚至延续到玛丽扑到他身前阻止犯罪行为发生之后。他说约翰打中了他的动脉，而他之所以没有死亡是因为被救治。

随后，法庭听取了证人的证词。

控方证人本和鲍勃一致认为，他们看到约翰说要杀死比尔，然后用螺丝刀攻击他，直至被害人倒地。同时，玛丽试图阻止约翰，但约翰企图通过刺伤比尔的动脉来杀死他。随后，约翰被杰克带离现场。他们还说，约翰没有受到比尔的攻击，比尔甚至对攻击没有任何反击。

控方提出的吉米专家说，约翰伤到了比尔的动脉，考虑到攻击的精确性，以及众所周知这是一个重要区域，这种行为是在一个人打算杀死受害者时发生的。

同为控方证人的警察D. 格雷格和P. 凯茜也做了陈述，他们报告说，当他们到达现场时，G. 比尔受了重伤，而且伤在要害部位，因此很明显，约翰试图杀死比尔，只是因为提供了医疗救助，比尔才没有死亡。

辩方证人玛丽作为陈述人出庭作证，因为她是被告的女朋友。她声称约翰是被比尔激怒的，而且约翰是在醉酒状态下作出的不当行为，所以约翰没有杀人的意图。

证人杰克因与被告人（哥哥）有亲属关系，也作为陈述人出庭作证。他说，当比尔开始用攻击他的那把螺丝刀向约翰挑衅时，约翰已经离开了酒吧，约翰无意杀死他，只是在受到挑衅时伤害了他。之后，被告约翰接受了询问，他行使了宪法保障的保持沉默的权利（1988 年《联邦宪法》第 5 条第 LXIII 款）。根据《刑事诉讼法》第 472 条第 2 款的规定，陪审员可以通过主审法官向证人和被告提问。然而，没有人提问。

然后，主审法官发现约翰戴着手铐，鉴于《刑事诉讼法》第 474 条第 3 款的禁止性规定，主审法官决定立即取下手铐。指令结束后，检察院有机会在起诉范围内提出指控,并增加加重情节。

辩论结束后,检察院坚持以无预谋的谋杀罪(未遂)对被告定罪,指控论据是被害人的陈述。被害人在全体会议上说,他受到约翰的严重威胁,并被约翰用螺丝刀殴打,并因螺丝刀击中了他的要害部位而受伤。他还强调了本和鲍勃的陈述,他们一致认为约翰在案发时明显打算杀死比尔。最后,他还强调了犯罪现场勘验笔录和专家证言,以及动脉区域产生的损伤。他还补充了《刑法》第 6 条第 2 款第 1 项规定的加重处罚情节的发生。

反过来,辩方首先再次要求将谋杀罪(未遂)降格为故意伤害罪(致人重伤),辩称约翰是被比尔激怒的,侵犯行为发生在争吵的背景下,而且约翰当时喝醉了,没有敌意。其次,他提出了正当防卫的论点,证明约翰伤害比尔是为了保护自己免受不公正和迫在眉睫的侵犯。再次,如果前面的论点不被接受,他请求认定《刑法》第 121 条第 1 款规定的减刑理由(特权杀人),辩称约翰是在受到比尔不公平的挑衅后,出于暴力情绪才采取行动的。最后,他请求对寻衅动机这一限定因素不予认可,并驳回检察官提出的加重处罚情节,从而只保留谋杀未遂罪。

辩论结束后,庭长询问陪审员是否能够进行审判,是否需要进一步说明,量刑委员会确认他们已准备好继续开庭审判。

审判继续进行,审判长引导陪审员到密室回答公诉方和辩护方之前提交的问题,并警告他们不能就案件进行相互交流。量刑委员会成员始终以投票箱中的多数票确认了与第一系列问题(《刑事诉讼法》第 482 条)有关的内容。

> 被害人是否被螺丝刀所伤(存在的事实):是。
> 被告是否是造成被害人受伤的主犯(署名):是。

然而,就第三个问题而言,当被问及被告行为是否带有故意杀人意图(animus necandi)时,为了对辩护方论点(《刑事诉讼法》第 483 条第 2 款)进行分析,陪审员回答"否",而双方提出的其他问题仍未得到回答,因为这些问题涉及最初推定的故意杀人罪。

量刑委员会成员认为,被告的行为并无杀人意图,因此,根据《刑事诉讼法》第 129 条第 1 款第 2 项的规定,被告被控的罪行不成立。该罪行不具有危害生命罪的性质,因此审判管辖权属于独任法官。

陪审团法院主审法官根据《刑事诉讼法》第 492 条第 1 款作出判决：如果在一名法官的管辖下，违法行为被重新归类为另一种违法行为，则此后应由陪审法庭庭长负责判刑，适用 1995 年 9 月 26 日第 9.099 号法律第 69 条及其后条款的规定，条件是新归类后的违法行为被法律视为潜在攻击性较低的刑事违法行为。

二、法律论证

根据《联邦宪法》关于司法裁决动机的原则（1988 年《联邦宪法》第 93 条第 9 款），现在开始推理。

（一）物证和犯罪

《刑法》第 129 条对人身伤害罪的描述如下，“侵犯他人的身体完整性或健康”。

同一法律条款进一步规定了严重人身伤害罪，即严重的身体伤害如果导致下列情形：（1）丧失从事惯常职业的能力超过 30 天；（2）危及生命；（3）肢体、感觉或功能永久性丧失；（4）加速分娩。

处罚：1 年至 5 年监禁。

在本案中，约翰被指控构成《刑法》第 129 条第 1 款第 2 项规定的人身伤害罪的情节加重犯。

犯罪的物证是确凿的，特别是通过记录所附的犯罪事实审查，证明造成的身体伤害，以及展示和扣押用于犯罪的螺丝刀的报告，证明对 G. 比尔的人身安全造成严重伤害，造成生命危险。

反过来，犯罪是从案件记录中收集的口头证据推断出来的，因为所有证人，包括辩方证人和受害者一致确认对比尔的身体伤害是约翰犯下的。

因此，很明显，约翰用螺丝刀严重伤害了比尔，这些伤害危及了比尔的生命。

（二）自卫论点 – 不被接受

一旦确定了物证和犯罪行为，就有必要分析自卫的论点，这一论点在书面辩护和全体会议上都进行了辩论。

被告提出的自卫论点不值得深究，因为它没有得到记录中提供的证据的支持。

事实上，目击者本和鲍勃报告说，他们没有看到明显的伤害。对约翰来说,他没有被比尔殴打,比尔甚至没有抵抗这些攻击。

正如《刑法》第25条所述,“自卫是可以理解的”,无论何人,只要适当使用必要手段,有权击退对自己或他人权利的实际或即将发生的非法侵害。

而且,在有关案件中,即使认为受害者主动攻击,被告的自保手段也是明显不相称的,特别是在确定了受伤部位和受伤人数的情况下。

此外,没有证据表明被告受伤。

因此,考虑到伤害的严重性,被告试图保护自己免受不公平和迫在眉睫的攻击的说法是不可信的。

值得注意的是,比尔用螺丝刀划的是约翰的车,不是为了伤害约翰本人。

根据犯罪事实审查报告,被告的行为对受害者造成了严重的伤害,因为它导致了“生命危险”,因此,它适用于《刑法》第129条第1款第2项规定的限定条件。

基于这些理由,拒绝自卫理论。

(三)预谋醉酒:不适用加重处罚

将在全体会议上申请审查认定检察官办公室对被告提出的加重处罚情节。

检察官声称约翰是在预谋醉酒状态下犯罪的,即《刑法》第61条第2款第1项所规定的,当行为人为犯罪而饮用酒精饮料时,就会出现预先醉酒。

然而,这一说法没有得到充分证实。

这是因为,如记录所示,约翰喝了当天喝酒是为了庆祝加薪,而且他在事件发生前甚至不认识G.比尔这个人。因此,考虑到被告并非故意伤害受害者,无法判断事前醉酒是否为了后续犯罪。

因此,拒绝接受这个加重处罚情节的存在。

三、执行部分

因此,考虑到有物证和犯罪的证据证明,而没有积极的辩护进行证明,部分赞同国家在申诉中的说法,即谴责约翰犯下《刑法》第129条第1款第2项所规定的罪行。

现在要分析这个判决的适当性。

首先,强调,虽然对身体伤害罪判处的最低刑罚是1年,但被告不应该被有条件地适用第9.099/1995号法律第89条的中止程序。考虑到被告已经被判犯有其他罪行,因此不符合获得这种优待的要求。

其次,无法为了缔结不起诉协议而将案件记录寄送给检察官办公室,根据《刑事诉讼法》第 28 – A 条,这一罪行是针对人的暴力行为犯下的。

《刑法》采用三段的量刑幅度,概括为:在第一阶段,刑罚是根据《刑法》第 59 条确定的。在第二阶段,法官将审查减轻和加重的情节。在第三阶段,将适用加重和减轻刑罚条款,确定对被告的全面刑事制裁。

最后,根据实际判处的刑罚,法官将确定最终如何执行,并核实用限制权利或有条件缓刑代替监禁刑是否合适。

(一)第一阶段

在第一阶段,基于对《刑法》第 59 条所述法定情形的分析,以确定刑罚,即罪责大小、犯罪历史、社会行为、行为人的人格、动机、情况和后果,以及受害者的行为,以期始终符合惩罚和预防犯罪的需要。

然而,《刑法》并没有指明如何衡量每一个案件的司法环境,包括判例法和学说,出于法律的确定性,在法定最高刑和最低刑的幅度范围内,在分析每一案件时,将 8 个犯罪情节纳入考虑。

请看高等法院的以下摘录[1]:"关于刑罚的幅度,鉴于立法、判例法和学说之间存在差距,我们已经认识到,实现刑罚个性化的理想标准是将八类犯罪情节纳入考量范围中,按情节存在与否提高刑罚幅度。"

因此,考虑到对加重身体伤害罪的惩罚是 1 年到 5 年,在最低刑和最高刑之间存在 4 年的时间差,这样的话,每认定一个量刑情节,刑罚幅度会增加 6 个月。

在惩罚措施的第一阶段,结合《刑法》第 59 条,主张如下:

(1)可责备性:在一罪不二审的情况下,考虑到身体伤害的严重程度属于构成本罪的一个因素,因此,无须对该行为重复评价并另行处罚。

(2)历史:分析被告的前科证书和记录,证实约翰是一个惯犯,记录很差。

由于对约翰的第一次处罚(支付罚金)已过去 5 年多,考验期已过,根据《刑法》第 64 条第 1 款的规定,约翰不会因再次犯罪而被认定为累犯。

《刑法》第 64 条规定,累犯的目的:如果从刑期结束或刑满之日

[1] AgRg in EDcl in PET in REsp 1852897/RS, Rel. Minister RIBEIRO DANTAS, Fifth Chamber, judged on 23/03/2021, DJe 29/03/2021.

起与随后的犯罪之间的时间间隔超过5年,则先前的定罪不适用,如果没有发生撤销,则计算缓刑或有条件释放的缓刑期。

(……)

考虑到这一定罪并不构成累犯,因此将作为不良前科处理。

至于3年前被判处的18个月监禁,由于构成了从重处罚的情节,在处罚措施的第二阶段将作为累犯处理。

根据高等法院的理解,"以前的定罪既可以在第一阶段用来评价不良前科,也可以在第二阶段作为累犯加重处罚的情形,而不会导致一罪不二审,因为犯罪事实不同,本案就属于这种情况"。(AgRg no HC n. 649. 807/ES, Ministro Felix Fisher, Quinta Turma, DJe 25/5/2021)

因此,目前的情况似乎对被告不利。

(3)社会行为:没有收集足够的要素来分析被告的行为。强调,正如高等法院在提交给上诉法院的第1794854/DF号特别上诉中所裁定的那样,以前的定罪不能负面评价行为人的社会行为和人格[1]。

(4)行为人的人格:记录中没有任何内容可以对其进行评估,正如第3项中已经披露的那样。

(5)动机:考虑到约翰仅仅因为在酒吧发生的一次争吵而严重伤害了比尔,其犯罪动机是应受谴责的。

(6)犯罪环境:对所犯罪行来说,这种犯罪环境是正常的。

(7)犯罪的后果:考虑到对生命的危险性是定罪的基础,在一罪不二罚的情况下,它不会被视为消极的司法情形。

(8)受害者行为:受害者的行为虽然微小,但引发了犯罪行为,所以认为这种情况对被告有利,不会对他产生消极影响。

因此,考虑到存在两种不利情况,主张将基本刑期增加1年,定为2年监禁和96日单位的罚金刑。

(二)第二阶段

在第二阶段,根据《刑法》第61条、第62条、第65条的规定,考量加重和减轻情节。

---

[1] REsp 1794854/DF, Rel. Minister LAURITA VAZ, Third Section, judged on 23/06/2021, DJe 01/07/2021.

与犯罪情节一样,《刑法》对加重情节和减轻情节的增减标准未作规定,多数理论和判例采用1/6的标准。

高等法院"将增加一档刑罚幅度视为加刑的通常标准,并确定是否需要提供加刑理由"。

在本案中,存在《刑法》第61条第1款规定的加重处罚情形,因为行为人是累犯,3年前曾被判处监禁。

因此,主张提高量刑幅度,定为2年4个月监禁,并处112日单位的罚金刑。

(三)第三阶段

在第三阶段,根据《刑法》总则、分则以及附加的刑事立法规定,分析加重处罚和减轻处罚的原因。

然而,在本案中,没有加重处罚或减轻处罚的原因。

因此,维持2年4个月监禁和112日单位的罚金刑的最终主张。

考虑到约翰已被先行拘留4个月,申请减去拘留的时间,最终的刑罚是2年的监禁和112日单位的罚金刑,考虑到被告的社会经济条件,罚金金额相当于当时实际生效的最低工资的1/30。

(四)判决的最终执行情况

> 判决的执行制度由《刑法》第33条规定:减刑应在封闭、半开放或开放的制度下执行。拘留应在半开放或开放的场所下执行,除非有必要移交给一个封闭的执行场所。
>
> 1. 以下事项被认为是:(1)封闭制度:在最高或中等安全机构执行;(2)半开放制度:在农业或工业职工居住区或类似机构执行;(3)开放制度:在合适的居所或其他场所执行。
>
> 2. 剥夺自由的刑罚应根据被告人的案情,逐步执行以下标准,但移交更严格制度的情况除外:(1)被判处8年以上监禁的人应根据封闭制度执行;(2)已被定罪的非累犯,刑期超过4年但不超过8年的罪犯,可以从一开始就根据半开放制度执行;(3)被定罪的非累犯,其刑期等于或低于4年的,可以从一开始就根据开放制度执行。

因此,虽然对被告的惩罚不到4年,适合开放的监禁制度,但根据上述法律规定,因其构成累犯,拒绝适用开放监禁制度。

尽管如此,鉴于司法环境(《刑法》第 59 条)大多对被告有利,根据《最高法院判例》第 269 条,决定最初适用半开放制度。

鉴于该罪行是以暴力侵犯人身,而且被告是故意犯罪的累犯,根据《刑法》第 44 条,不主张以限制权利的刑罚取代目前的监禁判决。

鉴于约翰的累犯情节,根据《刑法》第 77 条,对其不适用有条件的缓刑。

鉴于本判决的内容,特别是关于被告适用的刑罚执行制度,我给予他自由上诉的权利,撤销审讯阶段颁布的羁押候审令。

增加释放命令。

我判处被告支付诉讼费用(《刑事诉讼法》第 804 条)。

由于他的贫困状况(《刑事诉讼法》第 98 条第 3 款和第 1.060/50 号法律第 10 条),以及他因犯罪行为而被解雇,我决定令其暂缓支付。

判决的既判力:

(1)将判决记录纳入官方信息系统,鉴于 2011 年 5 月 4 日第 12403 号法律第 4 条废除了《刑事诉讼法》第 393 条第 2 款,因此没有必要将被告的名字列入被判有罪者名单。

(2)根据《选举法》第 71 条第 2 款的规定,将被告被定罪一事通知联邦地区选举法院,并附上本决定的副本,以便根据《联邦宪法》第 15 条第 3 项中止其政治权利。

(3)应发布最后执行命令,并分别记录执行判决。

之后,应将案件记录归档,并采取一切必要的预防措施。

巴西刑事判决书(二)

Paulo de Oliveira Segundo
林静 译

判 决

一、报告

本案是关于调查违法行为的程序,其中检察官对一名青少年杰克提出了控诉,指控他的行为违反了巴西《刑法》第121条(谋杀罪)和巴西《交通法》第309条(无证驾驶)。

根据陈述,事实情况如下:

> 2021年3月23日晚上约11点,在×街道上的道路上,杰克无证超速(120km/h)驾驶汽车与在绿灯时正过马路的被害人F.奥莉维亚相撞。F.奥莉维亚被撞飞至墙上并由于多处颅骨骨折和脑损伤当场死亡。

同样地,根据陈述,事发当天约晚上8点,杰克和他的哥哥约翰以及约翰的女朋友玛丽去"蓝月亮"酒吧庆祝约翰加薪。在庆祝的过程中,杰克只喝了饮料,约翰喝了几杯啤酒。大约在22点半,约翰已经喝醉了,他加入了G.比尔和他的两个朋友L.鲍勃和K.本之间的争论。

约翰在杰克和玛丽的劝说下离开酒吧。他们离开后走进了停车场,在那里约翰和比尔打了起来,并且比尔被约翰严重打伤。杰克担心他的哥哥会再次入狱,于是将约翰从地上拉起来,把他移到车的副驾驶的位置,然后失控地高速驾驶(130km/h)车。随后发生了被害人F.奥莉维亚死亡的那场事故。

碰撞后,杰克失去了对车辆的控制,以90km/h的速度撞上了一根铁柱,车辆瞬间停止。

F.奥斯瓦尔德(F.奥莉维亚的弟弟)叫来的警察和受害者的弟弟到达了事故现场。当时,杰克被当场拘留并被带到警察局,与其他在现场的目击者一起接受询问并做笔录。车辆也被扣押,并在违法现场进行技术鉴定。

考虑到被指控的违法行为的严重性,杰克并未通过责任书由警方释放,而是被转交给检察官代表进行非正式听证,目击者也是如此。警察局还起草了一份扣押行为副本。

公诉机关在听取青少年、警察和证人 F. 奥斯瓦尔德的陈述后得出结论,鉴于调查的违法行为的确实严重性,不可能对杰克予以减刑。公诉机关随后提供了一份根据《儿童和青少年条例》第 180 条第 3 款的规定实施社会教育措施的书面申请。

申诉书中附有文件,包括青少年的拘留报告、尸检报告和碰撞时车辆的超速报告。由专家 B. 欧内斯特编写的关于碰撞时车辆的超速报告中,杰克的违章行为记录证明附在记录上,没有针对他的其他诉讼记录的事实。

在满足了《儿童和青少年条例》第 182 条第 1 款的要求后,该陈述被接受,法官指定对该青少年的陈述进行听证,确定通知他和他的法定监护人,并告知他要在律师的陪同下参加听证,如果没有律师,将指定一名公共辩护人。考虑到杰克没有违法行为记录,以及在违法行为核实程序结束前采取这种私人自由措施的特殊性,地方法官决定这次不下令对他进行临时拘留,这符合《儿童和青少年条例》第 121 条和第 19 条以及《北京规则》第 19 条第 1 款的规定。

2021 年 3 月 26 日举行了陈述听证会。法官认为不可能对被告人进行减刑,并继续对此进行了指示。最初,杰克和他的法定代理人的陈述以录音形式保存在案件所附的记录中。然后,法官决定对该案进行社会心理学研究,以获得关于该青少年情况特殊性的法律以外的因素,并且也是出于在核实违法行为的程序中贯彻整体保护原则这一考虑。最后,被告方有 3 天的时间提出书面的初步辩护意见和证人名单。

2021 年 3 月 28 日,被告指定的律师提交了一份初步书面辩护,其中总括性地提到,杰克没有犯下相当于谋杀的罪行,要求将其降级为应受惩罚的模式,并应当适用社会和教育措施而非拘留。关于类似于《交通法》第 309 条的罪行的行为,其请求适用吸收原则,以便只考虑杀人罪。同时,其提出将约翰和玛丽作为辩方证人。

根据档案所附的社会心理研究报告,杰克与父母住在一起,在当地的中学上学,他是个好学生,受到同学们的好评。此外,他的身体、智力和精神发展都在其年龄段的预期范围内。此外,他从未受到过违纪处理。

在程序仪式之后,听证会于 2021 年 3 月 31 日继续举行,证人是 F. 奥斯瓦尔德、玛丽、B. 欧内斯特,以及对杰克实施抓捕的警察詹姆斯和丹尼尔。之后公诉方和被告人的辩护人先后进行了最后的口头辩论。

国家公诉人办公室在其最后的指控中重申,根据违法行为的具体严重程度和证据,特别是记录所附的专家报告和在法庭上收集的证词,要求对被告人适用社会和教育措施。

而青少年的辩护人则主张取消对他的指控,因为他的违规行为相当于巴西《交通法》第 302 条规定的故意杀人罪的罪责模式。他辩称,杰克的行为并不是故意(鲁莽行事),而是有意识地犯罪,但认为自己能够避免可能出现的危害。最后,他要求适用不同于拘留的社会教育措施,因为这一措施具有特殊性。

以上是报告。根据 1988 年《联邦宪法》第 93 条第 9 项的规定,我将在此对这份判决进行说理。

二、说理

(一)归咎于杰克的违法行为

检察院指控杰克触犯巴西《刑法》第 121 条和巴西《交通法》第 309 条,构成两项违法行为。

第一步是分析巴西《刑法》第 121 条的犯罪构成要素。

要对通常的违法行为进行定性,必须有关于该行为及其实施的实质性证据。在本案中,除这些要素外,还必须证明代理人的意图,因为归咎于被告人的杀人行为是在驾驶机动车时发生的。否则,该行为将不属于《刑法》第 121 条的规定,而属于类似于巴西《交通法》第 302 条(驾驶机动车时应受处罚的杀人罪)规定的违法行为。

在本案中,物证是毋庸置疑的。这是因为这些记录包括尸检报告,技术专家在报告中指出,被害人是由于与被告驾驶的车辆相撞造成颅脑外伤而死亡的,以及关于车辆速度的技术报告,碰撞发生时的速度为 120km/h。此外,该少年的逮捕报告中包含了犯罪现场警察的证词和车辆碰撞情况,其中包括警察对犯罪现场和车辆碰撞情况的证言。

另外,犯罪行为也同样得到了证明,在对抗性诉讼权利下产生的证据是非常有力的,特别是证词和青少年的供词。

在随后的听证会上,被告的陈述和证人的证词需被强调:

杰克:被告报告指出,22 时左右他在“蓝月亮”酒吧的停车场,他喝醉了的哥哥约翰和 G. 比尔之间发生了争执。他说,比尔受到了约翰的严重武力攻击。他说,由于他的哥哥最近刚从监狱出来,他担心他的哥哥会回到监狱,所以他把约翰从争吵中带走,并把约翰带到约翰的车上离开,尽管他自己没有驾驶执照。他还说,他把约翰放在副驾驶座上,并未不理会红色交通灯,以130km/h 的速度驾驶车辆。他说,当时他完全知道,如果有另一辆车或行人挡住他的去路,他的驾驶方式将无法及时作出反应。然而,他所想的是甩开鲍勃(比尔的朋友),因为后者无论如何也要跟着他们。

F. 奥斯瓦尔德:22 时 30 分左右,他和他的姐姐 F. 奥莉维亚在一起散步,当时她看到绿灯,就决定过马路回她家。过了一会儿,当 F. 奥莉维亚穿过部分人行横道时,一辆车高速驶来,将她撞倒,把她甩到一栋房子的墙上,导致她当场死亡。他说杰克是那辆车的司机。

B. 欧内斯特:他检查了 F. 奥莉维亚受害事件发生时杰克驾驶的车辆。他查明了该车在与被害人相撞时的速度为 120km/h,与柱子相撞时的速度为90km/h。最后,他澄清说,以这个速度,杰克会撞上当时经过街道的任何车辆或人员,其不可能保持对车辆的控制并及时刹车,就像实际上所发生的那样。

詹姆斯:他在接到一个电话后与他的搭档丹尼尔一起前往事故现场,该电话报告说一名妇女在一次碰撞中死亡。他说,当他到达违章行为现场时,他发现杰克仍在他驾驶的车辆内,该车因与柱子相撞而停了下来。他说,他看到受害者在事故现场没有生命迹象,而碰撞造成的伤害也很清晰。

丹尼尔:他做了与警察詹姆斯相同的陈述,并补充说他在事故现场拘留了杰克,并与詹姆斯一起将他带到了民警局。

约翰:由于约翰是杰克的哥哥,他作为陈述人被听证,被免除了宣誓说实话的义务。当时,他说他因受酒精影响而记不起事故发生的时间。

玛丽:比尔和约翰发生争执时她在场,并说她看到杰克与约翰驾驶车辆离开现场,但指出他是为了保护他的哥哥不受鲍勃和本的伤害而逃离,并防止约翰因对 G. 比尔的伤害而被捕。

因此,毫无疑问,伤害 F. 奥莉维亚的车辆在伤害事件发生时是由杰克驾驶的,而且犯罪行为已被证实。

一旦证明了物证和违法行为的实施,就有必要对违法行为的主观因素进行分析,考虑到指控将杰克的行为归咎于"故意",而辩护方则认为这名青少年在犯罪时存在有罪意识。

《刑法》第18条第1款第二部分规定了"故意":

> 第18条－罪行:
>
> 故意犯罪
>
> Ⅰ－故意的,当行为人希望产生这种结果或承担产生这种结果的风险时;

当代理人意识到通过他的行为产生违反刑法所保护的法律利益的结果的风险,接受违反的可能性时,就形成了这种故意的模式。换句话说,即使他意识到他的行为所产生的风险,也不克制自己的行为,接受结果发生的可能性。

另外,《刑法》第18条第2款规定,"当代理人因轻率、疏忽或缺乏技能而导致结果时",犯罪行为应受到处罚。

然而,这一法律规定并没有对有意识犯罪作出规定,而有意识犯罪在《军事刑法》第33条第二部分中作了合法的规定。具体如下:

> 第33条规定:
>
> Ⅰ－故意的,当行为人打算产生这种结果或承担产生这种结果的风险;
>
> Ⅱ－应受处罚的,是指行为人由于没有按照情况采取应有的谨慎、注意或一般或特别的努力,没有预见到他可以预见的结果,或者在预见到结果后,轻率地认为不会发生或他可以避免结果。

因此,当有意识犯罪人预见到结果,但他不接受它,而是假设自己能够防止受法律保护的合法资产受到损害,此时就会产生有意识犯罪。

因此,故意和有意识的犯罪之间的区别在于是否接受结果、是否承担风险。在这个意义上,核实本案的情况是恰当的。

无可争辩的是,杰克高速驾驶车辆,考虑到它无视交通信号灯,并以130km/h的速度穿过城市的街道,因此,对所有可能接近车辆的行人造成了不被允许的风险。

一些学者,如纳尔逊·亨格利亚,引用费尔南多·卡佩兹的文章,认为它是通过弗兰克公式确定最终意图的发生,根据该公式:"无论情况如何,无论发生什么,在任何情况下,我都不会不采取行动。"[1]

在事件发生时,正如杰克自己在声明中所说,"他完全意识到,如果有另一辆车或行人挡住他的去路,他的驾驶方式无法及时作出反应。然而,他所想的是鲍勃(比尔的朋友),后者无论如何都会跟着他们"。因此,可以肯定的是,杰克承担了损害行人和其他最终出现在他的路线上的车辆司机的合法财产的风险,因为他没有不采取行动,继续以高速和不受控制的方式驾驶,与他的哥哥一起逃跑,无论发生什么。

因此,杰克不认为他可以避免伤害;相反,他承担了产生伤害的风险,接受并承担了伤害司机和行人的"成本"。

案件记录中的证据使我们能够毫不含糊地得出结论,被告冒着杀死被害人的风险作出犯罪行为。因此,要求将《刑法》第121条的违法行为理解为相当于巴西《交通法》第302条的罪行的请求不应该被接受。

关于《交通法》第309条所预见的罪行的违章行为,也是对杰克提出的指控,考虑到杰克没有国家驾驶执照,辩方提出适用吸收原则是正确的,尽管检方已经适当地证明了实物证据和犯罪行为。

巴西的判例法承认该原则在刑事领域的应用,认为杀人罪是一种更严重的罪行,而无证驾驶的危害性较小,因此可以吸收。以下是这方面的一个判例:

> 关键词:人身保护令中的普通上诉;杀人罪吸收的交通犯罪;代替预防性拘留的预防措施;吊销驾驶执照;社会危害性;预防措施的充分性和相称性;未提出上诉
>
> 1.遵守《刑事诉讼法》第282条的规定。第282条规定,法官利用其作为法官的权力,可以在特殊情况下,为了避免预防性拘留,对被调查人或被告人采取的措施,虽然没有在《刑事诉讼法》第319条的字面上列出,但该制度的另一项规则中规定了这种措施。
>
> 2.《交通法》第294条规定,在调查或刑事诉讼的任何阶段,如果有必要保证公共秩序,法官可以依职权或应检察官办公室的要

[1] Capez, Fernando Parte geral/Fernando Capez. Coleção Curso de Direito Penal. V. 1 – 24. ed. – São Paulo: Saraiva Educação, 2020.

求,或由警察当局的代表,在法庭上下达合理的决定命令,吊销驾驶执照或执照,或禁止取得。

3. 在本案中,法官在审查根据《刑法》第 121 条的规定对上诉人提出指控,并维持各种预防措施时,提到了以前的判决,其中包括对维护公共秩序的必要性的理解。

4. 采取不同的预防措施,包括吊销驾驶执照,是基于保护社会免受被告完全自由可能造成的未来伤害的需要,因为对他指控的行为是更大和更具体的严重性——在驾驶机动车时因参加业余汽车比赛的轻率行为而杀人,在公共道路上是非法的,"如此不负责任,对社区共存规则的存在缺乏起码的认识"——而且导致一名怀孕的年轻妇女死亡。

5. 上诉未获支持。

(STJ – RHC 97. 516/RS, Rel. Minister ROGERIO SCHIETTI CRUZ, SEXTA TURMA, judged on 21/03/2019, DJe 27/03/2019)

关键词:人身保护令;刑事诉讼;《交通法》;应受惩罚的身体伤害;无证驾驶;吸收原则;较严重的罪行会吸收危害较小的罪行;明确放弃代表权;惩罚性的清偿;判令已获批准

根据吸收原则,交通中造成的人身伤害(第 16 条)。(《交通法》第 303 条)吸收无证驾驶的罪行(《交通法》第 309 条),因为后者的危害较小。因此,如果对过失人身伤害罪明确放弃代理权,则无驾照的加重因素就不能作为一种独立的犯罪而持续存在,对无证驾驶罪的惩罚也必须宣布终止。

本法院的判例。

颁布命令宣布取消对无证驾驶的处罚。

(STJ – HC 25. 084/SP, Rel. Ministro JORGE SCARTEZZINI, QUINTA TURMA, julgado em 18/05/2004, DJ 01/07/2004, p. 224)

关键词:刑事上诉;交通肇事杀人罪(第 9. 503/97 号法律第 302 条,单独段落,1);没有加重因素和定罪第 9. 503/97 号法律第 309 条;不可行性;正确适用的吸收原则;维持原判定罪;减少财产利益;必要性过失造成交通事故和无证驾驶车辆的行为,在同样的情况下,只构成《交通法》第302条的犯罪,并适当承认代理丧失资格的加重因素。财产补偿作为替代处罚,应当根据被告人的经济状况和案卷的具体资料,确定足以预防和惩戒犯罪的数额。

[TJMG - Criminal Appeal 1. 0694. 11. 006254 - 4/001, Rel.: Des. (a) Paulo Cézar Dias, 3ª CRIMINAL CHAMBER, judged on 02/02/2021]

在这一点上,有必要指出,考虑到《国家社会教育关怀制度法》第35条第1款规定的合法性原则,在以下方面禁止给予青少年比成年人更严厉的待遇,如果对犯罪适用吸收原则,那么对犯有违法行为的青少年也适用吸收原则:

第35条　社会和教育措施的实施应遵循下列原则:

Ⅰ-合法性,青少年不得受到比成年人更苛刻的待遇;

实际上,辩方关于将吸收原则适用于有关案件的请求是可以被接受的,所以只有等同于简单杀人罪的违法行为才存在。

(二)关于社会教育措施

下一步是针对具体案例分析适当的社会教育措施。

在《儿童和青少年条例》第112条中社会教育措施的清单如下:

第112条　主管机关查证属实后,得对其采取下列措施

Ⅰ-警告;

Ⅱ-修复损害的义务;

Ⅲ-社区服务;

Ⅳ-受监督的自由;

Ⅴ-嵌入半自由程序;

Ⅵ-在教育机构中的禁闭;

Ⅶ-第101条Ⅰ到Ⅵ中规定的任何一种。

同一法律在第1条中规定了适用上述措施的标准,具体内容如下:

第1条　对青少年采取的措施应考虑到其遵守措施的能力、违法行为的情况和严重程度。

通过具体分析,可以观察到青少年杰克对该违法行为供认不讳,并且没

有其他的记录。此外，他是一个好学生，与同学关系良好，因此，他的违法行为的严重性没有得到证实，建议对他在公开的环境中采取社会教育措施。

等同于杀人罪的违法行为非常严重，因为它侵犯了作为一种司法利益的生命，而国家法律制度给予这种利益以高度保护。因此，拘留是适用于本案的唯一社会和教育措施。

此外，本案符合《儿童和青少年条例》第 122 条第 1 款的规定，因为犯罪是以对人实施暴力的方式实施的：

> 第 122 条　拘留措施仅在下列情况下适用
>
> Ⅰ－这是一起以严重威胁或暴力手段实施违法行为的案件；
>
> Ⅱ－犯过其他严重违法行为；
>
> Ⅲ－多次无理由不遵守先前实施的措施。

这一违法行为的后果特别严重，因为受害者是 3 个年龄分别为 3 岁、5 岁和 10 岁的孩子的母亲，他们 1 年前才失去父亲，完全依赖母亲。

三、结论部分

鉴于上述所有情况，我同意部分程序，只承认《刑法》第 121 条罪行的违法行为。鉴于在巴西《交通法》第 309 条犯罪类似的违法行为中所适用的吸收原则，对青少年杰克实行不确定期限的社会教育拘留措施。并且，根据《儿童和青少年条例》第 121 条第 2 款规定，在不超过 6 个月的时间内进行定期重新评估。

发放拘禁许可证。

应遵守《国家社会教育关怀制度法》第 39 条及其后各条的规定。

公布此项判决通知青少年和他的律师。如找不到青少年，应根据《儿童和青少年条例》第 190 条规定通知其父母，但不影响律师。如果传票到青少年本人，他应表明他是否希望对判决提出上诉(《儿童和青少年条例》第 190 条第 2 款)。

地点：×××

日期：×××

法官：×××

波兰刑事判决书

Jarek Zagrodnik
黄河 译

波兰国徽

以波兰共和国名义作出的

2022 年 3 月 31 日

克拉科夫地区法院第二刑事庭

主审法官:扬·诺瓦克

陪审法官:玛尔塔·库列萨;亚当·维兹尼

书记员:卡洛琳娜·科尔瓦斯卡

检察官:托马斯·尼兹纳尔斯基

法庭于 2022 年 3 月 24 日和 2022 年 3 月 31 日公开审理本案。起诉书指控 D. 约翰等人实施了以下犯罪行为:

1. 被告人 D. 约翰(1996 年 3 月 3 日出生于克拉科夫。父亲为克里斯托夫,母亲为安娜,婚前姓沃尔什卡)

D. 约翰于 2021 年 3 月 26 日在克拉科夫试图非法剥夺被害人 G. 比尔的生命。D. 约翰向被害人发表言论:“我要杀了你,你这个卑鄙小人,你这个混蛋。”随后,D. 约翰与 J. 玛丽共同对 G. 比尔实施了殴打行为。D. 约翰使用螺丝刀连续捅刺了 G. 比尔的胸部和腹部共 6 次,还用螺丝刀刺伤了他的颈动脉。被害人经紧急送医并接受手术治疗,最终幸存。但该行为对被害人造成了严重的身体伤害,其行为涉嫌触犯《刑法》第 13 条第 1 款、第 148 条第 1 款、第 158 条第 2 款、第 159 条以及第 11 条第 2 款的规定。

2. 被告人 J. 玛丽(1998 年 3 月 2 日出生于克拉科夫。父亲为亚努什,母亲为博热娜,婚前姓米查尔斯卡)

2021 年 3 月 26 日,J. 玛丽与 D. 约翰一同在克拉科夫参与了对被害人 G. 比尔的殴打。其间,D. 约翰使用螺丝刀在 G. 比尔的胸部和腹部连刺了 6 次,并在其颈动脉上刺了一次,导致被害人身体严重受伤。这一行为涉嫌触犯《刑法》第 158 条第 2 款、第 159 条和第 11 条第 2 款。

3. 被告人 D. 杰克(2004 年 3 月 2 日出生于克拉科夫。父亲为克里斯托夫,母亲为安娜,婚前姓沃尔什卡)

(1)2021 年 3 月 26 日,在 G. 比尔的生命受到紧迫威胁的情况下,在不危及自己或他人生命或严重身体伤害的情况下本应当向 G. 比尔提供救助,但 D. 杰克拒不履行救助义务,涉嫌触犯《刑法》第 162 条第 1 款的规定。

(2)在得知 D. 约翰针对被害人 G. 比尔实施了《刑法》第 13 条第 1 款、第 148 条第 1 款、第 158 条第 2 款、第 159 条以及第 11 条第 2 款规定的犯罪行为后,D. 杰克协助被告人 D. 约翰逃避刑罚处罚。具体而言,在 D. 约翰实施了上述犯罪行为后,为了避免 D. 约翰被警方抓捕,D. 杰克将 D. 约翰拖离犯罪现场,并将其带入 D. 约翰的萨博牌轿车(车牌号为 KR000UV),并在驾车离开犯罪现场的过程中故意违反交通规则,未开车灯以 120km/h 的速度闯红灯,并撞到正在横穿人行道的 F. 奥莉维亚。由于多处颅骨骨折和严重颅脑损伤,F. 奥莉维亚不幸当场身亡。随后,D. 杰克继续驾车以 90km/h 的速度撞到柱子,导致车上的乘客,即他的哥哥 D. 约翰从挡风玻璃弹出,造成严重颅骨、脖子、手臂和肋骨骨折,其行为涉嫌触犯《刑法》第 177 条第 2 款、第 239 条第 1 款和第 11 条第 2 款的规定。

一、法院判决

1. 被告人 D. 约翰于 2021 年 3 月 26 日在克拉科夫试图非法剥夺被害人 G. 比尔的生命。D. 约翰向被害人发表言论:“我要杀了你,你这个卑鄙小人,你这个混蛋。”随后,D. 约翰与 J. 玛丽共同对 G. 比尔实施了殴打行为。D. 约翰使用螺丝刀连续捅刺了 G. 比尔的胸部和腹部共 6 次,还用螺丝刀刺伤了他的颈动脉。被害人经紧急送医并接受手术治疗,最终幸存。但该行为对被害人造成了严重的身体伤害,根据《刑法》第 13 条第 1 款、第 148 条第 1 款、第 156 条第 1 款以及第 11 条第 2 款,并结合《刑法》第 148 条第 1 款、第 14 条第

1 款和第 11 条第 3 款的规定，判处 D. 约翰 9 年监禁。

2. 根据《刑事诉讼法》第 414 条第 1 款以及《刑事诉讼法》第 17 条第 1 款第 2 项的规定，宣告被告人 J. 玛丽无罪。

3. 被告人 D. 杰克被指控实施的第一起行为，罪名成立。因此，根据《刑法》第 162 条第 1 款的规定，判处 D. 杰克 3 个月监禁。

4. 被告人 D. 杰克以妨碍刑事诉讼为目的，帮助 D. 约翰逃避针对 G. 比尔所犯罪行的刑事责任，根据《刑法》第 177 条第 2 款和第 239 条第 1 款以及第 11 条第 2 款的规定，并结合《刑法》第 177 条第 2 款和第 11 条第 3 款的规定，对 D. 杰克判处 2 年监禁。

5. 根据《刑法》第 85 条第 1 款和第 86 条第 1 款的规定，针对判决的第 3 项和第 4 项，合并判处 D. 杰克 2 年 2 个月监禁。

6. 根据《刑法》第 44 条第 1 款的规定，判处被告人 D. 杰克 5 年禁止驾驶。

7. 根据《刑法》第 46 条第 2 款的规定，判令被告人 D. 杰克向 F. 奥莉维亚的子女，即 F. 罗伊、F. 亚历山德拉和 F. 格里塔每人支付 3 万兹罗提赔偿金。

8. 根据《刑事诉讼法》第 624 条第 2 款以及 1973 年 6 月 23 日颁布的《刑事诉讼费用法》第 17 条第 1 款（载于 1983 年《波兰共和国法律杂志》第 49 期，第 223 页）的规定，免除被告人 D. 杰克和 D. 约翰全部的诉讼费用。

9. 根据《刑事诉讼法》第 632 条第 2 款的规定，有关 J. 玛丽的诉讼费用由国库承担。

二、判决理由和依据

（一）判决理由（见表 1）

表 1　判决理由

案件编号：II K 200/20
如果判决内容仅涉及特定行为或特定被告，法庭可将理由限制在特定的判决内容上。如果判决是根据《刑事诉讼法》第 343 条、第 343a 条或第 387 条作出的，或者判决仅包含对行为的处罚和其他法律后果的决定，法庭可将判决理由限制在表格的第 3～8 节中包含的信息

(二)事实认定

1. 已查明的事实(见表2)

表2　事实认定

<table>
<tr><th>编号</th><th>被告人</th><th colspan="3">行为</th></tr>
<tr><td rowspan="13">1.1.1</td><td rowspan="13">D. 约翰、J. 玛丽</td><td colspan="3">应当负责的行为:D. 约翰于2021年3月26日在克拉科夫试图非法剥夺被害人G. 比尔的生命。D. 约翰向被害人扬言:“我要杀了你,你这个卑鄙小人,你这个混蛋。”随后,D. 约翰与J. 玛丽共同对G. 比尔实施了殴打行为。D. 约翰使用螺丝刀连续捅刺了G. 比尔的胸部和腹部共6次,还用螺丝刀刺伤了他的颈动脉。被害人经紧急送医并接受手术治疗,最终幸存。但该行为对被害人造成了严重的身体伤害</td></tr>
<tr><td colspan="3">J. 玛丽被指控的行为:2021年3月26日,J. 玛丽与D. 约翰一同在克拉科夫参与了对被害人G. 比尔的殴打。其间,D. 约翰使用螺丝刀在G. 比尔的胸部和腹部连刺了6次,并在其颈动脉上刺了一次,导致被害人身体严重受伤</td></tr>
<tr><td>对于每项行为,请填写已被证实的事实</td><td>证据</td><td>卡片编号</td></tr>
<tr><td rowspan="2">2021年3月26日星期五,D. 杰克、D. 约翰和J. 玛丽决定一起为约翰庆祝加薪。20时左右,他们驾车前往约翰最喜欢的“蓝月亮”酒吧吃饭和喝酒。杰克没有喝酒,而约翰则一杯接一杯地喝了很多啤酒</td><td>D. 杰克的供述</td><td></td></tr>
<tr><td>J. 玛丽的供述</td><td></td></tr>
<tr><td rowspan="6">大约在22时30分,约翰已经醉酒(血液中酒精浓度为1.2‰)。他与酒吧里素不相识的另一位顾客G. 比尔以及G. 比尔的两位朋友L. 鲍勃和K. 本发生了激烈的争执</td><td>D. 杰克的供述</td><td></td></tr>
<tr><td>J. 玛丽的供述</td><td></td></tr>
<tr><td>G. 比尔的证言</td><td></td></tr>
<tr><td>L. 鲍勃的证言</td><td></td></tr>
<tr><td>K. 本的证言</td><td></td></tr>
<tr><td>A. 艾伦的专家鉴定意见</td><td></td></tr>
<tr><td rowspan="2">5分钟后,杰克和玛丽说服约翰离开了酒吧。付完账后,他们一起向约翰的车走去。约翰的步态摇摇晃晃,杰克和玛丽不停地劝说约翰不应该继续开车。约翰愤怒地回答说他可以开车,让他们二人闭嘴,于是他打开驾驶室的门,坐进了车里</td><td>D. 杰克的供述</td><td></td></tr>
<tr><td>J. 玛丽的供述</td><td></td></tr>
</table>

续表

<table>
<tr><th>编号</th><th>被告人</th><th colspan="3">行为</th></tr>
<tr><td rowspan="11">1.1.1</td><td rowspan="11">D. 约翰、J. 玛丽</td><td>对于每项行为，请填写已被证实的事实</td><td>证据</td><td>卡片编号</td></tr>
<tr><td rowspan="4">与此同时，比尔、鲍勃和本三人走进停车场，注意到了约翰的车。比尔从自己的车里拿出一把螺丝刀，在约翰的车盖上划了一道又长又深的划痕。约翰怒气冲冲地下了车，一把夺过比尔手中的螺丝刀。他对比尔大喊道：“我要杀了你，你这个卑鄙的混蛋！”玛丽推搡着比尔也大声说道：“你这个白痴！你为什么要激怒他！”然后，约翰把比尔按倒在地，用螺丝刀朝比尔的胸部和腹部连捅了6刀。当比尔倒在地上时，玛丽“倒”在他身上。然后，约翰把螺丝刀抵在比尔的脖子上，划伤了比尔脖子上的动脉。比尔的脖子开始大量出血。玛丽开始按压伤者的动脉止血。比尔的朋友L. 鲍勃和K. 本连忙推开玛丽，试图带着比尔离开了现场</td><td>D. 杰克的供述</td><td></td></tr>
<tr><td>J. 玛丽的供述</td><td></td></tr>
<tr><td>G. 比尔的证言</td><td></td></tr>
<tr><td>L. 鲍勃的证言</td><td></td></tr>
<tr><td rowspan="2">杰克把约翰从地上抬起拖到约翰的车上。杰克把约翰放在副驾驶座上，自己则坐在驾驶位。匆忙之中，他没有为自己和哥哥系上安全带。他在没有打开车头灯的情况下就高速开车驶离现场。在听到汽车引擎声后，L. 鲍勃随即自己驾车追赶杰克和约翰，而K. 本则留在比尔身边为他止血。K. 本还设法叫了一辆救护车，救护车在杰克离开7分钟后赶到，将比尔送往附近的医院抢救</td><td>K. 本的证言</td><td></td></tr>
<tr><td>Z. 亚瑟的证言</td><td></td></tr>
<tr><td rowspan="4">案发后，J. 玛丽朝哥哥史蒂夫的住处走去，其哥哥史蒂夫是一位医护人员，J. 玛丽希望得到他的帮助，以挽救受害者G. 比尔的生命。史蒂夫的住处位于玫瑰园巷，距离现场两个街区，史蒂夫在到达她哥哥的住处之前被警察拦住</td><td>J. 史蒂夫的证言</td><td></td></tr>
<tr><td>D. 格雷格的证言</td><td></td></tr>
<tr><td>P. 凯茜的证言</td><td></td></tr>
<tr><td>J. 玛丽的供述</td><td></td></tr>
</table>

续表

<table>
<tr><th>编号</th><th>被告人</th><th colspan="3">行为</th></tr>
<tr><td rowspan="3">1.1.1</td><td rowspan="3">D. 约翰、J. 玛丽</td><td>对于每项行为，请填写已被证实的事实</td><td>证据</td><td>卡片编号</td></tr>
<tr><td rowspan="2">D. 约翰现年 25 岁，单身，没有需要被抚养人。职业为一家汽车修理厂修理工。有两次盗窃前科，初犯时被判处罚金，再次犯罪后被判处 18 个月监禁。两次刑罚均已经执行完毕</td><td>D. 约翰的供述</td><td></td></tr>
<tr><td>国家犯罪登记中心的查询信息</td><td></td></tr>
<tr><td rowspan="7">1.1.2</td><td rowspan="7">D. 杰克</td><td colspan="3">2021 年 3 月 26 日，在 G. 比尔的生命受到紧迫威胁的情况下，在不危及自己或他人生命或严重身体伤害的情况下本应当向 G. 比尔提供救助，但 D. 杰克拒不履行救助义务</td></tr>
<tr><td>对于每项行为，请填写已被证实的事实</td><td>证据</td><td>卡片编号</td></tr>
<tr><td rowspan="5">在案发后，D. 杰克看到 G. 比尔的腹部、胸部和动脉多处被螺丝刀划伤，但驾驶一辆车牌号为 KR000UV 的萨博牌小轿车离开现场，虽然 D. 杰克能够在不使自己或其他人陷于生命丧失或严重身体伤害的危险的情况下，有能力这样做，但 D. 杰克未能向处于生命危险中的 G. 比尔提供援助</td><td>D. 杰克的供述</td><td></td></tr>
<tr><td>J. 玛丽的供述</td><td></td></tr>
<tr><td>G. 比尔的证言</td><td></td></tr>
<tr><td>L. 鲍勃的证言</td><td></td></tr>
<tr><td>K. 本的证言</td><td></td></tr>
<tr><td>1.1.3</td><td>D. 杰克</td><td colspan="3">在得知 D. 约翰针对被害人 G. 比尔实施了《刑法》第 13 条第 1 款、第 148 条第 1 款、第 158 条第 2 款、第 159 条以及第 11 条第 2 款规定的犯罪行为后，D. 杰克协助被告人 D. 约翰逃避刑罚处罚。具体而言，在 D. 约翰实施了上述犯罪行为后，为了避免D. 约翰被警方抓捕，D. 杰克将 D. 约翰拖离犯罪现场，并将其带入 D. 约翰的萨博牌轿车（车牌号为 KR000UV），并在驾车离开犯罪现场的过程中故意违反交通规则，未开车灯以 120km/h 的速度闯红灯，并撞到正在横穿人行道的 F. 奥莉维亚。由于多处颅骨骨折和严重颅脑损伤，F. 奥莉维亚不幸当场身亡。随后，D. 杰克继续驾车以 90km/h 的速度撞到柱子，导致车上的乘客，即他的哥哥 D. 约翰从挡风玻璃弹出，造成严重颅骨、脖子、手臂和肋骨骨折</td></tr>
</table>

续表

<table>
<tr><th>编号</th><th>被告人</th><th colspan="3">行为</th></tr>
<tr><td rowspan="8">1.1.3</td><td rowspan="8">D. 杰克</td><td>对于每项行为，请填写已被证实的事实</td><td>证据</td><td>卡片编号</td></tr>
<tr><td rowspan="2">案发后，D. 杰克抱起他的哥哥并把他拖到 D. 约翰的汽车上时，他发动了 D. 约翰的汽车，被害人的朋友 L. 鲍勃和 K. 本在现场试图为 G. 比尔的颈动脉止血。D. 杰克的哥哥 D. 约翰坐在副驾驶座上。杰克没有什么驾驶经验；杰克以 130km/h 的速度行驶在光线不足的市中心街道上，在主干道减速的情况下多次闯红灯通过十字路口。突然，在前方 20 英尺处的一个弯道上，D. 杰克发现正在通过人行横道的 F. 奥莉维亚。尽管 D. 杰克立即踩下了刹车，但还是以 120km/h 的速度撞上了 F. 奥莉维亚。撞击导致 F. 奥莉维亚的身体向后抛出，头部重重地撞在附近一栋建筑物的墙壁上。由于多处颅骨骨折和大面积脑外伤，F. 奥莉维亚当场死亡</td><td>D. 杰克的供述</td><td></td></tr>
<tr><td>A. 艾伦的专家鉴定意见</td><td></td></tr>
<tr><td></td><td>B. 欧内斯特的专家鉴定意见</td><td></td></tr>
<tr><td>1 年前，F. 奥莉维亚失去了丈夫，成为一位单亲母亲。她承担着照顾 3 个年幼的孩子的责任，分别是 3 岁、5 岁和 10 岁</td><td>F. 奥斯瓦尔德的证言</td><td></td></tr>
<tr><td rowspan="3">D. 杰克现年 18 岁，在实施上述行为时年仅 17 岁。他没有需要其抚养之人，同时也没有任何犯罪前科</td><td>被告人的身份证</td><td></td></tr>
<tr><td>被告人的陈述</td><td></td></tr>
<tr><td>国家犯罪登记中心的查询信息</td><td></td></tr>
</table>

2. 未查明的事实(见表3)

表3 未查明的事实

<table>
<tr><th>编号</th><th>被告人</th><th colspan="3">行为</th></tr>
<tr><td rowspan="7">1.2.1</td><td rowspan="7">J. 玛丽</td><td colspan="3">2021年3月26日在克拉科夫与被告人D. 约翰一起参与殴打G. 比尔,D. 约翰在殴打过程中用螺丝刀刺了G. 比尔6刀,并用螺丝刀刺伤G. 比尔的颈动脉,造成其严重身体伤害</td></tr>
<tr><td>对于每项行为,请填写未被证实的事实</td><td>证据</td><td>卡片编号</td></tr>
<tr><td rowspan="5">现有证据无法证明J. 玛丽参与了殴打G. 比尔</td><td>D. 杰克的供述</td><td></td></tr>
<tr><td>J. 玛丽的供述</td><td></td></tr>
<tr><td>G. 比尔的证言</td><td></td></tr>
<tr><td>L. 鲍勃的证言</td><td></td></tr>
<tr><td>K. 本的证言</td><td></td></tr>
<tr><td rowspan="7">1.2.2</td><td rowspan="7">D. 约翰</td><td colspan="3">D. 约翰于2021年3月26日在克拉科夫试图非法剥夺被害人G. 比尔的生命。D. 约翰向被害人扬言:“我要杀了你,你这个卑鄙小人,你这个混蛋!”D. 约翰使用螺丝刀连续捅刺了G. 比尔的胸部和腹部共6次,还用螺丝刀刺伤了他的颈动脉</td></tr>
<tr><td>对于每项行为,请填写未被证实的事实</td><td>证据</td><td>卡片编号</td></tr>
<tr><td rowspan="5">对于D. 约翰所犯的针对G. 比尔的犯罪行为,现有证据不能证明其符合参与斗殴的构成要件</td><td>D. 杰克的供述</td><td></td></tr>
<tr><td>J. 玛丽的供述</td><td></td></tr>
<tr><td>G. 比尔的证言</td><td></td></tr>
<tr><td>L. 鲍勃的证言</td><td></td></tr>
<tr><td>K. 本的证言</td><td></td></tr>
</table>

(三)证据评价

1. 事实依据的证据(见表4)

表4　事实依据的证据

与第1.1项事实有关的证据	证据	采纳证据的理由
1.1.1	D. 杰克的供述	被告人的辩解前后一致,符合逻辑,并与本案收集的其余证据相吻合,具有可信性
	G. 比尔的证言	被害人的证言前后一致,符合逻辑,并与案件中收集到的其他证据相吻合
	L. 鲍勃的证言	证词前后一致,合乎逻辑,与本案收集的其他证据相符。根据在主审程序中与证人的直接接触,法庭认为证人是可信的
	K. 本的证言	证词前后一致,合乎逻辑,与本案收集的其他证据相符。根据在主审程序中与证人的直接接触,法庭认为证人是可信的
	A. 艾伦的专家鉴定意见	专家意见可靠、清晰、完整,符合逻辑推理原则
	B. 欧内斯特的专家鉴定意见	专家意见可靠、清晰、完整,符合逻辑推理原则
	Z. 亚瑟的证言	证词前后一致,符合逻辑,与案件中收集的其他证据相吻合。需要强调的是,证人是一名警察,与被告人并不相识
	P. 凯茜的证言	证词前后一致,符合逻辑,与案件中收集的其他证据相吻合。需要强调的是,证人是一名警察,与被告人并不相识
	D. 格雷格的证言	证词前后一致,符合逻辑,与案件中收集的其他证据相吻合。需要强调的是,证人是一名警察,与被告人并不相识
	F. 奥斯瓦尔德的证言	证词前后一致,符合逻辑。需要强调的是,该证人并非事件的目击者,其证词涉及被害人F. 奥莉维亚及其子女的个人情况
	J. 玛丽的供述	法院认为被告人辩解和解释是可信的。需要强调的是,法院认为她的证据陈述连贯一致,合乎逻辑。法院在主审程序期间与被告人进行了直接接触,认为她的解释完全可信,特别是关于其行为动机的解释

2. 判决中未考虑的证据(见表5)

表5　判决中未考虑的证据(法院认为不可靠且与事实认定无关的证据)

与第1.1项或者第1.2项事实有关的证据	证据	简要说明不采纳证据的理由
1.1.1	V. 彼得的证言	法院没有考虑这一证词,因为它与被告人被指控行为没有直接关系
	H. 克雷格的证言	这一证词并不构成事实认定的依据,因为它只涉及被告人以前的犯罪记录,对此,法院依据的是国家犯罪登记中心的官方信息

(四)判决的法律依据(见表6)

表6　裁判事项一及依据

法律依据	裁判事项	
3.1 定罪或者附条件终止诉讼的法律依据	Ⅲ	D. 杰克(被告人)

简要说明法律定性的理由:根据《刑法》第162条第1款的规定,如果在他人面临生命危险或遭受严重身体伤害的情况下,行为人在不使自己或他人面临生命危险或遭受严重身体伤害,本可以提供帮助,但未提供帮助,判处3年以下监禁。

被告人D. 杰克的行为符合《刑法》第162条第1款规定的构成要件。需要强调的是,被告人目睹D. 约翰多次用螺丝刀袭击G. 比尔,包括直接打击颈动脉,并见证了由此造成的后果,包括颈动脉出血。因此,他充分了解G. 比尔正面临生命危险或可能受到严重身体伤害。在没有危及自己或他人生命或安全的情况下,被告人本可以提供援助,然而他在没有确保被害人得到帮助的情况下离开了现场。因此,法院认为,被告人的行为符合《刑法》第162条第1款规定的所有构成要件。被告人的行为是具有违法性、应受谴责性的,需要受到法律的制裁。根据《刑法》第115条第2款的规定,法院评估了该行为造成的社会危害程度为中等。同样,法院对被告人的罪责进行评价,认为其属于一般程度。在罪责方面,值得强调的是,被告人在实施行为时神志清醒,但明显是在看到哥哥 D. 约翰袭击 G. 比尔，并情绪激动的情况下才采取了这一行为（见表 7）。

表 7　裁判事项二及依据

法律依据	裁判事项	
3.1 与检察官的犯罪指控相一致的定罪或者附条件终止诉讼的法律依据	Ⅳ	D. 杰克（被告人）

简要说明法律定性的理由：根据《刑法》第 239 条第 1 款的规定：行为人为犯罪人提供协助，帮助其逃避刑事责任，特别是通过窝藏犯罪人、毁灭犯罪证据或代替被判刑者服刑等方式阻碍刑事诉讼的，判处 3 个月以上、5 年以下的监禁。

《刑法》第 177 条第 1 款规定，凡违反陆地、水上或空中交通安全规则（即使是无意违反）造成第 157 条第 1 款所述人身伤害事故者，应处 3 年以下监禁。

根据《刑法》第 177 条第 2 款的规定，如果第 1 款所述事故造成人员死亡或严重身体伤害，应处 6 个月以上、8 年以下的监禁。

根据已确认的事实，被告人 D. 杰克为了帮助其哥哥 D. 约翰逃避承担《刑法》第 13 条第 1 款、第 148 条第 1 款、第 156 条第 1 款以及第 11 条第 2 款相关罪行的刑事责任，在 G. 比尔遭受损害的情况下，将其从犯罪现场拉离，并将其安置在一辆车牌号为 KR000UV 的萨博汽车上。在驾车过程中，他和他的哥哥都未系安全带，他故意违反交通安全规则，在市区街道上以 130km/h 的速度行驶并闯红灯，导致一起事故发生。这场事故导致被害人 F. 奥莉维亚死亡，D. 杰克的哥哥 D. 约翰头部、脖子、手臂受伤和肋骨严重骨折。需要强调的是，法院认为被告人是在明知情况下故意违反陆上交通安全规则，尽管造成事故并非他的故意。

还应强调的是，D. 杰克实施上述行为是为了避免被人认出他本人和他的哥哥 D. 约翰，并防止他的哥哥被捕和再次入狱。上述情况清楚地表明，被告人 D. 杰克的行为存在直接故意，即避免他的哥哥承担《刑法》第 13 条第 1 款与第 148 条第 1 款和《刑法》第 156 条第 1 款以及第 11 条第 2 款相关罪行的刑事责任。

根据上述事实，需要指出的是，被告人 D. 杰克的行为符合《刑法》第 239

条第1款、第177条第2款以及《刑法》第11条第2款所规定犯罪的所有客观和主观要件。法院认为,被告人的行为同时满足了“协助和教唆”(《刑法》第239条第1款)和交通肇事罪(《刑法》第177条第2款)的前提条件。对此,法律和事实的评估是合理的,因为构成上述条款规定要件的行为明显同时发生,而且已确定的事实是,被告人具有相同的主观意图和意志冲动,即D.杰克希望他的哥哥逃避刑事责任,为此目的他违反了交通安全规则(未开车灯和未系安全带)离开了案发现场,并在违反这些规则的情况下继续驾驶汽车,实际上是在帮助他的哥哥D.约翰逃离犯罪现场。但如果将被告人的行为分割为两个独立的行为并对其进行分别适用刑法,将违反行为的自然统一性,不具有合理性。

被告人的行为具有违法性和可谴责性、应受惩罚,并且被评定为罪责严重。尽管被告人年纪尚轻,但他应该明知法律禁止在严重违反陆上交通安全规则的情况下驾驶汽车,而他却故意违反这一规定。在这起案件中,被告人的神志正常,没有任何疑问。法院认为,被告人的行为对社会的危害程度应被视为极高。这一评估主要基于两方面的考虑,一方面是被告人故意违反陆上交通安全规则的事实,另一方面是他的行为导致一人死亡,另一人身体多处严重受伤。基于上述事实,被告人的行为不仅符合《刑法》第177条第2款规定的交通肇事罪的构成要件,而且符合《刑法》第239条第1款规定的构成要件(见表8)。

表8 裁判事项三及依据

法律依据	裁判事项	
3.2 与检察官的犯罪指控不一致的定罪或者附条件终止诉讼的法律依据	I	D.约翰(被告人)

3.3 附条件终止诉讼		
简要说明附条件终止诉讼的理由		

3.4 程序的中止		
简要说明程序中止的理由		

3.5 宣告无罪	Ⅱ	J.玛丽

简要说明法律定性的理由：根据《刑法》第 148 条第 1 款的规定，对于杀人行为，将被判处不低于 8 年监禁，或者 25 年监禁或者无期徒刑。

《刑法》第 13 条第 1 款规定，任何人出于实施被禁止行为的意图，通过其行为直接实施该行为，即使该行为并未真正发生，也应对未遂罪承担法律责任。

法院在判例中明确指出："在谋杀案件中，犯罪人如果没有明确表达其意图，通常根据与杀人有关的情况来确定其意图。仅仅确定行为人有实施危害生命和健康的意图或预见到实施该罪的可能性并同意实施该罪是不够的。应当查明其有意造成人员死亡的后果、事件的起因和背景、所使用工具的类型、殴打的位置和力度或造成的具体身体伤害、行为人的性格、行为前后的行为、对被害人的态度等因素，根据上述因素来综合判断行为人是否有谋杀意图的某些迹象。"（波兹南最高上诉法院 2021 年 5 月 27 日判决，Ⅱ AKa 22/21，LEX No 3196736）

在这起案件中，被告人 D. 约翰对被害人 G. 比尔说出了"我要杀了你这个卑鄙小人"的话，清晰表达了他剥夺被害人 G. 比尔生命的意图。从被告人实施犯罪行为的具体情节来看，这一意图显而易见。首先需要强调的是，被告人使用了一把螺丝刀这种危险工具，将其插入被害人的胸部和腹部共 6 次且按住不放，并且用螺丝刀刺入他的颈动脉。事发之前，被害人 G. 比尔与被告在酒吧发生激烈争吵，并划了被告的车身，结合犯罪事件的既定背景和起因，刺伤的次数以及对头、脖子供血动脉的直接冲击无可辩驳地证明了被告人的行为具有剥夺被害人生命的明显意图。他之所以没有达到他的杀人目的，仅仅是因为被害人事后得到紧急送医抢救才得以幸免于难。

根据《刑法》第 156 条第 1 款的规定，被告人的行为对被害人造成了下列严重身体伤害，处 3 年以上监禁：(1) 丧失视力、听力、语言能力或生育能力；(2)其他严重残疾、严重不治之症或长期疾病、危及生命的疾病、永久性精神疾病、永久性完全或实质性丧失职业工作能力或永久性实质性毁容或身体变形。

法院不同意检察官在起诉书中采用的法律分类，因为案件事实没有提供理由证明被告人 J. 玛丽参与殴打被害人 G. 比尔、根据《刑法》第 158 条第 1 款的规定，要将某一行为定性为殴打，至少需要两人合作，这一点将在该理由的下一部分，针对起诉书中指控 J. 玛丽的行为进行更详细的讨论。

法院认为，被告人的罪责相当严重。被告人已达到法定年龄，神志完全清醒，因此不存在减轻其罪责的情况。法院进一步认为，被告人的行为造成的社会危害性较大，首先要考虑到其故意的形式——被告人是在直接且蓄意支配下实施的，同时也涉及他侵犯的法益的类型和性质，即侵犯了受法律保护的最宝贵的利益——人的生命。此外，值得强调的是，他实施该行为的方式，即使用危险工具对被害人进行数次刺伤，而实际上每一刀都可能导致被害人死亡。

简要说明宣告无罪的法律依据和理由：根据《刑法》第 158 条第 1 款的规定：参与斗殴或殴打，使人面临丧失生命的直接危险或第 156 条第 1 款或第 157 条第 1 款所述后果者，处 3 年以下监禁。

另外，根据《刑法》第 158 条第 2 款的规定，如果斗殴或殴打的后果是严重的人身伤害，处 6 个月以上、8 年以下监禁。

根据《刑法》第 159 条的规定，在参与斗殴或殴打时使用火器、刀或其他类似危险物品的，处 6 个月以上、8 年以下监禁。

学理中明确提到："……要满足《刑法》第 158 条第 1 款规定构成要件，应当确定行为人有实施符合该条款所述的'参与殴打'他人实行行为。要满足这一要件，仅仅出现在事件现场是不够的。而是要求行为人实际实施肢体暴力或者威胁至少造成一般的身体伤害。这种参与必须包括故意所实施的积极地参与殴打。"[1]

需要强调的是，《刑法》第 158 条和第 159 条规定的犯罪属于"只能是故意犯罪，包括直接故意或间接故意，即行为人必须希望或至少接受这样的事实，即行为人参与了一个事件，在该事件中，使得被害人可能遭受第 157 条第 1 款规定的丧失生命或健康损害的直接危险。"[2]

已确定的事实并未显示 J. 玛丽参与了对被害人的殴打。虽然被告人的确推了被害人 G. 比尔一下，但不能认为这构成了对被害人的殴打，因为这只是被告人看到被害人挑衅 D. 约翰时的紧张反应，并且发生在被告 D. 约翰对被害人使用肢体暴力之前。被告人 J. 玛丽摔倒在被害人 G. 比尔的"身上"这

---

〔1〕 J. Giezek [in:] D. Gruszecka, K. Lipiński, G. Łabuda, A. Muszyńska, T. Razowski, J. Giezek, Kodeks karny Particular Commentary, Warsaw 2021, art. 158.

〔2〕 J. Giezek [in:] D. Gruszecka, K. Lipiński, G. Łabuda, A. Muszyńska, T. Razowski, J. Giezek, Kodeks karny Particular Commentary, Warsaw 2021, art. 158.

一事实完全不能被视为对被害人使用肢体暴力,从而构成"参与殴打"。被告人并没有参与殴打的意图,这一点从她首先试图为被害人的脖子止血,然后在被害人的朋友接手抢救时她又去寻求进一步帮助的事实中得到进一步证实。

(五)刑罚后果、赔偿以及与对被告人判处缓刑有关的措施(见表9)

表9 刑罚后果、赔偿以及与对被告人判处缓刑有关的措施

被告人	裁判事项	裁判事项中所涉及的相关行为	引述情况
D. 约翰	I	I	根据《刑法》第53条第1款的规定,法院在量刑时,不应当使刑罚的程度超过其罪责,同时要考虑到行为的社会危害性、对被判刑人的预防和教育目的,以及培养社会法律意识的必要性。在考虑加重处罚的情节时,法院认为,被告人具有犯罪前科,罪行严重且其行为具有较大的社会危害性。值得强调的是,被告人对被害人连续刺伤数刀,每一刀都可能导致被害人死亡。此外,法院认为被告人的反应与被害人的挑衅行为是完全不相称的,因此将被害人损坏被告人车身的挑衅行为作为从轻处罚的情节。 鉴于上述情况,法院认为,根据《刑法》第53条第1款所列的上述量刑情节,判处9年监禁的刑罚对被告人所犯罪行而言是公正和罪责相适应的
D. 杰克	Ⅲ	Ⅲ	法院在量刑时,不应当使刑罚的程度超过其罪责,同时要考虑到行为的社会危害性、对被判刑人的预防和教育目的,以及培养社会法律意识的必要性。法院认为,被告人的行为造成两人受伤,其中一人死亡,另一人重伤,属于加重处罚情节。法院还认为,被告人故意违反交通安全规则的事实也属于加重处罚的情节。作为从轻处罚情节,法院认为被告人没有犯罪记录,而且他完全认罪并做了供述,在供述中他全面描述了所涉案件中具有可罚性事实,这与其他人对所涉事件的描述是一致的

续表

被告人	裁判事项	裁判事项中所涉及的相关行为	引述情况
D. 杰克	Ⅳ	Ⅳ	法院在量刑时,不应当使刑罚的程度超过其罪责,同时要考虑到行为的社会危害性、对被判刑人的预防和教育目的,以及培养社会法律意识的必要性。法院认为,被告人的行为造成两人受伤,其中一人死亡,另一人重伤,属于加重处罚情节。法院还认为,被告人故意违反交通安全规则的事实也属于加重处罚的情节。作为从轻处罚情节,法院认为被告人没有犯罪记录,而且他完全认罪并做了供述,在供述中他全面描述了所涉案件中具有可罚性事实,这与其他人对所涉事件的描述是一致的
D. 杰克	Ⅵ	Ⅳ	根据《刑法》第 44 条第 1 款的规定,法院认为,禁止被告人 D. 杰克在 5 年内驾驶任何机动车辆,可以达到惩罚的目的
D. 杰克	Ⅶ	Ⅳ	根据《刑法》第 46 条第 2 款的规定,鉴于被告人 D. 杰克所犯的交通肇事罪导致 F. 奥莉维亚死亡,对其子女造成了严重的后果,法院判决被告人向被害人的每个子女支付 3 万兹罗提的赔偿金
D. 杰克	Ⅴ	Ⅲ和Ⅳ	判处 2 年 2 个月监禁是基于累加规则,即在多项罪名中可以适当加重合并执行的刑罚。一方面,被告人的犯罪行为在时空上具有紧密联系,这一事实本身支持合并刑罚,即由较高刑罚完全吸收较低刑罚。另一方面,被告人的行为导致了不同的法律后果,即对不同的人造成了伤害,这一事实有利于处以与单个刑罚的累加数额相当的宣告刑。因此,首先考虑到刑罚应实现的对被定罪人的预防和教育目的,以及培养社会法律意识的必要性。因此,法院在法定量刑范围内适用了刑罚累加规则

(六)其他判决事项(见表10)

表10　其他判决事项

被告人	裁判事项	裁判事项中所涉及的相关行为	引述情况

其他问题
在此处,法院可以探讨与判决相关,但在理由陈述的其他部分中未加以解释的问题,其中包括说明法院为何未采用特定的刑法规定,特别是在有一方当事人要求适用该制度的情况下

(七)诉讼费用(见表11)

表11　诉讼费用

裁判事项	引述情况
Ⅷ	根据《刑事诉讼法》第624条第2款以及1973年6月23日颁布的《刑事诉讼费用法》第17条第1款(载于1983年《波兰共和国法律杂志》第49期,第223页),鉴于被告人D.杰克和D.约翰的经济和个人状况以及他们被判处监禁的事实,免除了他们的全部诉讼费用
Ⅸ	根据《刑事诉讼法》第632条第2款的规定,由于J.玛丽被无罪释放,与起诉J.玛丽有关的诉讼费用应由国库承担

主审法官签名

扬·诺瓦克

德国刑事判决书

Michael Bohlander
林静 译

以人民的名义
判决书

被告 D. 约翰,出生日期×××,居住地×××

被告 D. 杰克,出生日期×××,居住地×××

被告 J. 玛丽,出生日期×××,居住地×××

一、加重谋杀和其他罪行

埃尔福特地方法院第五少年法庭于 2022 年 1 月 24 日和 25 日举行庭审,以下人员参加了庭审:

地方法院主审法官:穆勒(Müller)

主审法官:地方法院法官梅尔(Meier)和地方法院法官舒尔茨(Schulze)

审判员:欣茨(Hinze)博士和昆策(Kunze)女士	未成年人人民陪审员
加布勒(Gabler)博士	公诉人
埃伯特(Ebert)教授博士	被告 D. 约翰辩护人
库纳特(Kühnert)先生	被告 D. 杰克辩护人
舒伯特(Schubert)女士	被告 J. 玛丽辩护人
科沃科夫斯基(Kowalkowski)女士	法庭书记员

发现如下:

1. 被告人 D. 约翰在同一行为中犯有谋杀未遂罪和危险的身体侵害罪。他被判处自由刑 2 年 3 个月。

2. 被告人 D. 杰克在同一行为中犯有加重谋杀罪、危险的身体侵害罪、危害道路交通罪、物品损害罪和无照驾驶。他被判处 3 年 6 个月的少年自由刑。

3. 被告人 J. 玛丽被无罪释放。

4. 被告人 D. 约翰承担诉讼费用。

国家应承担诉讼费用和与被告人 J. 玛丽有关的必要费用。

法院免除被告人 D. 杰克的诉讼费用。

(一)适用条款

被告人 D. 约翰:

《刑法典》第 212 条第 1 款,第 213 条,第 214 条第 1 款第 2 项、第 5 项,第 52 条第 1 款、第 2 款。

被告人 D. 杰克:

《刑法典》第 211 条第 2 款最后一项,第 212 条,第 224 条第 1 款第 5 项,第 315c 条第 1 款第 2 项 d,第 303 条第 1 款,第 52 条第 1 款,《道路交通法》第 21 条第 1 款第 1 项。

《少年法庭法》第 3 条。

(二)理由

Ⅰ.

被告人 D. 杰克和 D. 约翰是兄弟。犯罪时,D. 杰克 17 岁,D. 约翰 25 岁。被告人 J. 玛丽是 D. 约翰的女友,当时 23 岁。

1. D. 约翰 17 岁时从当地高中辍学,此后一直断断续续地在证人 V. 彼得的汽车维修店工作。他和被告人 J. 玛丽住在他租的埃尔福特甘特街道(Güntergasse)的一套公寓里。

D. 约翰曾两次因盗窃被定罪,第一次是在本案发生的 5 年前,他被处 1500 欧元的罚金(埃尔福特县法院,第……号判决,第……号诉讼摘要),第二次是在本案发生的 3 年前,他被处以 18 个月的自由刑(魏玛县法院,第……号判决,第……号诉讼摘要)。罚款已全额支付,刑期也已执行完毕。这些定罪尚未从他的犯罪记录中删除。

他是一个优秀可靠的汽车修理工,这就是 V. 彼得在他出狱后雇用他的原因。

2. 被告人 D. 杰克没有犯罪记录。他就读于当地一所高中,成绩很好,同学们都喜欢他。他和父母住在一起。

(注意:由于审判节奏紧凑,这一部分对被指控的未成年人来说非常简短。根据少年法庭支助处等机构的报告,在现实生活的案件中,这一内容会广泛得多。)

3. 被告人 J. 玛丽在 D. 约翰开始服刑前 3 个月遇到了他。她是一名驯犬师,也是一家疗养院的志愿者。在本案发生的 2 年前,她已经通过了急救培训课程。她没有犯罪记录。

Ⅱ.

1. D. 约翰有一辆老式的二手跑车,是他利用业余时间改装的。事故发生时,他才在驾驶座一侧安装了安全气囊。他买这辆车的时候没有安全气囊。

2. 2021 年 3 月 26 日,星期五,D. 约翰上午收到加薪的消息,3 名被告人决定晚上一起出去庆祝。晚上 8 点左右,他们开着 D. 约翰的老爷车,来到他最喜欢的酒吧——埃尔福特牛巷(Kuhgasse)的"蓝月亮"酒吧,吃了顿饭,喝了几杯酒。D. 杰克不喝酒,所以他喝了几杯可乐,而 D. 约翰喝了很多啤酒。

22 时 30 分左右,D. 约翰喝得酩酊大醉,血液酒精浓度为 1.2‰。他与另一位客人——证人 G. 比尔,以及他的两个朋友——证人 L. 鲍勃和证人 K. 本,发生了激烈的争吵,而 D. 约翰和其他被告人以前从未见过他们。5 分钟后,被告人 D. 杰克和 J. 玛丽说服 D. 约翰离开。结账后,他们去了 D. 约翰的车旁。D. 约翰走路明显不稳,另外两名被告人不停地告诉他不要开车。被告人 D. 约翰愤怒地说,他完全可以开车,并让两人闭嘴,同时他打开驾驶室的门,并插入钥匙。

与此同时,G. 比尔、L. 鲍勃和 K. 本来到停车场,看到了 D. 约翰的车。G. 比尔从自己的车里拿出一把螺丝刀,在 D. 约翰的车引擎盖上划了一道又长又深的划痕。D. 约翰勃然大怒,下车扑向 G. 比尔,从 G. 比尔手中夺过螺丝刀,对他大喊:"我要杀了你,你这个混蛋!"被告人 J. 玛丽推了 G. 比尔一把,喊道:"你这个白痴!你为什么要惹他!"

D. 约翰用螺丝刀向 G. 比尔的胸部和腹部刺了好几刀,但一直没刺到。然而,当 G. 比尔滑倒在地时,被告 J. 玛丽摔倒在他身上,D. 约翰用螺丝刀刺穿了 G. 比尔的脖子,刺伤了动脉,G. 比尔的脖子开始大量出血。G. 比尔的两个朋友十分震惊,并试图止血。他们推开了压在 G. 比尔身上并将双手放在他脖子上的被告 J. 玛丽,然后 J. 玛丽站起来逃跑了。

被告人 D. 杰克在案发时还没有驾照,但偶尔会在监督下驾驶汽车在公共道路外进行练习。D. 杰克将 D. 约翰从地上拉起来,拖到车里,并把他放在副驾驶座位上,自己则坐到了驾驶座上。因为时间不够,D. 杰克既没有系好

D. 约翰的安全带，也没有系好自己的安全带，就用已经插在点火装置中的钥匙发动了引擎，没有开灯就高速驶离。当 L. 鲍勃听到引擎在转动时，他跑向自己的车去追 D. 杰克和 D. 约翰，而 K. 本则留下为 G. 比尔止血，并叫了救护车，救护车在D. 杰克开车离开 7 分钟后赶到。G. 比尔被送往附近的医院，并在紧急手术中获救。

D. 杰克没有任何真正的驾驶经验，以平均 130km/h 的速度在埃尔福特灯光昏暗、蜿蜒曲折的内城街道上疯狂疾驶。他多次无视主要十字路口的红灯，没有减速。他的整个心思都集中在逃跑上，这样他和他的哥哥就不会被发现，D. 约翰也不会因为用螺丝刀袭击 G. 比尔被捕而再次入狱。他充分意识到，如果有另一辆车或行人进入他所行驶的道路，他的驾驶方式会让他来不及作出反应。然而，他所关心的是，无论付出什么代价，都要逃离 L. 鲍勃，L. 鲍勃勉强远远跟得上他们，但看不清 D. 约翰的车牌号。

突然，当 D. 杰克在中央大街的一个弯道拐弯时，他看到 F. 奥莉维亚在他前面 20 米的地方，F. 奥莉维亚当时正在外面散步，要从一个绿灯亮着的地方穿过马路。D. 杰克试图刹车，但仍以 120km/h 的速度撞上了 F. 奥莉维亚女士，她被撞飞并摔在一栋房子的墙上，头重重撞在墙上。她多处颅骨骨折，脑部受到严重创伤，当场死亡。

就在案发的一年前，F. 奥莉维亚女士失去了丈夫。她是一位单身母亲，独自照顾 3 个年幼的孩子，他们分别是 3 岁、5 岁和 10 岁。

D. 杰克对撞上 F. 奥莉维亚女士的震惊以及剧烈的刹车使他失去了对汽车的控制。车子以 90km/h 的速度撞上了一根铁制的灯柱，瞬间停下。由于没有系安全带，D. 约翰撞穿了挡风玻璃，他的颅骨、脖子、手臂和肋骨都造成了严重的骨折和割伤。D. 杰克受到安全气囊的缓冲，只有 5 根肋骨骨折加脖子严重扭伤。

从 3 名被告离开酒吧到车子撞上灯柱，已经过去了 25 分钟。

在持器伤人事件发生 15 分钟后，被告 J. 玛丽在距离现场约两个街区远的弗兰岑大街（Franzenstraße）被两名警察——证人 D. 格雷格和 P. 凯茜拘留。她的哥哥 J. 史蒂夫是一名医护人员，就住在那条街上。

当 D. 约翰的雇主 V. 彼得发现发生了这些事时，他立即解雇了 D. 约翰。

Ⅲ.

根据 D. 杰克充分、可信和可靠的供述、J. 玛丽的供述、证人 G. 比尔、

K. 本、L. 鲍勃、J. 史蒂夫、F. 奥斯瓦尔德（F. 奥莉维亚的弟弟）、V. 彼得、警察 D. 格雷格和 P. 凯茜、警探 Z. 亚瑟，以及医学专家 A. 艾伦博士和事故专家 B. 欧内斯特的专家证词，Ⅱ中所述事实已可以达到被证实的程度。根据《刑事诉讼法》第 249（2）条的规定，经各方同意，被告 J. 玛丽的急救证明以及被告 D. 约翰先前两次被定罪的判决被记入卷宗中。法庭上宣读了 3 名被告的犯罪记录摘录，听取了少年法庭支助事务处代表 M. 皮特关于被告 D. 杰克的发言。

除了确认Ⅰ.1. 中的事实外，D. 约翰行使了他保持沉默的权利。

1. D. 杰克在犯罪时还是一名未成年人。法院确信，他的精神和道德水平已经达到了完全有能力理解自己当时行为的性质及后果，并认识到这些行为的非法性和危险性的阶段。法庭得出以上结论是基于他当时已经快满 18 岁，以及基于被告在庭审中的陈述、他对法院、检察官和律师提出的问题的回答，可以看出他是一个聪明和负责任的年轻人，与他在学校的良好表现相符。少年法庭支助事务处代表的报告证实了这一结论。

2. 根据被告 D. 杰克的供认、被告 J. 玛丽的陈述和证人 G. 比尔、K. 本、L. 鲍勃、J. 史蒂夫、F. 奥斯瓦尔德、V. 彼得、警察 D. 格雷格和 P. 凯茜以及警探 Z. 亚瑟的证词，法庭确认了从 3 名被告抵达“蓝月亮”酒吧到致命车祸发生的一系列事件。

D. 杰克作了真诚而真实的忏悔。他对自己的行为深感懊悔，并在充分意识到等待他的严重惩罚的情况下，试图尽可能准确地回忆起这些事件。他承认，他当时很恐慌，但充分意识到自己的行为构成了无法控制和可能致命的风险，尤其是他缺乏驾驶经验；他也承认，他愿意采取一切必要措施来避免他的哥哥被抓住并被送回监狱，即使这意味着将无辜旁观者的生命置于危险之中。他承认，虽然他很希望什么都不会发生，但他也意识到产生致命结果的可能性很大，但在恐慌情绪的影响下，他作出了不顾一切继续前行的错误选择。

他还证实，当 D. 约翰试图自己开车时肯定已经把钥匙插进了点火装置，因为当他坐在驾驶座上时，钥匙已经在那里了。

直到 J. 玛丽离开“蓝月亮”酒吧的停车场，有关上述事件的描述都可以在 J. 玛丽的陈述中得到证实。

在拘留后接受警方讯问时，J. 玛丽告诉警探 Z. 亚瑟，她扑向 G. 比尔，摔倒在他身上,试图将他与 D. 约翰分开,她很清楚 D. 约翰的暴脾气。她压着 G. 比尔的脖子止血。她声称,她逃跑是为了接她的哥哥 J. 史蒂夫,但在她到达他的公寓之前,她就被警察拘留了。她还说,她告诉拘留她的两名警察,她正要去叫她的哥哥帮助证人 G. 比尔,D. 格雷格和 P. 凯茜证实了她的陈述。

她在庭审中重复了这一说法。证人 G. 比尔、K. 本和 L. 鲍勃可信可靠地证实了"蓝月亮"酒吧和停车场发生的事情,包括 D. 约翰说他要杀死 G. 比尔,并不断拿螺丝刀刺向受害者的胸部和腹部。然而,他们也提到 D. 约翰明显喝醉了,而且总体上非常有攻击性。他们的证词相互印证,非常准确地独立证实了J. 玛丽对 G. 比尔所说的话,以及 J. 玛丽在 G. 比尔被 D. 约翰刺伤脖子之前推了 G. 比尔一下,摔在 G. 比尔身上,然后她试图通过把手放在 G. 比尔的脖子上来止血,随后她被 K. 本和 L. 鲍勃推开,自己跑走了。

然而,法院不接受被告 J. 玛丽关于其跑走意图的理由。法院承认她的直接意图是试图止血,但她的其他叙述缺乏说服力,十分牵强,因此必须被定性为仅仅是试图通过离开犯罪现场和避免被指认,使自己与此案保持距离,并使自己免于对证人 G. 比尔的严重后果承担可能的任何责任。从犯罪现场跑了两个街区到她哥哥(一名医护人员)的公寓,这是没有意义的,因为作为一名训练有素的急救人员,她知道只有设备齐全的急救人员立即进行医疗干预才能帮助证人 G. 比尔,更是因为她甚至并不知道她哥哥在晚上的那个时候是否在家或醒着。她也没有说她曾试着提前打电话给他,或者用其他方式通知他。

L. 鲍勃作证说,即使是远远跟着,他也很难跟上被告的车。他是一名经验丰富的司机,但为了不给自己和他人带来危险,他不得不减速,并偶尔停下来。

经验丰富的医学专家 A. 艾伦博士根据事故现场急救人员采集的样本确定,D. 约翰刺伤 G. 比尔的时候,其血液酒精含量为 1.2‰。考虑到从 D. 约翰离开酒吧到采样只过了 25 分钟,且没有再饮酒,急救人员也很快就到达现场,因此样本中血液酒精含量的数值与案发时是十分接近的。关于对被告酒后驾驶的指控,从有利于被告人的角度来说,如果说从他离开"蓝月亮"酒吧时起血液酒精浓度每小时下降 0.2‰,那么其血液酒精浓度仅仅下降了 0.1‰左右,因此他的血液酒精浓度仍然是 1.1‰。无论如何,从他摇摇晃晃的走路姿势中就可以清楚地看出,他处于严重醉酒状态。

除了血液中的酒精含量外，法庭没有理由考虑任何其他可能与D.约翰在犯罪时的精神能力有关的证据。

A.艾伦博士进一步证实，F.奥莉维亚女士的直接和唯一死因是被汽车撞到并被用力撞到附近一所房子的墙上所造成的严重创伤。她还阐述了两名共同被告的受伤程度，D.约翰被弹出并撞穿挡风玻璃，D.杰克受到安全气囊的缓冲。其他死因在任何情况下都不明显。

经验丰富的事故专家B.欧内斯特在民事和刑事案件中担任这一职务超过10年，尽管D.杰克在供词中描述了疯狂的刹车尝试，但他仍根据底盘的变形证明了汽车撞上灯柱时的速度，确认汽车是在以至少90km/h的速度下撞上灯柱。他还证实到，考虑到受害者的体重、从她与汽车的接触点到被抛向空中的距离，以及她头骨变形的严重程度和其他身体损伤程度，汽车撞上受害者时一定是以120km/h的速度行驶。

检方在法庭上表示，证人G.比尔已在单独诉讼中被以简易程序令起诉，罪名是违法损坏D.约翰的汽车，证人也证实了这一点。

Ⅳ.

1.根据《刑法典》第211条第2款最后一项、第212条、第224条第1款第5项、第315c条第1款第2项d、第303条第1款、第52条第1款、第52条第2款，《道路交通法》第21条第1款第1项，D.杰克在同一行为中构成加重谋杀、危险的身体侵害、危害道路交通、物品损坏和无证驾驶。

尽管被告当时是未成年人，但根据《少年法庭法》第3条的规定，他应当承担责任。法庭参考了前述Ⅲ.1.项下的事实认定。

(1)被告用他的哥哥的车撞了F.奥莉维亚，导致她死亡。根据他自己的供认，他这样做是有条件的杀人意图，因为他想不惜一切代价避免他的哥哥被抓住，并且意识到他的驾驶对无辜的可能会偶然出现的旁观者构成高度的致命风险。在害怕他的哥哥被抓的恐慌中，他欣然接受了这种风险随时可能出现的事实。他还意图掩盖他的哥哥刺伤G.比尔的行为，掩盖另一项罪行[《刑法典》第211(2)条最后一项]，即对G.比尔的谋杀未遂和身体伤害。这是有可能被掩盖过去的，因为G.比尔、K.本和L.鲍勃之前从未见过3名被告，因此无法指认他们中的任何一人。此外，在混乱中没有人能够查看车牌，L.鲍勃在追D.杰克的过程中也没能看到车牌。

(2)法院不认为被告以这种方式驾驶汽车还使用了造成公共危险的手段

[《刑法典》第211(2)条第7款]。虽然在与本案类似的极度危险的驾驶情况下使用汽车原则上被认为能够满足造成公共危险的手段的标准，但迄今为止，联邦最高法院裁决的案件有一个重要方面与本案不同，即犯罪者可能或有意识地注意到直接危险区域内实际存在特定数量的人。在联邦最高法院2005年8月16日的4 StR 168/05判决所依据的案件中，被告开车穿过一条热闹的商业街，更重要的是，他开车穿过两家咖啡馆的外部座位区，并穿过一条人行道，当时这些地方都是人们常去的。2006年3月16日的4 StR 594/05判决涉及一名司机，他在高速公路上以自杀意图逆行，并积极寻求与迎面而来的一辆汽车相撞，从而危及了正在超越该车的另一辆汽车。在与本案最接近的汉堡地区法院2018年2月19日的621 Ks 12/17判决中，审判法院认定被告使用了造成公共危险的手段，但在本案中，被告最后将车开到了对向车道上，因此制造了更危险的情况。他不得不承认，在上述情况下，任何时候都有可能与迎面而来的汽车发生碰撞，这与4 StR 594/05判决中的危险的具体程度不同。此外，州法院在判决书第105页V. 2. a. bb.部分中关于“造成公共危险”这一要素的解释的推理相当程式化：它将上述两个案例作为对比性的判例进行参考，但没有足够深入地讨论上文刚刚提出的与本案的差异之处。联邦最高法院在其2019年1月16日的非常简短的裁决(4 StR 345/18)中，驳回了被告的上诉。考虑到可以根据初审法院适用的《刑法典》第211条第2款维持依据《刑法典》第211条的定罪，因此该问题仍未解决。被告人D.杰克“只是”无视限速、交通标志和信号灯，但没有通过利用参与道路交通的整体固有风险来采取额外的危险行动，并没有增加危险。此外，这种行为已经被用来确定一种广泛的有条件的意图，即杀死任何可能进入危险区域的人。因此，再次使用相同的事实来确定加重形式的故意杀人罪似乎是值得怀疑的。在严格解释刑事法规的意义上，法院必须意识到重复评价构成某项罪行基本犯的事实来确立同一罪行加重犯的危险。因此，在没有更具体、更合理的上诉指导的情况下，法院很难通过相同的事实得出结论，认为被告D.杰克的行为也具有“特殊程度的鲁莽”，在上述联邦最高法院的两项判决中强调了这一点，构成了对《刑法典》第211条的特定选择性条款的抨击。

(3)该法院还驳回了《刑法典》第211条第2款、第6款规定的阴谋杀人责任。虽然F.奥莉维亚可能没有意识到她的生命即将受到攻击，因此没有自卫能力，但D.杰克并没有故意利用这种情况来杀死她，这是另一条款的要求

(Fischer, Strafgesetzbuch, 67th ed., 2020, § 211 mn 44)。虽然利用的决定可以是自发的,但必须注意避免将成立间接故意的杀人效果延伸到评价加重的杀人形式(也见上文Ⅳ.1.2.)。超速案件中的杀人意图通常是基于高风险行为的一般归责,本案中的被告人承认有这样的间接故意并不能改变这一情况。基本规则仍然是,任何犯罪意图要素必须在行为发生时就已经存在,早期阶段形成的意图可以随时发生改变。本案中,被告人一看到被害人就试图刹车,虽然他的努力失败了,但这并不是他故意利用这种情况的理由。法院认为,这种认为构成阴谋行为的论点过分扩大了该术语可能含义的范围。

(4)被告人还造成其哥哥严重受伤,后者在车祸中通过挡风玻璃被抛出车外,他这种行为的间接故意与加重谋杀罪相同(《刑法典》第 224 条第 1 款第 5 项)。这体现在他高度危险的驾驶对他哥哥的生命构成了直接具体的危险,这种危险直接体现在车祸的伤害上。他不想伤害他的哥哥,这只是一个动机问题,而不是意图问题,因为他无疑意识到,他的危险驾驶对他哥哥生命所造成的危险程度与其他人相同,甚至更大,因为汽车随时可能在没有任何第三人参与的情况下撞上树、灯柱或其他障碍物。因为他哥哥在车里,没有办法逃脱危险。这与被告人在慌乱中是否意识到他们两人都没有系安全带无关,因为即使系了安全带,两名被告人的生命和肢体遭受损害的风险也非常高。

(5)法院不认为这些事实符合《刑法典》第 224 条第 2 款规定的使用危险工具的条件。虽然在上诉判例法中,汽车被认为是一种可能的危险工具(Fischer, op. cit., § 224 mn 10 – 11),但这些案例几乎无一例外地涉及外部受害者使用汽车,而不是针对坐在汽车里的受害者。实际上,汽车不一定要由犯罪者开向受害者,如只要犯罪者将受害者推到一辆行驶的汽车面前就足够了(RGSt 24,373)。然而,一般认为,工具必须是可移动的物体,通常(尽管不一定)由犯罪者使用,而将受害者推向不可移动的物体(墙壁、树木、柱子、固定的机器等)并不能使这些物体成为工具(Fischer, op. cit., mn 12)。但是,如果汽车在特定情况下被用作杀死或伤害他们的工具,即对他们不利,那么对于车内的乘客来说,则可以满足其作为工具的性质。如司机 D 打算自杀,并带着乘客 P(他的妻子)一起(所谓的扩大自杀案件)。对于“工具”这一概念来说,P 是否同意 D 的意图并不重要。重要的是,如果 D 把车加速到 120km/h,以便撞到树上或桥柱上,那么他就把车变成了杀死他们两个人的工具。同样，如果系了安全带并有驾驶座安全气囊的 D 在高速公路上加速到 230km/h，然后突然刹车，使没有系安全带也没有安全气囊的 P 被弹出挡风玻璃，那么汽车就被用作了对 P 不利的工具。在本案中，尽管 D. 杰克最不想做的就是让汽车对他的哥哥不利，但他并没有以合理的方式驾驶汽车，因此，仍可以说这是对他不利的工具。《刑法典》第 315c 条可能将乘客视为该条款意义上的可能受到威胁的人（见下文 1. 6.），这一事实不适用于解释“工具”的概念；这一政策考虑在《刑法典》第 224 条第 1 款第 5 项中有所体现。

（6）同样，被告 D. 杰克在灯光昏暗、弯弯曲曲的市内街道上以限速 2. 5 倍的速度不顾后果地超速行驶，最终导致车祸的发生，对他的哥哥和被害人 F. 奥莉维亚的生命造成了具体的危险，也对他的哥哥的老爷车（具有重大价值之物）造成了超过 750 欧元的巨大损失（BGH NStZ 2011, 215），他这种行为与谋杀罪具有相同的意图（《刑法典》第 315c 条第 1 款第 2 项 d）。《刑法典》第 224 条所规定的犯罪意图的内容经必要修改后适用。只要汽车中的乘客不是犯罪的同谋，他就受到《刑法典》第 315c 条的保护（Fischer, op. cit., § 315 c mn 15 b）。没有迹象表明被告 D. 约翰同意了这种危险，特别是由于他的醉酒状态，无论如何，他的同意只有在他或他的车是唯一面临这种危险的人或物时才有意义。

（7）根据《刑法典》第 303 条第 1 款的规定，同样的行为也构成了与汽车有关的刑事损害。

（8）被告没有驾照，他知道没有驾照是不允许开车的（《道路交通法》第 21 条第 1 款第 1 项。

（9）所有罪行都是通过同一事件产生的，即在追车过程中的一连串事件（《道路交通法》第 52 条第 1 款）。

2. D. 约翰在同一行为中犯有谋杀未遂罪和以危险手段造成人身伤害罪（《刑法典》第 212 条第 1 款、第 213 条、第 224 条第 1 款第 2 项和第 5 项、第 52 条第 1 款和第 2 款）。作为同一行为的一部分，他没有构成酒后驾驶的罪行（《刑法典》第 316 条）。

（1）被告用螺丝刀刺伤 G. 比尔的脖子，造成严重的动脉出血，需要进行急救，否则就会死亡。因此，被告使用了危险的工具，并实际上危及了证人的生命（《刑法典》第 224 条第 1 款第 2 项和第 5 项）。

（2）然而，法院也确信，被告的行为构成杀害 G. 比尔的间接故意，即谋杀

(《刑法典》第 212 条第 1 款)。法院意识到,从危险的行为和醉酒状态,再加上被害人对被告人的汽车无端造成的损害,无法自动得出被告人在醉酒状态下想要杀死证人的结论。然而,这里的情况不同:除了他说要杀了 G. 比尔之外,被告人并没有用螺丝刀乱捅一气,而是不断地将捅刺的方向集中在 G. 比尔的腹部和胸部,用螺丝刀捅刺这两个部位很容易造成致命的后果。此外,更重要的是,由于 G. 比尔滑倒了且被告人 J. 玛丽躺在他身上,证人无法迅速移动,一旦被告人刺中了 G. 比尔,就说明被告人选择了一个更危险的地方,即 G. 比尔的脖子。众所周知,脊髓在脖子的暴露量比身体躯干大得多,用螺丝刀刺入脖子,几乎不可避免地会切断或刺破大动脉,或对脊髓造成严重损害,因此当时 D. 约翰也知道这一点。因此,根据对事实的整体评估,结论必须是,被告在酒精的刺激下非常愤怒,他想严重伤害 G. 比尔,并不在乎这样做可能会杀死 G. 比尔。尽管在客观上,刺伤 G. 比尔的脖子会导致其死亡的风险非常高,但根据被告人 D. 约翰突然的情绪不安、醉酒状态和事件的快速发展,法院无法以必要的确定性得出被告人具有直接杀人意图的结论。

(3)法院不认为被告人的行为是出于《刑法典》第 211 条第 2 款第 4 项规定的其他基本动机,即复仇的欲望,尽管有人会说他“以身试法”。这种加重处罚的因素通常需要更持久和深思熟虑的动机,例如,在著名的 *Bachmeier* 案中,一位母亲将枪偷运到庭审中,并在公开审理的法庭上枪杀了被控杀害其女儿的男子(Fischer, op. cit, § 211 mn. 23)。然而,在该案中,她并没有基于《刑法典》第 211 条被起诉(该条是针对阴险的犯罪行为,而不是基本动机),而是根据《刑法典》第 212 条的规定,被判定为故意杀人罪,判处 6 年监禁。此外,在对严重挑衅立即作出反应的情况下接受这一标准,将与适用于 D. 约翰案件的《刑法典》第 213 条中量刑规则的政策考虑背道而驰(见下文Ⅴ.2.)。

(4)被告人没有进行防卫,既没有根据《刑法典》第 32 条进行自卫,因为对其汽车的攻击已经结束,也没有根据《刑法典》第 33 条进行过度自卫,因为一方面,被告人的行为不是出于慌乱、恐惧或惊吓,而是出于愤怒,愤怒并不是《刑法典》第 33 条所包含的原因(BGH NStZ 1993,133);另一方面,根据法院同意的最高联邦法院(NStZ 2002,141)的观点,《刑法典》第 33 条不适用于(尚未或不再)没有自卫情况的案件。

被告人并未因醉酒而处于精神错乱的状态(《刑法典》第 20 条),因为尚未达到3.00‰的正常指示最低阈值(Fischer, op. cit., § 20 mn. 20－21),并且没有任何因素表明,在血液酒精含量明显较低的情况下,被告人会因为其他原因而出现精神能力丧失的情况。

(5)被告人在酒后将钥匙插入点火开关,不构成酒后驾车(《刑法典》第316条)。与现在已经过时的判例法中的某些情况不同,该条款要求汽车确实被启动。即使被告人打开了发动机,这也是不够的(进一步参考 BGHSt 35, 390; Fischer, op. cit., § 315c mn. 3－3b)。

3. 被告人 J. 玛丽既没有协助 D. 约翰实施谋杀未遂和以危险手段伤害身体的罪行,也不犯有侮辱罪或逃离犯罪现场而不予救助的罪行(《刑法典》第212条第1款、第213条、第27条、第185条、第323c条)。

(1)法院无法得出确定的结论:被告人 J. 玛丽摔倒在 G. 比尔身上的目的是把他按倒,以便 D. 约翰可以刺伤他。更有可能的是,她在推开 G. 比尔之后,在他滑倒时和他一起摔倒,她这样做是为了缓和局势。她立即将手放在他的脖子上,显然是为了止血,事实也证实了这一点。

(2)她称 G. 比尔为"白痴"达不到《刑法典》第185条规定的侮辱罪的标准,因为这通常接近于常见的不礼貌行为(Fischer, op. cit., § 185 mn 10),而且在本案中,更多的是由于 G. 比尔的无理取闹、严重挑衅的行为而引起的一时气愤的表达。

(3)被告 J. 玛丽也不犯有未提供救助的罪行(《刑法典》第323c条。考虑到当她逃跑时,证人 G. 比尔由证人 K. 本照顾,证人 K. 本压住了 G. 比尔的伤口并设法叫了救护车,而且事发地点就在"蓝月亮"附近,"蓝月亮"的顾客也可以提供帮助,即使她是一名训练有素的急救人员,也不会有多大影响,因为她唯一能做的就是按压伤口止血。因此,她的急救训练并没有使她具备提供援助的更好能力。

在这种情况下,她编造的关于想要给她哥哥打电话寻求帮助的叙述是无关紧要的,这更多的可能是出于道德上的责备,而与她当时可能理解的逃避法律责任的意图无关。

V.

1. D. 杰克当时是一名未成年人,因此根据未成年人刑法的原则进行判刑,该原则强调以教育罪犯为主要目的。一般刑法的量刑框架并不适用。

《少年法庭法》第17条第2款中的教育和纠正措施显然是罚不当罪。当然,被告人没有任何有害倾向,但其罪行的严重性要求判处其未成年人监禁。多项罪行应受到合并判决的惩罚(《少年法庭法》第 31 条)。

本案合并判决的量刑范围为 6 个月至 10 年,因为仅以加重谋杀罪定罪,成年人会被判处无期徒刑(《刑法典》第 211 条第 1 款)、《少年法庭法》第 18 条第 1 款)。刑期的长度应能确保其可以施加必要的教育影响(《少年法庭法》第 18 条第 2 款)。

(1)在当今的上诉判例法中,很少有加重处罚的情况不被《刑法典》第 46 条第 3 款中对成人诉讼程序所规定的一般禁止重复评价的规定所约束,它将禁止的效力从单纯的犯罪要素扩大到立法者首先选择的定罪和量刑范围所依据的一般政策考量(例如参见 BGHSt 37, 153; BGH StV 1987, 62; 146)。《少年法庭法》第 2 条第 2 款一般不允许在未成年人诉讼中直接适用《刑法典》第 46 条,但这并不妨碍使用关于重复评价的一般规则,因为这是一项有利于被告的规则,不能仅仅因为未成年人刑法的教育模式而使未成年人的待遇比成年人差(Eisenberg/Kölbel, *Jugendgerichtsgesetz*, 21st ed., 2020, § 2 mn. 2-6; § 18 mn 8)。在该被告人的案件中,剩下的一个重大因素是被告人同时犯下几项严重罪行,其中两项对两个人造成非常严重的后果。然而,这个层面的分量并不重,因为它们都是由法律意义上的同一行为所造成的。F. 奥莉维亚女士是一位刚刚丧偶的单身母亲,负有照顾 3 个年幼孩子的责任,这一事实固然悲惨,但不能被考虑在内,因为被告当时并不知道,也没有理由知道这一情况。极其危险的驾驶方式已经被确定死亡因果关系和杀人意图的考虑所涵盖,不能被再次评价。同样的情况也适用于掩盖被告 D. 约翰对证人 G. 比尔所犯罪行的意图,关于协助逃避起诉的情况,根据《刑法典》第 258 条第 6 款的规定,甚至会使被告试图帮助自己的哥哥逃脱法律制裁而不受惩罚。此外,杀人的故意是间接的,而不是直接的。最后,与其他罪行相比,物品损害和无证驾驶这两项单独的罪名显得苍白无力,后者仅仅是被告惊慌失措逃跑的必然结果。

(2)另外,有一些令人信服的减刑情节。首先,被告没有犯罪记录,在其他方面表现良好,是一名受欢迎的学生。其次,这些罪行源于对其哥哥的忠诚,尽管这种忠诚是被误导的。而 D. 约翰对证人 G. 比尔无端严重挑衅反应过度,适用《刑法典》第 213 条(见下文 V. 2.)。被告人显然在情绪上被这种情况压倒了。最重要的是,被告人提前、充分和坦率的供述使其案件的审理更加容易,有助于避免对受害者及其亲属造成不必要的二次创伤。他是在充分了解情况及辩护律师建议的情况下作出供述的,根据联邦最高法院关于所谓“赛车案件”的判例法,他知道这样做很可能会被判定为加重型谋杀罪,因此很可能被立即判处监禁。法院接受他真正感到悔恨的说法。就教育的需要而言,判处非常严厉的刑罚的理由相对较弱,因为这是一种一次性的冲突情况,不太可能再次发生,而且在意识到其所作所为带来的后果后,被告人已经明显成熟了。他将面临的民事损害赔偿责任很可能是巨大的,并且会带给他很长一段时间,甚至可能是一生的负担。作为初犯,他对监禁也比以前服过刑的人更敏感。最后,在仔细评估了对被告人有利和不利的因素后,法院认为在量刑幅度的下半部分判刑是合适的,判处 D. 杰克 3 年零 6 个月的未成年人监禁。

(3)法庭没有下令取消被告在一定时间内获得驾驶执照的资格(《刑法典》第 69a 条第 1 款最后一句,《少年法庭法》第 7 条第 1 款)。作为判处 3 年零 6 个月监禁的辅助命令,它几乎没什么作用。虽然《刑法典》第 69 条、第 69a 条的法律措辞和上诉判例法(BGHSt 37373)中的主流观点可能会倾向于将本案视为剥夺其考取驾照资格的标准案例,但本庭持相反的观点,即在未成年人案件中,教育的目的需要更精细的反应(更多参考 Eisenberg/Kölbel, op. cit., § 7 mn. 73)。被告人的行为是出于对其哥哥自由被剥夺的恐惧和恐慌,在情绪上处于一种例外状态,不涉及酒和毒品;事实上,被告人过去和现在都不喝酒。他的行为并不表明他有无视交通规则的倾向。法院从他在法庭上的行为中确信,他知道这些事件和可怕的后果是他的错,已经对他产生了有益的影响。他在获释后仍然能够取得驾照,以便继续接受教育或寻找工作,更重要的是能够处理他面临的预期民事责任,而在他重返社会的道路上设置更多的障碍将适得其反。

2. 被告人 D. 约翰在同一行为中犯有谋杀未遂罪及以危险手段造成人身伤害罪。就量刑而言,这两项都属于量刑较轻的案件。

根据《刑法典》第 52 条第 2 款的规定,在具体案件中,应从具有最高量刑范围的条款中选取刑罚(Fischer, op. cit., § 52 mn. 3)。

在本案中,适用《刑法典》第 213 条。

(1)法院理解,被告人受到证人 G. 比尔犯罪行为的严重挑衅,证人 G. 比尔已因物品损害罪被起诉。他损坏了被告人投入大量精力修理的老爷车,而这辆车对他来说意义重大；G. 比尔的行为显然是为了严重挑衅被告，G. 比尔无疑已经预见到不管 D. 约翰对这辆车有什么特殊的感情，这种挑衅都不是小事。这属于《刑法典》第 213 条中的严重侮辱情况，还是属于另一个不太严重的情况，并不需要作出判决，因为论据和结果都是一样的。

《刑法典》第 213 条的量刑范围为 1 年至 10 年。根据《刑法典》第 49 条第 1 款的规定，如果犯罪未遂，刑期可被减至 3 个月至 7 年 6 个月（《刑法典》§49(1) nos. 2 and 3）。法院认为应采用这种减刑方式。

（2）《刑法典》第 224 条的量刑范围为 6 个月至 10 年，在较轻的案件中为 3 个月至 5 年。法院接受了适用《刑法典》第 224 条较轻案件的论点：从而使适用《刑法典》第 213 条的挑衅行为通常可以被再次适用，除非有其他情况排除此种适用（BGH StraFo 2021, 24 f.; NStZ - RR 2021, 277）。法院未发现这种排除适用的情况。此外，可以援引受害者的共同过失来缩小量刑范围（BGH NStZ - RR 2006, 140）；然而，在本案中，被害人（证人 G. 比尔）的唯一过失是存在挑衅行为。

法院认为不应根据《刑法典》第 21 条的规定考虑减轻责任。被告人的血液酒精含量显然没有达到 2.0‰的最低阈值（Fischer, op. cit., § 20 mn. 21 - 21a），也没有其他因素表明，在血液酒精含量明显降低的情况下，被告可能因其他原因容易出现精神能力下降。

（3）在 3 个月至 7 年零 6 个月的量刑范围内，适用《刑法典》第 46 条规定的一般量刑因素。被告人有两次盗窃罪的犯罪记录，不属于他现在被定罪的罪行。尽管如此，他已经经历了 18 个月的实质性监禁，因此，对于其所犯新罪的量刑应该更高，尤其是那些不仅涉及经济而且涉及对他人身体伤害的犯罪行为。他犯罪的情景因素已经作为减刑因素被考虑在内，因此这些因素没有什么额外的分量。被告人因犯罪而失去了他在汽车修理厂的工作，而他在那里的工作相当成功，这可以算作一个减刑因素，尽管这不是一个不寻常的后果。

对所有量刑因素进行全面评估后，法院认为 2 年零 3 个月的监禁与被告人行为的严重性和犯罪程度相称。

（4）不应考虑《刑法典》第 69 条第 1 款取消驾驶资格的规定。虽然犯罪行为是在公共停车位上发生的，而且涉及一辆汽车，但这些与被告人总体上是否适合驾驶汽车是无关的。涉案的可以是被告人在访问“蓝月亮”酒吧时可能留在那里的任何财产。

Ⅵ.

根据《刑事诉讼法》第 464 条、第 465 条第 1 款、第 466 条、第 467 条的规定，对被告 D. 约翰和 J. 玛丽的诉讼费作出如下判决。

根据《少年法庭法》第 74 条的规定，法院不向被告 D. 杰克收取诉讼费。

D. 杰克没有独立的收入，并将面临因其罪行而产生的巨额债务。额外的经济负担通常会对未成年被告的教育产生反作用（进一步参考 Eisenberg/Kölbel, op. cit., § 74 mn. 8 – 9a）。在前述提及的 4 StR 594/05 案件中，联邦最高法院本身也同意了初审法院（Decision of 16 March 2006 – 4 StR 594/05）对《少年法庭法》第 74 条的适用。

此部分不属于判决书。

作者要感谢联邦法院前法官和法院负责道路交通相关犯罪的专家委员会前成员于尔根·切尔尼亚克（Jürgen Cierniak）先生对判决书早期版本的有益评论。所表达的观点和其余的错误之处仅是作者的观点，且判决书是作者以个人身份撰写的。

作者：米勒、梅尔、舒尔茨

缩略语的解释

缩略语	全称	中文释义	备注
BGH	Bundesgerichtshof	联邦最高法院	
BGHSt	Amtliche Sammlung der Entscheidungen des Bundesgerichtshofes in Strafsachen	《联邦最高法院刑事案件判例汇编》（官方辑录）	按卷及页码引用
JGG	Jugendgerichtsgesetz	《少年法庭法》	
LG	Landgericht	地区法院	
Mn	marginal number	旁注序号	
NStZ	Neue Zeitschrift für Strafrecht	《新刑法杂志》	

续表

缩略语	全称	中文释义	备注
NStZ-RR	Neue Zeitschrift für Strafrecht-Rechtsprechungsreport	《新刑法杂志—判例报告》	按年份及页码引用
RGSt	Amtliche Sammlung der Entscheidungen des Reichsgerichts in Strafsachen	《帝国最高法院刑事判例官方汇编》	按卷及页码引用
StGB	Strafgesetzbuch	《刑法典》	
StPO	Strafprozessordnung	《刑事诉讼法》	
StraFo	Strafverteidiger Forum	《刑事辩护律师论坛》	按年份及页码引用
StV	Strafverteidiger	《刑事辩护律师》	按年份及页码引用
StVG	Straβenverkehrsgesetz	《道路交通法》	

其他术语

名称	中文释义	备注
§，§§	条	
‰	千分之一	用于测量血液中的酒精含量浓度
km/ h	千米/小时	

法国：巴黎重罪法院　问题单

Aude Brejon

曾元君 译

在起诉约翰、杰克和玛丽的案件中

“被告人约翰是否有罪：2021 年 3 月 26 日在巴黎，他企图杀死 G. 比尔，并且该企图表现为他开始行动，但仅仅因为他无法控制的情况而未能得逞？”

“被告人约翰是否有罪：2021 年 3 月 26 日晚在巴黎，他自愿不救助处于危险中的人，而在不给自己或第三方带来风险的情况下，他本可以通过个人行动来救助 G. 比尔或者促使其获救？”

“被告人约翰是否有罪：2021 年 3 月 26 日晚在巴黎，他自愿不救助处于危险中的人，而在不给自己或第三方带来风险的情况下，他本可以通过个人行动来救助奥莉维亚或促使她获救？”

“被告人杰克是否有罪：2021 年 3 月 26 日晚在巴黎，他因轻率而导致奥莉维亚死亡？”

“被告人杰克是否有罪：2021 年 3 月 26 日晚在巴黎，他自愿避免以其立即行动阻止针对 G. 比尔人身安全的犯罪或轻罪行为？”

“被告人杰克是否有罪：2021 年 3 月 26 日晚在巴黎，他作为车辆驾驶人，明知自己刚造成或引发了一起事故却没有停车，从而企图逃避可能承担的任何刑事或民事责任？”

“被告人玛丽是否有罪：2021 年 3 月 26 日晚在巴黎，她自愿放弃立即采取行动以阻止针对 G. 比尔人身安全的犯罪行为？”

法国刑事判决书

Aude Brejon
曾元君 译

巴黎重罪法院
2022年3月28日第18/0004号刑事判决书
(第五审判庭)
一审判决

2022年3月28日,巴黎重罪法院(第五审判庭)作出如下一审判决:

鉴于预审法官在2021年12月22日对下列被告人签发的支持公诉并将案件移送巴黎少年重罪法庭的命令:

约翰

生于×年×月×日

父母为 P. M. Q 和 T. F.

法国人,机械工

……

根据2021年3月28日签发的羁押令(案件编号……),目前被羁押于弗勒里·梅罗吉斯拘留所,被指控谋杀未遂、多次未向处于危险中的人施救,由巴黎律师协会成员凯瑟琳·马比尔律师辩护。

杰克

生于×年×月×日

父母为 H. P. 和 F. B.

法国人,高中生

……

根据2021年3月28日签发的羁押令(案件编号……),目前被羁押于弗勒里·梅罗吉斯拘留所,被指控非自愿过失杀人、未实施救助以及肇事逃逸,由法庭指定的巴黎律师协会成员奥黛·布雷琼律师辩护。

玛丽

生于×年×月×日

父母为 T. M 和 Z. V.

法国人，志愿者

……

根据 2021 年 3 月 28 日签发的羁押令（案件编号……），目前被羁押于凡尔赛拘留所，被指控未实施救助，由法庭指定的巴黎律师协会成员朱莉·巴尔代什律师辩护。

法庭考虑到，巴黎重罪法院审判长 2022 年 3 月 11 日的审理记录显示，被告人声明已收到上述交付审判裁决的通知。

法庭考虑到，弗勒里·梅罗吉斯监狱和凡尔赛监狱负责人已在 2022 年 3 月 4 日按照《刑事诉讼法》第 555－1 条的规定，向被告人通报了陪审员名单、本次开庭情况、证人名单和鉴定人名单。

法庭考虑到，2022 年 3 月 25 日 9 时 45 分的会议记录，记录了向被告人传达修改本次开庭陪审员名单的决定。

法庭考虑到，会议记录显示，第一次专门审理该案的听证会于 2023 年 3 月 25 日 9 时 45 分公开开庭。

重罪法院按照《刑事诉讼法》第 240 条至第 267 条、第 295 条至第 304 条的规定组成审判庭，经公开审理并听取以下人员的意见：民事当事人 M. A. 和 G. A. 的律师萨拉·佩莱女士的诉求和意见；民事当事人 G. 比尔的律师让娜·苏尔泽的诉求和意见；公诉人迈克尔·博兰德先生的结案陈词；被告人约翰的律师凯瑟琳·马比尔女士的辩护意见；被告人杰克的律师奥黛·布雷琼女士的辩护意见；被告人玛丽的律师朱莉·巴尔代什女士的辩护意见；被告人的最后陈述。

根据《刑法典》第 355 条至第 365 条的规定，经合议庭评议被告人是否有罪，并在无讨论的情况下决定刑罚适用。

法庭考虑到，审判长的提问以及法庭和陪审团的陈述。

法庭和陪审团宣布，以至少 6 票的多数票认定被告人约翰构成以下犯罪：第一，2021 年 3 月 26 日在巴黎，试图使用螺丝刀杀死 G. 比尔，表现为已经开始实施犯罪,只是因超出其控制的情况而失败。第二,2021 年 3 月 26 日在巴黎,在不给自己或第三方带来风险的情况下,自愿不向 G. 比尔提供他原本可以通过个人行动实施的救援或者促成救援。

法庭和陪审团宣布的上述事实构成《刑法典》第 121 – 1 条、第 121 – 4 条、第 121 – 5 条、第 132 – 24 条、第 132 – 75 条、第 223 – 6 条规定和惩罚的罪行。

法庭和陪审团宣布,以至少 6 票的多数票认定被告人杰克构成以下犯罪:第一,2021 年 3 月 26 日至 27 日晚在巴黎,因鲁莽而非自愿地造成奥莉维亚死亡。第二,2021 年 3 月 26 日至 27 日晚在巴黎,在不给自己或第三方带来风险的情况下,自愿不立即采取行动阻止对 G. 比尔的故意杀人罪未遂。第三,2021 年 3 月 26 日至 27 日晚在巴黎,在不给自己或第三方带来风险的情况下,自愿不向 G. 比尔提供他原本可以通过个人行动而实施的救援或者促成救援。第四,2021 年 3 月 26 日至 27 日晚在巴黎,因故意促进约翰饮酒并为其杀人提供协助,而成为约翰故意杀人罪未遂的共犯。

法院和陪审团宣布的上述事实构成法国《刑法典》第 132 – 24 条、第 221 – 6 – 1 条、第 223 – 6 条、第 231 – 1 条规定和惩罚的罪行。

法庭和陪审团宣布,以至少 6 票的多数票认定被告人玛丽不构成指控的犯罪。

法庭考虑到了《刑法典》第 131 – 1 条,《刑事诉讼法》第 366 条、第 367 条、第 370 条和第 800 – 1 条。

适用审判长宣读的上述条款:

以绝对多数判处被告人约翰 13 年刑事监禁,包括 6 年半的最低执行刑期。

以绝对多数判处被告人约翰接受社会司法监督(《刑法典》第 221 – 9 – 1 条),为期 10 年。

以绝对多数对被告人约翰处以没收车辆的附加刑(《刑法典》第 131 – 6 – 10 条),为期 10 年。

以绝对多数判处被告人约翰在获释后 5 年内承担《刑法典》第 132 – 45 条第 3 款、第 5 款、第 11 款、第 13 款和第 23 款规定的照管义务。

以绝对多数判处被告人杰克两年半刑事监禁,包括 15 个月缓刑。

以绝对多数判处被告人杰克从事社区服务(《刑法典》第 131 – 3 条第 3

款)，为期1年。

以绝对多数对被告人杰克判处附加刑，禁止其在获释后3年内接触被害人。

以绝对多数判处被告人杰克接受社会司法监督，期限为其被释放之日起3年。

以绝对多数宣告被告人玛丽无罪释放。

在未经陪审团协助的情况下，法院命令该判决由巴黎上诉法院总检察长执行。

2023年3月29日，在巴黎上诉法院首席律师迈克尔・博兰德的见证下，巴黎重罪法院(第5庭)公开开庭并进行了一审宣判。以下人员列席庭审：

审判长：让・皮埃尔・盖蒂，巴黎上诉法院顾问，

审判员：奥利维尔・德弗鲁维尔，巴黎大审法院少年法庭法官；

泰蕾兹・勒普雷特，巴黎大审法院少年法庭法官；

以及6名法官陪审员，由法庭书记员安娜・席尔协助。

该判决书由庭长让・皮埃尔・盖蒂和书记员安娜・席尔签署。

诉讼费用为1527欧元，由被告人连带承担。

法国判决理由书

Aude Brejon
曾元君 译

一审判决

一、《刑事诉讼法》第 365 - 1 条

(一)关于被告人约翰

重罪法院确信,约翰于 2021 年 3 月 26 日在巴黎,通过有目的地使用武器(一把螺丝刀),对比尔犯下了故意杀人罪未遂。理由是:经法庭辩论并在法庭和陪审团表决前的评议中暴露出的以下主要犯罪要素构成了对比尔的指控。《刑法典》第 121 - 5 条规定:犯罪行为已经开始,"行为人无法控制的情况"导致犯罪暂停或未能生效的,行为人成立未遂罪。证词表明,被告人和被害人在酒吧里已经闹翻。此外,被告人积极参与了停车场的斗殴。他抓起螺丝刀,因为他不可能不知道螺丝刀可用作武器。通过夺过螺丝刀并试图刺伤被害人数刀,他开始实施杀人行为。从法庭辩论中可看出,由于斗殴的混乱局面,被害人才得以逃脱被蓄意刺伤的致命结果。因此,犯罪行为的停止并非出于被告人本人意愿,故被告人构成犯罪。

重罪法院还认定,约翰于 2021 年 3 月 26 日在巴黎,因未对比尔施救而构成未向处于危险中的人施救的罪行。《刑法典》第 223 - 6 条规定,未向处于危险中的人施救的罪行包括:未阻止实施侵犯他人人身安全的犯罪或行为(第 1 款),或者未能通过自己的行动向处于危险中的人施救或促使其获救(第 2 款)。本案中,约翰已经构成第 2 款规定的罪行。诚然,他的血液酒精含量达到了 2.4 毫克/升,这使他无法执行急救程序(他知道的话)。然而,根据专家的报告,酒精含量并未完全影响他的辨别能力。法庭辩论证实,约翰的行为可被视为自愿不作为,因为他既未让其朋友联系急救服务,也未尝试自己联系,即便这对他自己和在场的人而言都没有危险。因此,犯罪成立。

重罪法院不认为，约翰于2021年3月26日晚至27日在巴黎，因未对奥莉维亚施救而构成未向处于危险中的人施救的罪行。《刑法典》第223－6条规定，未向处于危险中的人施救罪的构成要件是：未阻止实施侵犯他人人身安全的犯罪或行为（第1款），或者未能通过自己的行动向处于危险中的人施救或促使其获救（第2款）。法医报告显示，撞击造成的多处脑损伤致使约翰无法直接介入或呼救。因约翰未有任何坚持不作为的意向，故不构成犯罪。

（二）关于被告人杰克

重罪法院确信，杰克于2021年3月26日晚至27日在巴黎，因鲁莽驾驶机动车而犯下过失杀人罪。《刑法典》第221－6条规定，过失杀人罪必须因过失造成。尽管交通法规第R413－3条规定了时速限制，但约翰仍以130公里的时速在巴黎街头行驶，随后又以120公里的时速行驶，导致奥莉维亚死亡。杰克无视所有道路标志和限速规定，在城市中驾车，也直接将他人暴露在直接的死亡危险中，他造成奥莉维亚死亡的事故证明了这一点。因此，犯罪成立。

重罪法院确信，杰克于2021年3月26日在巴黎，对比尔犯下了未向处于危险中的人施救的罪行。《刑法典》第223－6条规定，未向处于危险中的人施救罪的构成要件是：未阻止实施侵犯他人人身安全的犯罪或行为，或者未能通过自己的行动向处于危险中的人施救或促使其获救。证词还清楚地表明，当杰克看到他的朋友手持螺丝刀，并发出死亡威胁后，他并未怀疑犯罪即将发生。但是，他从未在争吵过程中进行干预，且非因外部环境阻止而没有这样做。尽管如此，当时的情况可能对他构成危险，他因此可以依法免于遵守法律。然而，如果他没有呼救，却安排朋友逃跑，他便符合《刑法典》第223－6条第2款的标准。他不仅表露出自己已意识到事态严重，而且具有自愿放弃施救的行为。他不直接帮助被害人，也不呼救，这种态度构成了前述第2款规定的犯罪。

重罪法院还确信，杰克于2021年3月26日晚至27日在巴黎，犯有《刑法典》第434－10条规定的肇事逃逸罪，即车辆驾驶人在明知自己已造成或意图造成事故的情况下，没有停车，从而企图逃避刑事责任。诉讼中可以看出，杰克注意到了奥莉维亚，但他已无法控制其车辆。因此，他完全意识到自己造成了事故。甚至当他撞上柱子时，他的身体也具备救助奥莉维亚的能力，即使她已当场去世（这一点，杰克直到停下才知道）。杰克有意识地决定不停车，因此构成犯罪。

（三）关于被告人玛丽

重罪法院不认为，玛丽于2021年3月26日在巴黎，犯有未向处于危险中的人施救的罪行。

《刑法典》第223－6条规定，未向处于危险中的人施救罪的构成要件是：未阻止实施侵犯他人人身安全的犯罪或行为（第1款），或者未能通过自己的行动向处于危险中的人施救或促使其获救（第2款）。从法庭辩论中可以清楚地看出，当玛丽被警察拘留时，她并未构成第2款规定的罪行。事实上，她自愿采取了积极行动，试图通过个人的行动来帮助被害人，尽管施救本可更有成效。法院确信，恐慌严重影响了玛丽的判断力，致使她没有作出营救的最佳决定。此外，《刑法典》第223－6条第2款规定的救助义务必须被理解为一种手段义务，即要尽一切可能去救助被害人，而不是一种结果义务。因此，犯罪不成立。

二、量刑动机

法庭在确定刑罚量时考虑的其他因素如下：所描述的犯罪情节必须考虑到每名罪犯参与行为的程度及其严重性。法庭根据事实的严重性和每名罪犯的个人情况评估刑罚量。此外，法庭还必须考虑到出庭罪犯在听讯和羁押期间的表现。

在法庭看来，所判刑罚对于惩罚具有一定严重性的犯罪是必要的，但也足以保护社会、防止新罪发生以及恢复社会安宁。

三、约翰的刑罚

法庭判决，约翰应被判处13年监禁。故意杀人罪未遂可判处30年监禁。由于故意杀人罪未遂的刑罚与故意杀人行为本身的刑罚相同，因此法庭必须以故意杀人罪为基础作出判决，以确定并个性化约翰的量刑。法庭具体考虑了以下因素：罪犯现年25岁，不是初犯，但也并非累犯。他5年前因盗窃而获罪。《刑法典》第132－10条规定，累犯必须犯有相同或类似的罪行。由于故意杀人罪不能与盗窃罪相提并论，约翰在法律上不属于累犯。

法庭决定判处约翰13年监禁，最低执行刑期为6.5年。

为此，法院考虑了他获得改造的保障条件、社会危险性、在拘留所度过的时间以及期间的行为。判决前的羁押时间将从刑期中扣除。

约翰具备一定的改造保障。他17岁辍学,但在汽车修理方面培养的专业技能获得了认可,这使他在第一次刑满释放后便被雇主重新雇用。约翰曾犯有盗窃罪,但其受雇证明了其专业技能和社交能力。尽管他在本案被捕后又被解雇,但这些技能可以表明,他在将来获释后可能会重新就业。不过,这只有在罪犯经历了一个真正的自我完善和自我质疑的过程后才有可能。心理评估结果表明,约翰似乎根本不会考虑他人的安全。辩方辩称,约翰血液中的酒精含量使他丧失了辨别能力,因此不能归咎于他有犯罪意图,从而质疑故意杀人罪未遂的指控。然而,精神科医生并未发现约翰的辨别能力受损或丧失。当同案被告人玛丽试图分开约翰和比尔时,约翰进行了反抗。此外,他从未表示过后悔或尝试帮助被害人。

法庭也不能接受自卫的论点。从辩论中可以清楚地看出,约翰手持螺丝刀与被害人搏斗的行为根本不符合《刑法典》关于自卫的要求,即须将螺丝刀用作防止非法攻击的威慑工具。此外,因汽车刮擦而企图致人死亡,并不符合相称性标准。被害人的行为很可能引发了犯罪意图。然而,这绝不能构成约翰实施犯罪(把螺丝刀插入被害人颈动脉)的正当理由。

除杀人企图外,约翰只在驾驶员一侧安装了安全气囊,这是他不顾他人安危的另一例证。然而,根据法医证据,他并没有特别的社会问题。正如之前所设想的那样,他具备社交能力,并且已经在事实婚姻中生活了5年。尽管如此,他似乎已经患上了与酒精有关的疾病。

约翰试图杀人时,他的血液中酒精含量很高,而且他在案发前经常泡酒吧。尽管这并不影响约翰的刑事责任,但表明他已经走上了一条对自己和他人都有危险的道路。如果不是其他人出手相救,被害人可能会因此丧命。因此,约翰应远离社会一段时间。

鉴于此,法庭决定判处一些附加刑。根据《刑法典》第221-9-1条的规定,他将在10年内接受《刑法典》第131-36-1条至第131-36-13条规定的社会司法跟踪。重要的是,在约翰出狱后,司法机关必须对其进行跟踪,以便能够确保他不再对社会构成威胁。

他的汽车被用于犯罪,因此也将根据《刑法典》第131-6-10条予以没收。约翰必须了解自己作为车主的责任。

根据《刑法典》第132-45条的规定,他还将承担照管义务。该项义务可依据之后的法庭判决而被减轻。法庭现决定,对约翰处以第 3 款、第 5 款、第 11 款、第 13 款和第 23 款规定的附加刑:

> “第 3 款　接受医疗检查、治疗或护理,即使是住院治疗。这些措施可包括《公共卫生法》第 L. 3413－1 至 L. 3413－4 条规定的治疗禁令,前提是被定罪人似乎正在使用麻醉药品或习惯性地过度饮用酒精饮料。判决执行法官会将命令采取这些措施的判决副本送达负责监测被定罪人的医生或心理学家。在诉讼过程中起草的专家报告,将依医生或心理学家的请求或者刑罚执行法官的提议,发送给他们。法官还可将案卷中任何其他有用的文件发送给他们。”
>
> 在重新融入社会之前,约翰必须接受自己的酗酒倾向。鉴于该倾向的严重性,约翰需要在服刑期间得到支持。该附加刑将在他获释后持续 5 年。
>
> “第 5 款　按其能力赔偿犯罪造成的全部或者部分损害,包括在未作出民事诉讼判决的情况下。”
>
> 虽然故意杀人罪未遂可能没有造成实质性的生命剥夺,但为保护被害人生命而提供的医疗服务对其本人和社区服务机构而言,都是一笔不小的开支。这样判处的目的是使约翰了解其行为对社区及被害人造成的后果,他必须支付比尔的康复费用。
>
> “第 11 款　远离饮酒场所。”
>
> 按照第 3 款规定的治疗,约翰在被释放后的 5 年内,必须远离法国境内的所有饮酒场所。
>
> “第 13 款　避免联系包括被害人在内的某些人或者某类人,特别是未成年人,但法庭指定的人员除外(如适用)。”
>
> 法庭判决,约翰在获释后 5 年内不得与被害人见面,但按照《刑事诉讼法》第 D1－1－1 条规定的恢复性司法程序除外。本案的情况表明,鉴于所犯罪行的严重性,修复被害人及其家人和被定罪罪犯之间的社会关系需要一个司法框架。
>
> “第 23 款　有义务证明交出已下令没收的财产是合理的。”
>
> 法庭判决,肇事汽车必须予以没收。然而,由于约翰并未被认定为交通肇事杀人案的责任人,恐怕他不会乐意将自己的汽车交给当局。因此,法庭要求其向判决执行法官提供已移交的证明。

任何违反上述义务的行为都将导致增加 1 年的监禁。

四、杰克的刑罚

法庭判决，杰克应被处以 5 年监禁。对故意杀人罪未遂共犯的量刑与主犯相同。然而，法庭必须考虑到杰克是未成年人，因此由于责任减轻而将其最高刑期减为 2.5 年监禁。即使他以成年人身份出庭，但在案发时他为未成年人，法院在量刑时也会予以考虑。

根据法国《刑法典》第 131－3 条第 1 款的规定，法庭决定判处杰克 2.5 年监禁，缓期 15 个月执行。

在此过程中，法庭考虑到了杰克具备的改造保障、社会危险性、判决前羁押时间以及他在此期间的行为。判决前的羁押时间将从刑期中扣除。

杰克有良好的改造前景。他是个年轻人，没有犯罪记录，在学校是个好学生，也不喝酒。然而，他在案发夜的行为表明，如果存在诱发因素，他会对社会构成威胁。他对朋友的忠诚似乎优先于他人的安全。他完全意识到自己在鲁莽驾驶，危及其他司机或行人的安全。尽管如此，他还是决定继续驾驶。法庭决定，根据《刑法典》第 131－3 条第 3 款的规定，对被定罪的司机处以 1 年的社区服务。这一处罚能让杰克为他在 2021 年 3 月 26 日晚忽视的社区服务。

法庭还决定，除《刑事诉讼法》第 D1－1－1 条规定的恢复性司法程序外，对杰克处以附加刑，即在获释后的 3 年内，禁止与被害人及其朋友联络。本案的情况表明，鉴于所犯罪行的严重性，要修复被害人及其家人与罪犯之间的社会关系需要司法监督。

任何违反上述义务的行为都将导致增加 1 年的监禁。

五、宣告玛丽无罪

法庭判定，玛丽未向比尔施救的罪名不成立。如前所述，玛丽未构成此罪。即使玛丽的干预并无作用，甚至可能适得其反，法庭也不能对其处以任何刑罚，尤其是因为她并不构成犯罪危险。

玛丽担任志愿者的记录表明，她能意识到他人的需求。她在争吵过程中的态度也表明，她知道如何辨别可能遇到的行为的是非曲直。

荷兰刑事判决书

Laura Peters and Jacco Janssen
曾元君 译

关于荷兰判决的解释性说明

一、荷兰刑事程序的主要特征

荷兰的刑事程序的特征是适度兼具职权主义和当事人主义。根据《刑事诉讼法典》的规定,刑事诉讼强调审判程序,该阶段重视直接原则。直接原则要求所有的证据必须在被告人在场的公开庭审中予以出示和讨论。尽管如此,司法实践中,讨论卷宗内的证据也具有重要价值。卷宗中的证据能够直接用作形成法庭裁判的依据,并且该证据必须在与案件定罪量刑相关的听证程序中被讨论。

二、管辖:刑事审判庭与未成年人审判庭

刑事案件由三级法院的刑事审判庭审理。第一级法院为地区法院,第二级法院为上诉法院,第三级法院则为最高法院。地区法院由不同的审判庭组成,包括刑事审判庭与家庭和未成年人审判庭。家庭和未成年人审判庭裁判的案件包括针对未成年人的刑事案件。荷兰未采用陪审团制度。

三、轻微交通犯罪的替代性解决方案

检察机关独享刑事犯罪的起诉权。检察机关不必起诉每一起获得其注意的刑事犯罪。起诉便宜原则授权检察机关"为了公共利益"而放弃起诉。刑事审判庭不负责处理本案中的两项轻微交通犯罪行为——在车内未系安全带和超速驾驶。这些犯罪行为或基于前述的起诉便宜原则而不被起诉,或导致行政性罚款,或由地区法院的分区法庭裁判。

D. 约翰的判决书

鹿特丹地区法院

刑事审判庭

起诉编号:000000/23

判决日期:2023 年 1 月 7 日

双方当事人到庭的诉讼程序

合议庭对下列刑事被告人作出判决:D. 约翰,1997 年 × 月 × 日出生于鹿特丹,在个人记录数据库中登记的住址为 × × × × × × ×

被告人的辩护律师: × 先生,法律硕士,鹿特丹律师

检察官:Y 女士,法律硕士

本判决书在案情听证程序后作出。案件听证程序于 2022 年 × 月 × 日举行。

判决书目录

简而言之,被告人被指控试图杀死或严重伤害 G. 比尔,并威胁该被害人。检察官在起诉书中写下的指控全文载于本判决书第一章。

本法庭认为大部分指控得到了证实。判决书第二章阐述了已证实的指控、判决的理由和举证方式。

已证实的罪行是应受法律惩罚的禁止行为。本判决书的第三章描述了该禁止行为的构成要件,也讨论了这种行为是否构成法定刑事犯罪,以及被告人的刑事责任。

法庭对被告人判处 18 个月的监禁。判决书的第四章列明了该刑罚的所有要件及量刑动机。

第五章是本判决书的结尾,简要说明了所有判决结果,并列明了法官和书记员的签名。

一、起诉书中载明的指控

指控事实一(主要事实)

在某年某月某日某地,D. 约翰与另一人共同或单独在实施意图剥夺一名叫 G. 比尔的人的生命的罪行时,故意用螺丝刀或者尖锐和/或尖头的物体刺和/或推倒比尔,而这一正在实施的罪行没有完成。

替代性指控事实

在某年某月某日某地,D. 约翰与另一人共同或单独故意用螺丝刀或者锋利和/或尖锐的物体刺和/或推比尔的脸和/或脖子,意图对其造成严重身体伤害。

指控事实二

在某年某月某日某地,D. 约翰以实施危害生命的罪行威胁 G. 比尔,表现为 D. 约翰用螺丝刀或者锋利和/或尖锐的物体数次刺向比尔的胸部和腹部并对其说"我要杀了你,你这个混蛋"或者类似性质和/或目的的话。

二、证明

控方立场

检察官认为指控事实一(主要事实)和指控事实二能够被证明。

犯罪成立。

本庭认为指控事实一(主要事实)和指控事实二能够被依法且令人信服地证实,认定如下。

指控事实一(主要事实):在某年某月某日某地,D. 约翰实施了故意剥夺一名叫 G. 比尔的人的生命的犯罪,他故意用螺丝刀刺 G. 比尔的脖子,尽管正在实施的罪行并没有完成。

指控事实二:在某年某月某日某地,D. 约翰以实施危害生命的罪行威胁 G. 比尔,表现为他用螺丝刀数次刺向 G. 比尔的胸部和腹部,并对其说道:"我要杀了你,你这个混蛋!"

证据

已证明的事实是基于以下列明的证据的推理内容:

证据方法:

1. 警方侦查,G. 比尔的陈述:在某年某月某日某地,D. 约翰朝我走来并对我大吼道："我要杀了你，你这个混蛋！"接着他用螺丝刀朝我的胸部和腹部挥舞了几下。在某个时刻，我倒在地上，然后D. 约翰将螺丝刀刺入我的脖子。我便开始大出血。

2. 警方侦查，法医的陈述：某年某月某日，G. 比尔在某医院接受检查。他的脖子上有一个3厘米深的刺伤伤口。该伤可能威胁生命。

3. 警方侦查，本的陈述：在某年某月某日某地，D. 约翰扑向G. 比尔并大喊道："我要杀了你，你这个混蛋！"

三、禁止行为和可罚性

罪行的法律定性及已被证明的事实符合如下性质：

事实一（主要事实）

杀人未遂

事实二

威胁实施任何危害生命的犯罪

事实和被告人的可罚性

不存在合理事实或情形得以排除事实的可罚性或者被告人的刑事责任。

这些罪行应受到惩罚，被告人应承担刑事责任。

四、刑罚

控方请求

基于已证明的事实，检察官请求判处24个月的监禁。

评估

刑罚的事实基础

被告人在一次夜间外出时喝得大醉，血液中的酒精含量达到了1.2‰。在酒吧里，被告人和被害人及被害人的两个朋友发生了激烈的争吵。被告人离开酒吧后，在停车场又遇到了被害人和他的两个朋友。被害人从自己的车上拿了一把螺丝刀，在被告人的汽车引擎盖上划了一道又长又深的划痕。被告人遂下车，撞向被害人，并从他手中抢走了螺丝刀。被告人将螺丝刀挥向被害人的胸部和腹部，并对其喊道："我要杀了你，你这个混蛋！"当被害人滑倒在地时，被告人用螺丝刀刺穿了被害人的脖子，刺中了他的动脉。被害人的脖子开始大量出血。对被害人来说，本应愉快的夜晚却在医院里结束了，且受到了威胁生命的伤害。

被害人不得不担忧自己的生命,并在很长一段时间内受这一可怕事件的影响。这些是决定惩罚程度的最重要的因素。这起事件对被害人的朋友和其他旁观者以及酒吧的客人来说也一定特别可怕。诸如此类的事件给社会带来不安全感。本庭对被告人的这一行为表示愤慨。更不利于被告人的是他醉酒和试图逃跑的行为。另外,不得不提的是——尽管这一点在量刑时并不起主要作用——刺伤事件发生在被害人用螺丝刀对被告人的汽车造成损害之后。

本庭还查阅了××××××的司法文件摘录,其中显示被告人以前曾被定罪,包括3年前,他被判处了18个月的监禁。

此外,本庭还考虑到了被告人的背景和情况。被告人17岁时离开高中,此后偶尔在汽车修理店工作。他是一名优秀且可靠的汽车修理工。这就是为什么他的雇主在他服完刑后继续雇用他。

鉴于这些罪行的严重性,除监禁刑以外,原则上没有其他刑罚可供选择。综合考虑,法庭认为判处18个月的监禁是适当且合法的。

法律条文

本庭考虑到了《刑法典》第45条、第285条、第287条。

五、判决简述和法庭签名

本庭

宣告已证实被告人实施了指控事实一(主要事实)和指控事实二,描述如上;

认定已证明的事实构成了第三章中列明的刑事犯罪;

宣告被告人应受惩罚;

判处被告人18个月的监禁。

作出本判决的法官

审判长及少年法庭法官××先生

法官YY先生

法官ZZ先生

出庭书记员GG先生

判决书宣告于2023年×月×日公开举行的法庭听证程序。

J. 玛丽的判决书
鹿特丹地区法院

刑事审判庭

起诉编号:000000/23

判决日期:2023 年 1 月 7 日

双方当事人到庭的诉讼程序

合议庭对下列刑事被告人作出判决:J. 玛丽,1999 年 × 月 × 日出生于鹿特丹,在个人记录数据库中登记的住址为×××××××

被告人的辩护律师:×先生,法律硕士,鹿特丹律师

检察官:Y 女士,法律硕士

本判决书在案情听证程序后作出。案件听证程序举行于 2022 年 × 月 × 日。

判决书目录

简而言之,被告人被指控为试图杀死 G. 比尔的共犯。检察官在起诉书中写下的指控全文载于本判决书第一章。

本法庭认为该指控没有得到证实。无罪释放的论点载于本判决书第二章。

第三章是本判决书的结尾,简要说明了所有判决结果,并列明了法官和书记员的签名。

一、起诉书中载明的指控

在某时某地,被告人为了实施犯罪而与一人或多人一起或者她独自一人,故意用螺丝刀或至少用利器数次刺向一个叫 G. 比尔的人,或者至少一次刺中他的脖子,或者至少刺中他的身体,尽管该打算实施的犯罪并未完成。

二、证明

控方立场

检察官认为犯罪能够得到证实。被告人在与 D. 约翰密切且有意识的合作下，试图刺死 G. 比尔。被告人倒在被害人身上是为了给 D. 约翰制造刺伤 G. 比尔脖子的机会。

无罪释放。

法庭认为控方并未在法律上令人信服地证明被告人实施了指控的犯罪，因此无罪释放被告人。被告人的潜在相关“贡献”包括摔倒在被害人 G. 比尔身上。这发生于被告人滑倒的那一刻，即 D. 约翰试图刺向 G. 比尔数次后。被告人说，她扑向 G. 比尔并倒在他身上是为了分开他与 D. 约翰。她对事件的这一解释并非孤立的，有独立于其叙述的印证证据支持。这种情况下，被告人的犯罪行为并不成立。

三、判决简述和法庭签名

本庭

宣告未能证明被告人实施了指控的犯罪，因此无罪释放被告人。

作出本判决的法官

审判长××先生

法官 YY 先生

法官 ZZ 先生

出庭书记员 GG 先生

判决书宣告于 2023 年 1 月×日公开举行的法庭听证程序。

D. 杰克的判决书

鹿特丹地区法院

刑事审判庭

起诉编号：000000/23

判决日期：2023 年 1 月 7 日

双方当事人到庭的诉讼程序

合议庭对下列刑事被告人作出判决：D. 杰克，2005 年 × 月 × 日出生于鹿特丹，在个人记录数据库中登记的住址为××××××

被告人的辩护律师：×先生，法律硕士，鹿特丹律师

检察官：Y 女士，法律硕士

本判决书在案情听证程序后作出。案件听证程序举行于 2022 年 × 月 × 日。

判决书目录

简而言之，被告人被指控致被害人 F. 奥莉维亚死亡，或者过失造成交通事故而导致 F. 奥莉维亚死亡。此外，被告人还被指控过失造成交通事故，致被害人 D. 约翰受伤。检察官在起诉书中写下的指控全文载于本判决书第一章。

本庭认为大部分指控得到了证实。判决书第二章阐述了已证实的指控、判决的理由和举证方式。

已证实的罪行是应受法律惩罚的禁止行为。本判决书的第三章描述了该禁止行为的构成要件，也讨论了这种行为是否构成法定刑事犯罪，以及被告人的刑事责任。

法庭对未成年被告人处以 12 个月的少年监禁刑，其中 4 个月为缓刑，缓刑期为 2 年。判决书的第四章列明了该量刑的所有要件及量刑动机。

第五章是本判决书的结尾，简要说明了所有判决结果，并列明了法官和书记员的签名。

一、起诉书中载明的指控

指控事实一（主要事实）

在某年某月某日某地，被告人蓄意剥夺被害人 F. 奥莉维亚的生命，这表现为当 F. 奥莉维亚走在人行横道上时，被告人驾驶车辆（非常）高速地撞向她，致其当场死亡。

替代性指控

在某年某月某日某地，被告人作为道路使用者，即机动车司机，以一种粗心的方式在（公共）道路上行驶，其过失导致发生了致命性交通事故。这种驾

驶方式在任何情况下都是非常,或至少是相当不小心和/或不专心的:

——未持有有效驾照;

——位于城市区域;

——位于弯道;

——被害人 F. 奥莉维亚在行人绿灯的情形下穿过马路;

——驾驶的速度为 120km/h;

——撞向 F. 奥莉维亚;

导致奥莉维亚死亡。

指控事实二

在某年某月某日某地,被告人作为道路使用者,即机动车司机,以一种粗心或者非常或至少是相当不小心和/或不专心的方式在(公共)道路上行驶,其过失导致了交通事故的发生。

——未持有有效驾照;

——位于城市区域;

——位于弯道;

——另一名道路使用者正在绿灯的情形下穿行马路;

——驾驶的速度为 120km/h;

——撞向 F. 奥莉维亚;

——猛踩刹车;

造成 D. 约翰身体伤害。

二、证明

无罪

经控辩双方举证证明,本庭认为,过失杀人的指控在法律上无法得到令人信服的证明。被告人不构成该项指控罪名。

观点

公诉人和辩方认为,第一项指控事实的替代性指控与第二项指控事实能够得到证明。

犯罪成立。

本庭认为,已经在法律上令人信服地证明了被告人犯下了他被指控的罪行,认定如下:

指控事实一（替代性指控）

在某年某月某日某地，被告人作为道路使用者，即机动车司机，以一种非常不小心和不专心的方式在（公共）道路上行驶，其过失造成致命性交通事故：

——未持有有效驾照；

——位于城市区域；

——位于弯道；

——被害人 F. 奥莉维亚在行人绿灯的情形下穿过马路；

——驾驶的速度为 120km/h；

——撞向 F. 奥莉维亚；

导致奥莉维亚死亡。

指控事实二

在某年某月某日某地，被告人作为道路使用者，即机动车司机，以一种粗心或者至少是非常不小心和不专心的方式在（公共）道路上行驶，其过失导致了交通事故的发生。

——未持有有效驾照；

——位于城市区域；

——位于弯道；

——另一名道路使用者正在绿灯的情形下穿过马路；

——驾驶的速度为 120km/h；

——撞向 F. 奥莉维亚；

——猛踩刹车；

造成 D. 约翰身体伤害，即颅骨、脖子、胳膊和肋骨严重骨折。

证据

已证明的事实基于下面列出的证据方法的内容确定。对于这两项罪行，仅做出了一份证据方法的陈述。由于被告人就已证明的事实做出了供述并且不主张无罪，该陈述便足够。

证据方法：

1. 被告人在某年某月某日举行的听证程序中的陈述。

2. 警方侦查取得的 D. 约翰的陈述。

3. 警方侦查。

三、禁止行为和可罚性

罪行的法律定性

被证明的事实符合如下性质：

事实一（替代性指控）：交通事故导致他人死亡，违反了1994年《道路交通法》第6条。

事实二：交通事故造成他人身体伤害，违反了1994年《道路交通法》第6条。

事实和被告人的可罚性

不存在合理事实或情形得以排除事实的可罚性或者被告人的刑事责任。

这些罪行应受到惩罚，被告人应承担刑事责任。

四、刑罚

控方请求

基于已证明的事实，检察官请求判处18个月的未成年人监禁刑。

评估

刑罚的事实基础

被告人因过错造成了一起严重车祸，这导致被害人F.奥莉维亚死亡，并使被告人的哥哥受伤。

因为被告人的哥哥以前犯过罪，为了不让哥哥落入警察手中，被告人以极快的速度开车穿过街区。被告人在内城光线不足的街道上关灯驾驶，平均车速为130km/h。他多次无视主要路口的红色交通信号灯，并未减速。

当被告人开过一个弯道时，他突然看到被害人在他面前。被害人当时在散步，正在行人绿灯的情形下穿过马路。被告人试图刹车，但仍以120km/h的速度撞上了F.奥莉维亚。这次碰撞将F.奥莉维亚抛向空中。她撞到一栋房子的墙面落地，头完全撞到了墙上。她遭受了多处颅骨骨折和巨大的脑部创伤，并当场死亡。被告人的哥哥也受了伤。

被害人F.奥莉维亚是一位单身母亲，她有3个年龄分别为3岁、5岁和10岁的年幼孩子要照顾。

被告人的个人情况

司法文件的摘录显示，被告人此前没有犯罪记录。

被告人在本地高中上学，在校期间表现良好，受到同学们的喜爱。他在身体、智力和精神方面的发展都处于他这个年龄段的年轻人的正常范围内。他与父母同住。

结论

本案罪行的严重性表明，有理由对被告人处以长时间的少年监禁刑，同时考虑到这种情形下的少年监禁刑最高刑期为两年。从惩罚和威慑其他青少年的角度来看，12 个月的少年监禁刑是恰当的。另外，被告人还年轻，而且表现相对良好。因此，判处的刑罚必须包含对被告人的考虑。基于此，少年监禁刑的无条件执行部分被限定为 8 个月。另外 4 个月的监禁将有条件地实施，目的是让被告人认识到，他被释放后永远不能再造成这种可怕事件。

法律条文

本庭考虑到了《刑法典》第 77i 条、第 77r 条、第 77x 条、第 77y 条、第 77z 条、第 77aa 条以及 1994 年《道路交通法》第 6 条。

五、判决简述和法庭签名

本庭

宣告未证明被告人实施了指控事实一（主要事实），故被告人不构成该项指控罪名；

宣告已证明被告人实施了指控事实一（替代性事实）和指控事实二中的犯罪事实，描述如上；

认定已证明的事实构成了第三章中列明的刑事犯罪；

宣告被告人应受惩罚；

判处被告人 12 个月的少年监禁刑，其中 4 个月缓期执行，缓刑期为 2 年；

被定罪之人如果在缓刑期内不遵守一般条件以及特殊条件，或者执法部门设定的附加条件，则继续执行 4 个月的刑期。

一般条件为：被定罪之人在缓刑期结束前不得实施刑事犯罪。

作出本判决的法官

审判长及少年法庭法官××先生

法官 YY 先生

法官 ZZ 先生

出庭书记员 GG 先生

判决书宣告于2023年×月×日公开举行的法庭听证程序。

柬埔寨刑事判决书

Bora Meas
陈学权 译

柬埔寨王国
民族宗教国王
代表高棉人民
初级法院　×××

在……初级法院进行公开审理……提供以下组成信息：

法官

审判长：法官 A
审判员：法官 B
审判员：法官 C

起诉方代表

检察官：先生/女士 A

审判书记官

书记员：先生/女士 B

审判案卷编号为×××，日期为×××，被告如下：

1. 姓名：杰克，17 岁，高中生，被拘留和关押在……他没有驾驶执照，被指控无证驾驶、违反交通信号灯和逃逸、过失驾驶导致奥莉维亚死亡、过失驾驶导致约翰受伤，这些罪行是 2017 年修订的《道路交通法》第 75 条(新)、第 83

条、第 85 条规定的罪行。

2. 姓名：约翰，25 岁，被逮捕和关押在……他被指控谋杀未遂，触犯了 2009 年《刑法》第 199 条的规定。他有两次盗窃前科，第一次在 5 年前被处以罚款，第二次在 3 年前被处以 18 个月监禁。他已经缴纳了罚款并服满了刑期，但他的犯罪记录尚未消除。

3. 姓名：玛丽，23 岁，因涉嫌谋杀未遂而拘留并被关押在……

事实如下：

2021 年 3 月 26 日，星期五，杰克、约翰和玛丽决定在“蓝月亮”酒吧共度美好夜晚。杰克不喝酒，所以只喝了几杯可乐，而约翰则喝了好几瓶啤酒。

22 时 30 分左右，约翰喝得酩酊大醉，血液中酒精浓度高达 1.2‰，他与另一名客人比尔以及他的两个朋友鲍勃和本发生了激烈争吵。

比尔从自己的车里拿出一把螺丝刀，在约翰的车盖上划了一道又长又深的划痕。约翰气得脸色铁青，下了车，扑向比尔，一把夺过比尔手中的螺丝刀，冲着比尔吼道：“我要杀了你，你这个混蛋！”玛丽推了比尔一把，喊道：“你这个白痴，为什么要激怒他？”随后，当比尔滑倒在地时，玛丽往他身上压了过去，约翰用螺丝刀刺穿了比尔的脖子，割破了他的动脉。比尔的脖子开始大量出血，比尔的朋友们被深深地震惊了，试图止住流血，他们推开了双手捂着比尔脖子的玛丽，玛丽站起来跑开了。

比尔的朋友本叫来了救护车。比尔被送往附近的医院，经过紧急手术后获救。

与此同时，杰克将约翰拖到约翰汽车的副驾驶座位上，在没有系安全带的情况下坐在方向盘后发动引擎，在没有打开车灯的情况下高速行驶。杰克以平均 130km/h 的速度在市内街道行驶，在主要路口多次无视红灯而不减速，这是为了隐藏车牌号，防止约翰被抓。突然，奥莉维亚出现在街道上，但杰克来不及刹车，以 120km/h 的速度撞上了奥莉维亚，奥莉维亚当场死亡。

由于撞到奥莉维亚后的惊吓，杰克猛踩刹车，汽车失控，以 90km/h 的速度撞上了一根铁制灯柱，汽车瞬间停了下来，约翰的头骨、颈部、手臂和肋骨严重骨折。

从杰克、约翰和玛丽离开酒吧到撞车发生，过去了 25 分钟。刺伤事件发生 15 分钟后，玛丽在玫瑰园巷被两名警察格雷格和凯茜拘留，玫瑰园巷离事发现场大约两个街区远,她的哥哥史蒂夫是一名医护人员,就住在这条街上。在随后的讯问中,她告诉警探亚瑟,她扑向比尔,向他身上压过去,试图把他和约翰分开,她很清楚约翰脾气暴躁。玛丽还说,她跑去找她的哥哥史蒂夫,因为他是一名医护人员,住在离打斗现场两个街区远的地方,但她还没跑到他的公寓就被警察拘留了。

审判期间

杰克承认了所指控的罪行。

约翰一言不发,坚持履行自己保持沉默的权利。

玛丽说,她不希望发生任何争吵;她要求约翰离开,并试图阻止他开车,同时要求比尔不要挑衅醉酒的约翰。她作证说,她不小心摔倒在比尔身上,本意是想帮助他。

检察官还表示,虽然约翰一直保持沉默,但他所犯的罪行已被几项证据所证实,至于玛丽,没有证据证明她是共犯。

杰克的辩护律师表示,他的委托人是未成年人,委托人只是想帮助他的哥哥,所以才承认犯了被指控的罪行。约翰的辩护律师表示,约翰是被比尔激怒的,为了保护自己心爱的财产(汽车),他只是对比尔的攻击作出了防卫反应,这些行为都是在醉酒状态下作出的。约翰的律师还为玛丽辩护,要求释放她,因为她既不是主犯,也不是共犯。

现有

考虑了被告杰克的自认供词,审查了刑事侦查期间出示的证据,听取了被告的最后证词,听取了检察官的总结陈词,听取了辩护律师的结案陈词,依法审理案件。

理由

1. 2021 年 3 月 26 日,星期五,上述事实所涉及行为由约翰试图实施和杰克实施,被定性为犯罪行为。

2. 在庭审过程中,杰克对指控的犯罪事实供认不讳,约翰则主张自己有权保持沉默,但有多项证据可以证实其罪行。

3. 检察官声称,有足够的证据证明杰克和约翰有罪。虽然比尔的命通过手术保住了,但从约翰的话中可以看出,他打算杀死比尔。虽然约翰保持沉默,但证人(玛丽)声称他脾气暴躁。

4. 辩护律师根据减轻处罚的情节请求减刑，法庭将予以考虑。

5. 被告人的精神状况能够承担刑事责任，并且知道其行为的后果。约翰为保护其财产而采取的行动的力度与风险不相称，但在量刑时已考虑了其醉酒的事实。

6. 被告人杰克是未成年人，应予减刑。

7. 约翰还有两次盗窃前科，第一次在五年前被判处罚款，第二次在 3 年前被判处 18 个月监禁。

8. 考虑了 2017 年的《道路交通法》规定：第 75 条（新）关于无证驾驶的，可处以 1 个月至 6 个月的监禁，并处以 80 万至 400 万瑞尔的罚款；第 83 条关于过失驾驶致人受伤的，可处以 6 个月至 2 年的监禁，并处以 200 万至 1000 万瑞尔的罚款；第 85 条关于过失驾驶致人死亡的，可处以 1 年至 3 年监禁，以及处以 400 万至 1500 万瑞尔的罚款，如果无证驾驶或逃离事故现场致人死亡，则加重处罚至 2 年至 5 年的监禁和 1000 万至 2500 万瑞尔的罚款。

9. 考虑了 2009 年《刑法》中关于未遂定义的第 27 条规定、关于后续犯罪适用性的第 84 条规定、关于轻罪判刑后再犯重罪的第 87 条规定以及关于谋杀罪的第 199 条规定，即对犯谋杀罪的可处以 10 年至 15 年监禁。

10. 考虑了 2009 年《刑法》关于未成年人适用措施的第 39 条规定、关于从轻情节定义的第 93 条规定、关于从轻情节效力的第 94 条规定、关于单独起诉的第 138 条规定和关于适用于 14 岁以上未成年人的主要刑罚的第 160 条规定。

因此，决定

1. 判决：（1）约翰因谋杀未遂罪被判处 25 年监禁。（2）杰克因 2017 年《道路交通法》第 75 条（新）、第 83 条和第 85 条中的所有控罪被判处 2 年零 6 个月监禁。

2. 下令继续羁押杰克和约翰。

3. 没收并保存收集到的证据，直到案件最终结案。

4. 在杰克、约翰和玛丽在场的情况下进行审判并公开宣判。

法官（审判长）　×××

法官（审判员）　×××

法官（审判员）　×××

书记官　×××

乌拉圭刑事判决书:成年

Pablo Galain and Ana Maria Guzman
郭烁 译

蒙得维的亚　2022 年 6 月 13 日

鉴于

本案名为"D. 约翰和 J. 玛丽—涉嫌触犯情形特别严重的杀人罪未遂—口头审判",案卷编号为 488 – 222/2021,本次口头审判由检察官佩德罗 · 加西亚博士代表第一巡回检察院参与庭审,被告人 D. 约翰由辩护人巴勃罗 · 桑切斯博士协助其出庭参与诉讼,被告人 J. 玛丽则由公立辩护人克劳迪娅 · 阿尔皮纳博士协助其出庭参与诉讼,供第一巡回法院刑事一审法庭作出终审判决。

判决结果

1. 已合并的法律程序

2022 年 3 月 28 日,第二巡回法院刑事法庭发布了进行口头审判的裁定,并将此案移交给本法院。

从上述裁定的内容来看,被告 J. 玛丽女士于 2021 年 3 月 26 日晚 11 时被拘留。第二天(法庭)举行了传讯听证会。在 2021 年 6 月 9 日之前,J. 玛丽女士一直被采取完全软禁的预防措施,从那以后,她被采取审前措施,包括指定居所居住、禁止出国以及禁止以任何方式与 G. 比尔先生、L. 鲍勃先生和 K. 本先生取得联系——这些措施将一直持续到(法庭作出)不可上诉的判决为止。

该裁定还表明,2021 年 4 月 8 日,当 D. 约翰先生在当地医院住院时,(司法当局)依据《刑事诉讼法》第 222 条的规定,对 D. 约翰先生采取了限制性措施。后来,D. 约翰于 2021 年 6 月 9 日出院时被逮捕。同日,(法庭)举行了传讯听证会,D. 约翰先生被判审前拘留 90 天。这一审前(拘留)措施会随着后续连续的听证程序的进行而被予以延长，并将持续有效，直至（法庭）宣布不可上诉的终审判决。

按照法庭的日程安排，本案庭审听证程序于今年5月30日至31日进行。（法庭）听取了双方当事人的开庭陈述，依法（展示证据并）进行质证程序，被告J. 玛丽自愿作证，在稍作休庭后，（控辩双方）进行了结案陈词。最后，法官询问被告人D. 约翰是否希望发言。

在得到他的明确拒绝后，辩论程序结束，本法官当庭宣读本案判决结果。

2. 本次审判的对象

2.1

本次审判的目的是确定被告人是否可以按照检方指控他们的罪名被（法庭）判处为犯罪人，即确定他们是否在实质行为层面实施了意图杀害G. 比尔先生这种触犯刑法的谋杀行为，以及被害人没有死亡（这一结果）是否系被告人意志和控制范围之外的其他因素所致。如果是，则应当确定每名被告参与（犯罪）的程度及其相应的刑罚。

2.2 检方陈述

检察官在开审陈述中的概述如下。

2021年3月26日，在一家修车厂当技工的D. 约翰先生涨工资了。20时左右，为了庆祝此事，D. 约翰以及他的女朋友J. 玛丽和他的弟弟D. 杰克来到位于本市索利斯和佛罗里达的“蓝月亮”酒吧。在那里，D. 约翰喝了几瓶啤酒。晚上10点30分左右，已经喝醉的D. 约翰先生与酒吧里其他素不相识的顾客发生了激烈争吵。几分钟后，D. 约翰先生、他的女友和他的弟弟离开酒吧来到停车场，但刚刚与D. 约翰先生争吵的那些人也去了那里，并看到D. 约翰和他的同伴上了D. 约翰的车。

G. 比尔先生随后走到自己的车旁，拿出了一把螺丝刀，并用螺丝刀刮花了D. 约翰的汽车引擎盖。

紧接着——根据检察官对案件的描述——D. 约翰下车袭击了G. 比尔。D. 约翰对G. 比尔大喊自己要杀了他，辱骂了他，并从他手中夺走了螺丝刀。

D. 约翰的女朋友J. 玛丽帮助他“拉偏架”，推搡G. 比尔，辱骂他，并斥责他挑衅自己的男朋友D. 约翰。

这时，D. 约翰用他从被害人手上抢来的那把螺丝刀，多次试图刺向被害人（G. 比尔先生）的胸部和腹部。在某一刻，面对两名被告的猛烈攻击，G. 比尔滑倒在地;J. 玛丽扑到他身上,在此情形下,被害人(G. 比尔)躺在地上同时被 J. 玛丽按住无法动弹,(随后)D. 约翰用螺丝刀刺向他的脖子。

受害者开始大量出血,但仍然活着。J. 玛丽随后试图用双手掐住他的脖子,但 K. 本和 L. 鲍勃强行将她从他们的朋友(G. 比尔先生)身上拉开,并试图止血,同时拨打了"911"急救电话。J. 玛丽飞奔逃离现场,但 15 分钟后被警方抓获。

D. 约翰的弟弟(案发时系未成年人)目睹了案件的全过程。D. 杰克看到 D. 约翰在刺伤被害人后也躺在地上,于是便把他拖到了 D. 约翰的车上,将其安置在副驾驶座位上后,完全不顾后果地驾车逃离现场,进而造成另一人死亡以及 D. 约翰重伤,上述内容均适用于青少年犯罪(刑事)诉讼程序,与本案的成年人刑事诉讼程序不适配。

幸运的是,仅仅在 7 分钟后,一辆救护车就赶到了酒吧的停车场。G. 比尔得到了必要的医疗救助,幸免于难。

最后,检察官在开庭陈述中补充说,本案中应当考虑到的罪责变更因素为:对两被告而言,存在有未成年人在场的情况下行凶杀人这一特别加重处罚情形(《刑法》第 311 条第 5 款);对被告 D. 约翰而言,存在累犯这一"一般加重处罚"情形(《刑法》第 48 条第 1 款);对于被告 J. 玛丽而言,存在完全没有犯罪记录和如实交代犯罪事实这两个减刑因素(《刑法》第 46 条第 13 款)。检察官坚称,在本次口头审判期间,他将证明上述事实,并且基于(两名被告)所损害合法权利的重要性,起诉书中要求对 D. 约翰判处 10 年监禁以及对 J. 玛丽判处 8 年监禁的量刑建议是完全适当的。

2.3 辩方观点

两名被告都强烈反对检方的控诉。

D. 约翰的辩护人辩称,检方无法成功证明其主张,因为所有事件都是(被告 D. 约翰)对其车辆受损的反应所致。

他反驳了检察官对事件发生经过的描述,他首先解释道:当晚陪伴 D. 约翰的是与他感情最好的人,即他的弟弟和他的女朋友。陪伴他的这两个人善良老实,看到酒吧里发生的争吵,为了避免麻烦,说服他离开,从而保护了他。当他们来到停车场时,他们看到 G. 比尔和他的两个朋友不怀好意地向他们走来,特别是 G. 比尔,他挥舞着一把螺丝刀作为武器,用螺丝刀在 D. 约翰的汽车引擎盖上划了一道又深又长的划痕。

G. 比尔刮花的地方并非无关紧要——辩护人声称——因为他拿螺丝刀刮花的地方位于汽车引擎盖上，也就是坐在方向盘后面的 D. 约翰可以直接看到的地方，并且（G. 比尔在那时）挡住了汽车的去路——除非 D. 约翰想撞死他。

辩护人还指出，案发当时 G. 比尔和另外两个年轻人在一起。他们三个人与 D. 约翰、他的女朋友和他十几岁的弟弟相互对峙。种种迹象表明，G. 比尔以及他朋友们的挑衅行为在持续增强，侵犯者（G. 比尔以及他的朋友们）和被侵犯者（D. 约翰、他女友和他弟弟）之间的力量对比悬殊。D. 约翰觉得他的弟弟和女朋友正处于严重的危险之中，他认为自己有必要保护他们，甚至保护自己来免受这三个暴力成年人的不公正攻击。

此外——D. 约翰的辩护人继续说道——他汽车引擎盖上的划痕彻底激怒了 D. 约翰，且（在当时）D. 约翰心里的这种愤怒情绪比其他任何人遇到这样的情况（后的情绪）都（表现得）更为强烈，这是因为 D. 约翰为修理和改装他的汽车投入了大量的时间和金钱。这不是一个平平无奇的引擎盖，因为这辆车本身就不是一辆标准且普通的汽车。那辆车是他的爱车，是他的骄傲，象征着他积极工作的那颗热忱之心。那是一辆 1975 年的车，车况完美无瑕，G. 比尔清楚地意识到，他划下的那道可怕刮痕给 D. 约翰造成了巨大的伤害。

出于上述原因，D. 约翰有理由也有必要从 G. 比尔手中夺过武器，彻底消灭他的挑衅行为，以保护他自己的感情、家人和财产。他做到了。他成功地夺走了 G. 比尔手上的螺丝刀。

然而，G. 比尔并没有停止他的挑衅行为，D. 约翰不得不继续自卫，气势汹汹地阻止 G. 比尔夺回螺丝刀，（以防止后者）再拿螺丝刀打他甚至是刺他。

不幸的是，在某一刻，J. 玛丽靠两人太近，被 G. 比尔夹在他和 D. 约翰中间，这导致她摔倒。彼时 J. 玛丽和 G. 比尔双双倒地，处境十分危险。

为了救女友，D. 约翰做出了（在当时的情境下）唯一能做的反应：他用螺丝刀阻止了袭击者（G. 比尔）。

D. 约翰的辩护人认为，总之，G. 比尔的攻击行为是非法的，而 D. 约翰的行为不具有任何违法性，因为他的行为是为（保护）J. 玛丽（而进行）的正当防卫，因此只有宣告 D. 约翰无罪才是合理的。

J. 玛丽的辩护人则辩称，J. 玛丽女士从未伤害过 G. 比尔先生，也无意伤害他，更没有想过要杀害他。她甚至从来没有想过要侮辱甚至是攻击 G. 比尔先生。她声称,她在案发当时大喊大叫只是为了宣泄自己的不满,因为她知道D.约翰脾气很坏,而D.约翰是她当时的男朋友。J.玛丽本可以置身事外,但她却选择了主动调停,把他们两人拉开,在争斗中,当G.比尔滑倒时,J.玛丽也随之摔倒在地。在那一瞬间,她看到G.比尔的脖子在流血,于是她用手(放在G.比尔的脖子上而非掐住他的脖子)去止血,最后挽救了他的生命。辩方指出,J.玛丽是一家疗养院的志愿者,两年前她通过了医疗急救课程,因此她知道(给伤者)止血的重要性。后来,G.比尔的朋友们强令她离开,(即便如此)她还想着挽救G.比尔的生命。那时她想起她的哥哥J.史蒂夫是一名医护人员,并且他家距离"蓝月亮"酒吧停车场仅有两个街区,于是她试图跑到她哥哥家,寻找她哥哥,向他求助。就在她到达(她哥哥家)之前,两名警察拦住了她。

她的辩护人强调,J.玛丽女士本可以乘坐D.约翰的汽车逃跑,或者朝另一个方向逃跑,但她没有这样做。她当时迅速向她哥哥家的方向跑,想要带她的哥哥来(对G.比尔进行救助)。她的行为在任何时候都是充满劝诫性与帮助性[1],因此不应受到任何谴责。所以,辩护人请求法庭宣告J.玛丽无罪。

2.4 作为判决依据的证据要件

在庭审听证程序中,法庭听取了以下人员的陈述:G.比尔、L.鲍勃、K.本、V.彼得和J.史蒂夫、警察D.格雷格、警察P.凯茜、警探Z.亚瑟、警察H.克雷格以及医学专家A.艾伦博士。本案被告人J.玛丽也出庭作证。

物证包括D.约翰的酒精测试仪显示(案发时D.约翰的)每升血液中含有1.2克酒精、J.玛丽的医疗急救资质证书和第212/2021号犯罪报告,其中包含警务法医在犯罪现场进行调查时所拍下的照片。

3.控辩双方的结论

控辩双方在各自的结案陈词中重申了他们在开庭陈述中所讲述的内容。

4.被法庭认为真实且已得到可靠证明的事实

在没有《刑事诉讼法》第268条第3款对事实作出法律规定的前提下,不存在一开始即被视为真实的事实。

然而,下列事实已经完全被本次庭审所出示的证据证实:

---

〔1〕 此处帮助性特指针对被害人而绝非针对犯罪行为人。

2021 年 3 月 26 日 20 时左右，D. 约翰在其 23 岁的女朋友 J. 玛丽和 17 岁的弟弟 D. 杰克的陪同下前往“蓝月亮”酒吧。他们是开着 D. 约翰的车前去的。这是一辆由英国人设计的、于 1975 年生产的福特 Escort 1600 型汽车，D. 约翰是一名（修车厂）技工，他花了几年时间对这辆车进行了精心的升级（“改装”）。

在同一家酒吧的另一张桌子上坐着互为朋友的三个人：G. 比尔、L. 鲍勃和 K. 本，他们之前与 D. 约翰既无联系也不认识。

22 时 30 分左右，喝了几瓶啤酒的 D. 约翰与上面提到的三个人发生了争执。

为了避免麻烦，J. 玛丽和 D. 杰克迅速劝说 D. 约翰离开酒吧。他们付了钱，于 22 时 40 分去了停车场。从目击证人 G. 比尔、L. 鲍勃和 K. 本的证词以及酒精测试仪的检测结果可以明显看出，D. 约翰当时既生气又喝醉了，且酒精测试仪的检测结果显示（案发时 D. 约翰的）每升血液中含有 1.2 克酒精。

在接下来的几分钟里，发生了几起与犯罪密切相关的事件。D. 约翰坐在他汽车方向盘的后面。G. 比尔、L. 鲍勃和 K. 本来到同一个停车场。G. 比尔从自己的车里拿出一把螺丝刀，用螺丝刀在 D. 约翰的汽车引擎盖上划下了一道又长又深的划痕，（随后）D. 约翰愤怒地下了车，向 G. 比尔扑去，一把夺过他手中的螺丝刀，大喊：“我要杀了你，你这个混蛋！”被告 J. 玛丽走了过来，冲着 G. 比尔大喊：“你这个白痴，为什么要激怒他？”随后（J. 玛丽）猛推了他（G. 比尔）一下，G. 比尔没有被（J. 玛丽）这一猛推所推倒，也没有对 J. 玛丽还口。（随后）D. 约翰多次用螺丝刀攻击 G. 比尔，试图刺中他的胸部和腹部。由于动作不协调（醉酒者的特征），D. 约翰每次攻击都没有得手，直到某一刻 G. 比尔滑倒在地，拖着 J. 玛丽一同摔倒在地，（这时）J. 玛丽摔倒在 G. 比尔身上。

就在 G. 比尔倒在地上，J. 玛丽压在他身上的时候，D. 约翰用螺丝刀刺穿了 G. 比尔的脖子，割断了他的动脉。G. 比尔的脖子开始大量出血。J. 玛丽用手按压住他的脖子上的伤口，直到 L. 鲍勃和 K. 本强迫她离开。J. 玛丽起身跑了出去。这是从目击者的证词和法医的勘验报告中得出的结论。

D. 约翰的弟弟把 D. 约翰带到车上，开始高速驾驶汽车（逃离现场），而且不开任何车灯，以防止他的哥哥被人认出并被追究刺伤 G. 比尔的责任。这点已得到青少年本人（D. 约翰的弟弟）承认。

J. 玛丽在刺伤事件发生 15 分钟后,在距离案发现场约两个街区远的玫瑰园巷被两名警察拘留。她的哥哥 J. 史蒂夫是一名医护人员,就住在那条街上,但他当时并不知道 J. 玛丽在那里,因为她在到他家之前就被警察拦住了。这是从警察 D. 格雷格和 P. 凯茜,医务人员 J. 史蒂夫以及被告 J. 玛丽本人的陈述中得出的结论。值得注意的是,当时在场的警察在庭审中作证称,J. 玛丽在被拘留时,曾不停地恳求警察让她去离拘留地仅几米远的地方把她住在那里的哥哥找来,并带他去帮助伤者。被告 D. 约翰现年 25 岁,有犯罪记录,在过去 5 年内曾因故意犯罪而被(法院)定罪。他被定罪的具体时间是 2018 年,罪名是盗窃罪,这点可以通过查阅国家司法记录登记处所登记的权威证明予以证实。

根据(法庭)在庭审时宣读的权威证明,被告 J. 玛丽没有犯罪前科。

鉴于

1. 已证事实的典型性

依据上述各种证明方法,检方已经达到了定罪所需要的极高证明标准[1],但(本法庭)仅对其中一名被告人 D. 约翰定罪。本法官认为,J. 玛丽的行为不属于检方认定的犯罪类型,因此她将被(本法庭)宣判无罪。

1.1 被告人 D. 约翰的行为

排除所有合理怀疑,被告 D. 约翰的行为属于《刑法》第 60 条第 1 款、第 310 条和第 311 条第 5 款规定的范畴。

D. 约翰意图杀死 G. 比尔。

他甚至口头宣称("我要杀了你")。他几次试图攻击 G. 比尔的胸部和腹部,但都没有成功,最后他用一把称手的武器(螺丝刀)刺穿了被害人的脖子,伤到了其动脉。所有这些都是当着一名未成年人,也就是当着 D. 约翰亲弟弟的面做的,而且他还意识到了自己的攻击行为和这名青少年的存在。

---

〔1〕 参见《刑事诉讼法》第 142 条第 1 款和第 142 条第 3 款;[乌拉圭]贝特尔曼、安德鲁、瓦格斯、胡安·恩里克:《法官审理裁决口头审判案件之技巧与能力》,载[乌拉圭]圣地亚哥·马丁内斯、利昂内尔·冈萨雷斯汇编:《口头审判》;《对抗性刑事诉讼程序合集》,布宜诺斯艾利斯,2019 年,第 180 ~ 182 页。

D. 约翰必须就他被(检方)指控的罪行承担刑事责任,因为他亲自实施了犯罪行为,尽管如此,由于超出被告意愿和控制范围的因素,犯罪并未完成。J. 玛丽和 K. 本先是用手止住了 G. 比尔动脉大出血,随后救护车仅用了 7 分钟就赶到了。正是这三步迅速且连续的举措避免了(G. 比尔)因 D. 约翰的行为而死亡。

至于被告所犯杀人罪的主观方面,我们必须认识到,D. 约翰具有直接的(杀人)意图,因为很明显他就是想杀死 G. 比尔,(在案发当时)D. 约翰注意到(螺丝刀)刺入的部位和被害人当时的身体姿势:被害人躺在地上,而被告人站着。被告弯下腰,将螺丝刀深深插入被害人的脖子。(结果是)被告人用螺丝刀刺穿了(被害人的)脖子。本法官认为上述事实足以说明问题:如果(D. 约翰)不是为了杀死他(G. 比尔),就不会有如此(严重)的刺伤,(被告人 D. 约翰)也不会刺中如此精准(且致命)的位置。

至于(D. 约翰的)辩护人所提出的(D. 约翰系)合法自卫的问题,本法官认为,在不影响(本法庭)对(D. 约翰的)罪责变更因素进行考量的前提下,这种说法没有证据支持,下文将对此进行解释。

乌拉圭法律对正当防卫的定义见《刑法》第 26 条。任何人为保护自己的人身安全或合法权利或者为了保护他人的人身安全或合法权利而采取行动,只要是(为了抵抗)不法侵害行为,且在己方没有明显挑衅行为的前提下,使用合理手段来保障自身合法权益的,可以免除刑事责任。正如凯罗利教授所说,“侵害意味着攻击,或至少是一种攻击的企图……无论是谁拿着棍棒,以攻击的姿态(将棍棒)举在另一个人面前时,(其行为)都已经算攻击了,因为他的行为(对被攻击者而言)意味着迫在眉睫的危险……侵害的危险性体现在它必须是当下的、迫在眉睫的,也就是说它威胁到甚至是严重危及被攻击者的生命、人身安全或其他合法财产的安全”[1]。

根据审判中已证明的事实,G. 比尔划伤 D. 约翰汽车引擎盖的行为是非法的,但(G. 比尔的行为)没有危及车内人员的安全。D. 约翰本可以带着他的女友和他的弟弟离开现场,因为当时他们都很安全,但他根本没有想过要这样做。相反,他立即下车攻击了 G. 比尔。这时,D. 约翰并非在行使符合法律规定的正当防卫行为,(这是因为)他的抵抗行为(过于激烈以至于)与

---

〔1〕 [乌拉圭]凯罗利:《乌拉圭刑法》(第 1 卷),蒙得维的亚,第 374、375 页。

G. 比尔之前的不法行为(在程度上)完全不相称(甚至已经构成了对 G. 比尔的侵害行为)。基于上述原因,(对于本案被告 D. 约翰而言)不存在可以免除不法性的合法正当防卫行为,因此,(本法庭)可以得出结论:被告 D. 约翰的行为就是一种刑事不法行为。

1.2 被告人 J. 玛丽的行为

根据已证明的事实,J. 玛丽无意杀害 G. 比尔。

恰恰相反,她希望 G. 比尔和 D. 约翰之间停止冲突,以至于她插到了两人中间,但最后 G. 比尔摔倒了,她也恰好摔倒在了 G. 比尔的身上。

在 G. 比尔被 D. 约翰刺伤后,她把手放在 G. 比尔的脖子上,但并没有勒死他的手势或意图,而是为了止血和挽救他的生命。目击者的证词和法医的勘验报告都证明了这一点。

她当时离开现场可能是逃跑,也可能是去寻找她的哥哥,但她哥哥家离案发现场很近,她哥哥确实是一名医护人员的事实,以及 J. 玛丽拘留时的情绪状态和她对警察说的话,都足以证明她的意图是救治伤者,而不是犯罪后逃离现场或故意不救助被害人。

2. 可变更的(处罚)情形以及两名被告各自的刑罚

为了确定对 D. 约翰的刑罚,(法庭)必须考虑(D. 约翰所触犯的)犯罪类型之最低与最高刑罚问题;(法庭对被告人 D. 约翰的量刑)不应超过检方的量刑要求,且(本法庭)必须权衡所有关于不法事实、行为的严重性、应受惩处、(影响)具体罪责变更的情形、(被告人的)人身危险性和罪行之间的同一性的信息。

关于 D. 约翰(所应承担的具体刑罚),(法庭)应提及有未成年人在场(行凶杀人)的具体加重处罚情形(《刑法》第 311 条第 5 款,基于第 19538 号法案第 2 条的授权)和累犯这一"一般加重处罚"情形(《刑法》第 48 条第 1 款),(并将其)作为罪责变更因素。应当指出的是,"我国法律制度中的累犯制度是有具体时限的:自前罪判决成为即决事项之日起五年……此外,应当指出的是,我国关于累犯的立法规定并没有区分一般累犯(行为人所犯的新罪不同于其之前已被定罪的旧罪)和特殊累犯(行为人所犯罪行与其之前已被定罪的罪行性质相同)"[1]。

---

[1] [乌拉圭]凯罗利:《乌拉圭刑法》(第 1 卷),蒙得维的亚,第 970 页。

夜间因素不在(本法庭)考虑之内,理由是停车场的相对黑暗(这一因素)并不是被告故意寻之或有意用来实施犯罪的[1]。

作为减刑因素,《刑法》第 46 条第 11 款规定的(犯罪行为人被)挑衅因素必须予以考虑。因为 D. 约翰的行为是"由不公正行为引起的愤怒冲动"。(被害人 G. 比尔)刮花被告的爱车无疑是一种不公正行为以及不法侵害。(在这里)值得(被法庭)引用的是卡马诺罗萨撰写的参考文献,载于第一刑事上诉法院第 102/2007 号判决,作为大学文化基金会编辑的《刑法学第 19 期》杂志第 72 个案例出版(蒙得维的亚,2011 年,第 288 页):"正如卡马诺罗萨所说,这种假设指的是不公正行为导致行为人心中受到挑衅进而产生的激动情绪状态。对上述行为人而言,它必须是一瞬间的情绪状态(一种急性的、短暂的现象),而不能仅是一阵激情状态(一种长期的现象)。根据该规则,愤怒的客观原因或动机,即挑衅行为,必须是'不公正的行为'。这位著名的法学家认为,它可以包括任何能够激起愤怒的冒犯行为,(被冒犯的对象)不仅可以包括行为人的人格(广义上),还可以包括其他人(行为人的亲戚、朋友)、想法或他们所珍爱的事物。"

"不公正(行为)并不意味着犯罪,甚至也不意味着违反法律,而是从道德的角度来看(某行为)很不公正……不公正行为的概念是相对的,因为(法庭)必须要把行为发生时的环境、冲突双方的文化和行为发生时的其他情况、时间、发生地点等因素联系起来,方能对'不公正行为'这一概念进行正确的解释和评估。"[2]

自愿醉酒也应被视为一个减刑因素,因为事实已经证明被告当时喝醉了,而且他并非为了故意犯罪而预谋醉酒。《刑法》第 46 条第 4 款规定,非预谋犯罪的自愿醉酒(正如本案中的情形),且在完全醉酒的情形下(犯罪的),(自愿醉酒)可以作为减刑因素。虽然《刑法》并没有对"完全醉酒"作出定义,但《刑法》第 365 条第 3 款对"严重醉酒"作出了法律定义:(行为人)每公升血液中的酒精含量超过 1.2 克。毫无疑问,这一法律标准意味着血液中的酒精含量会显著改变(行为人的)认知、行动和意志。根据(控辩双方)所提供的证据,这正是 D. 约翰在案发时的血液酒精含量。因此,鉴于《刑法》第 46

---

〔1〕 参见[乌拉圭]凯罗利:《乌拉圭刑法》(第 1 卷),蒙得维的亚,第 958 页。
〔2〕 [乌拉圭]凯罗利:《乌拉圭刑法》(第 1 卷),蒙得维的亚,第 931、933 页。

条第 4 款和第 13 款的法律规定,(本法庭)应当考量被告人(在案发时)认知、行动和意志受损这一减轻处罚情形。

总之,《刑法》第 86 条规定:“法官在量刑时,应当在判决中确定他所认为的在法律规定下每种罪行所对应的最高与最低刑罚,并充分考虑:犯罪行为人或犯罪团伙的轻重危险程度、(犯罪行为人的)个人背景、犯罪行为中同时存在的减轻与加重处罚情形之数量与质量——尤其要看重质量。”

简言之,在本案中,D. 约翰作为犯罪行为人,具有直接(谋杀罪的)恶意预谋,犯谋杀罪未遂。他的罪责因被(被害人 G. 比尔)挑衅和(自愿)醉酒而减轻,并因存在未成年人在场的情况下实施犯罪这一特别加重处罚情形和累犯这“一般加重处罚”情形而加重。

根据《刑法》第 311 条的规定,对情形特别严重的谋杀罪可判处最低 10 年、最高 24 年的监禁。

根据第 16707 号法案第 3 条所授权修订的《刑法》第 87 条,杀人罪未遂的刑罚应对照杀人罪既遂的刑罚,判处相应刑罚的 1/3,考虑到犯罪行为本身的严重性和行为人的危险性,(杀人罪未遂的)刑罚可加重至(杀人罪既遂刑罚的)2/3。

因此,情形特别严重的谋杀罪未遂之最低刑罚为 10 年的 1/3,即 3 年零 4 个月监禁,最高刑罚为 24 年的 2/3,即 16 年监禁。

检方要求判处(被告人 D. 约翰)10 年监禁。

尽管每个案件都是独一无二的,但我们的既往判例通常对情形特别严重的谋杀罪未遂适用 3 年 8 个月至 6 年的刑期。具体案例包括,最高法院第 245/2008 号判决(TAP1)、第 205/2010 号判决(TAP2)、第 420/2017 号判决(TAP2)、第 146/2019 号判决(TAP3)、第 136/2020 号判决(TAP3)、第 41/2021 号判决(TAP4)、第 74/2021 号判决(TAP4)以及第 992/2022 号判决,上述案例均可在“国家法学公共数据库”中查阅,以及杀人案件量刑表格或汇总表均可在豪尔赫 · 瓦兹博士的著作《最高法院的判例》中查阅。[1]

考虑上述所有(限制性)因素,本案判处(被告人 D. 约翰)4 年 4 个月监禁是适当的。

---

〔1〕 参见[乌拉圭]豪尔赫 · 瓦兹:《刑事法律系统化判例 2020》,蒙得维的亚,2022 年,第 235 ~ 239 页。

最后,(本法庭)需要阐明的是,根据《刑事诉讼法》第 295 条之二的法律规定,无论是就有关罪行而言,还是就(法庭)所判处的刑罚年限抑或被告的累犯身份而言,(被告人 D. 约翰)均无缓刑可能。因此,(被告人 D. 约翰)必须在(被)实际剥夺人身自由的情况下于监狱服完全部刑期。

基于上述理由,本法庭以下列条款为依据:上文提及的《共和国宪法》第 12 条、第 18 条和第 80 条第 4 款;《刑法》第 1 条,第 3 条,第 18 条,第 46 条第 4 款、第 11 款和第 13 款,第 48 条第 1 款,第 60 条第 1 款,第 66 条,第 80 条,第 86 条,第 87 条,第 105 条(第 d 项与第 e 项),第 106 条,第 310 条和第 311 条第 5 款;《刑事诉讼法》第 1 条、第 2 条、第 6 条、第 13 条、第 119 条、第 120 条、第 141 条至第 144 条;第 19670 号法案第 238 条和第 239 条。

判决如下:

本法官宣判 J. 玛丽无罪,并在此判决作出后立即将其释放,同时结束对其的刑事诉讼程序。

本法官宣判 D. 约翰为情形特别严重杀人罪之刑事责任人,判处其 4 年 4 个月监禁,并扣除 D. 约翰已经接受的拘留与预防措施(的时间)。

本判决一旦不被上诉,则立即生效。

并将此份判决书及时归档。

法官

胡安·何塞·安曼·忒弥斯博士

乌拉圭刑事判决书:青少年

Pablo Galain and Ana Maria Guzman

程铂瀚 译

蒙得维的亚　2021 年 8 月 22 日

鉴于

本起青少年犯罪诉讼案,其(卷宗)封面名称为“D. 杰克—涉嫌严重触犯杀人罪,同时在实质上涉嫌严重触犯含有加重处罚情形的严重伤害罪—口头审判”,案卷编号为 500 – 111/2021,由检察官塞巴斯蒂安·迪恩博士和青少年被告 D. 杰克以及负责协助青少年被告 D. 杰克出庭参与诉讼的公立辩护人索菲娅·德·拉·富恩特博士共同参与本次诉讼,由蒙得维的亚第一巡回法院青少年法庭作出终审判决。

判决结果

1. 已终结的法律程序

2021 年 6 月 29 日,第二巡回法院作出进行口头审判的裁定,并将此案移交给本法院。

根据该裁定,青少年 D. 杰克在车祸发生后的最初几天被关押在医院(下文将对此车祸进行解释)。该青少年无事出院后,于 2021 年 4 月 5 日被捕,并于当日被传讯,原因是在实质上涉嫌触犯刑法规定的杀人罪和含有加重处罚情形的严重伤害罪这两项重罪。

从那时起,公权机关对他采取了全面软禁的预防措施,即只允许他外出上中学课程,并禁止他驾驶任何机动车辆。在不可上诉的终审判决作出之前,这项预防措施一直有效。

庭审听证程序于 2021 年 8 月 15 和 16 日举行。

在诉讼中控辩双方进行了初步陈述。随后由事前议定好的目击证人和专家分别进行陈述，同时对该青少年被告人进行质证，并由法庭听取控辩双方的结案陈词。当法庭辩论环节宣告结束后（此处的法律依据为《刑事诉讼法》第 271.6 条，本庭定于今天举行新的听证程序，并在根据《儿童和青少年法》第 76 条最后一款所规定的“自被告人被警方传讯后 150 天”这一法定期限内传达本案的最终判决。

本判决是依据《刑事诉讼法》第 119.1 条所规定的全部内容，在本法官的授意下，运用能够让本案青少年被告人充分理解的语言进行的口头宣判。但是，由于案件的复杂性和使用法律词汇的必要性，本案可能需要启用《儿童和青少年法》第 76 条第 E 款第 7 项所规定的法律机制（依据辩护人所担负的最为庄严的法律责任，辩护人有义务以简单明了的语言向作为一方当事人的青少年传达法庭在刑事诉讼程序中宣布的每项司法决议，以消除他可能存在的所有疑虑）。

2. 本次审判的目的

本次审判的目的是确定未成年人 D. 杰克可能承担的青少年犯罪刑事责任。如果法庭确认未成年人 D. 杰克应当承担青少年犯罪刑事责任，那么本次审判还需要再进一步确认他是否犯有检方指控的两项重罪。

如果法庭得出结论，认为 D. 杰克应当承担刑事责任，那么法庭还需确认：D. 杰克的主观责任（犯罪行为是故意为之还是因轻率而过失为之），两种犯罪行为之间是否存在同一性（这两种犯罪行为之间的同一性是如何体现的或者说这两种犯罪行为之间的关联性是如何体现的），以及对 D. 杰克采取哪一种社会教育措施更为合适。此外，如果青少年 D. 杰克最终需要服刑，法庭还需就下述问题作出决定：在终审判决作出后，乌拉圭司法部门以及警方数据库中产生的 D. 杰克的犯罪记录究竟应当被保留还是应当被删除。

3. 检方观点

检方在庭审陈述中认为，在本次口头审判中，有确凿的证据表明 D. 杰克不仅蓄意杀害了一位毫无自卫可能的年轻母亲，还给他的哥哥造成了严重的伤害，致使他的哥哥几个月无法正常工作。检察官声称，在 2021 年的 3 月 26 日，也就是星期五，青少年 D. 杰克与他的哥哥 D. 约翰还有他哥哥的女朋友一同来到位于本市索利斯和佛罗里达的“蓝月亮”酒吧。22 时 30 分左右，D. 约翰与同在酒吧的另外 3 名年轻人发生争执。几分钟后，D. 约翰袭击了其中一名年轻人，并用螺丝刀刺伤了他的脖子。受害者躺在地上，伤势严重。D. 约翰和他的弟弟 D. 杰克都没有出手相救。鉴于当时的情况，D. 杰克在完全了解事实真相的情况下，为了保护醉酒的哥哥 D. 约翰，阻止他被警方逮捕，D. 杰克把他的哥哥带到他哥哥自己的车上，并且让他的哥哥坐在副驾驶座上，企图驾车逃逸。D. 杰克不仅全程目击了他哥哥持械伤人的过程，而且深知他哥哥有犯罪前科，一旦被捕就意味着一定会被定罪。由于当时他哥哥已经处于醉酒状态，D. 杰克尽管没有驾照，也没有任何驾驶经验，但还是选择了开动汽车，以 130km/h 的速度在市中心行驶，其间他没有打开车灯，甚至在遇到红灯时没有踩刹车。

检察官认为，D. 杰克这种自愿、有意识、粗心和疏忽的行为最终导致他撞上了不幸的 F. 奥莉维亚女士。当时 F. 奥莉维亚女士正沿着佛罗里达街行走，绿灯亮起时她正要穿过圣卡洛斯街。F. 奥莉维亚女士是三个孩子的母亲，当时她正在过马路，没有任何违规行为或危险行为，她完全没有可能去阻止或保护自己免受一辆高速行驶、没有开车灯、由一名不合格司机驾驶的汽车所带来的可怕攻击。由于受到猛烈撞击，F. 奥莉维亚女士颅骨多处骨折，脑部严重受创，当场死亡。

在撞到 F. 奥莉维亚后，D. 杰克又撞上了一盏铁制路灯，导致他哥哥 D. 约翰的头骨、颈部、手臂和肋骨严重骨折。幸运的是，D. 杰克得到车上唯一一个安全气囊的保护，所以几乎没有受伤。

值得一提的是，检察院根据《刑法》第 42 条的法律规定，决定不以本案可能涉及的《刑法》第 197 条所规定的“掩饰、隐瞒犯罪”罪名对 D. 杰克提出指控，因为他是实施第一起犯罪行为的嫌疑人（D. 约翰）的弟弟。因此，检察官主张，D. 杰克不应被指控触犯具有“为完成另一起犯罪”（《刑法》第 312 条第 4 款的规定）这种特别加重处罚情形的杀人罪。由于他没有被指控触犯含有特别加重处罚情形的杀人罪或者性质非常严重的伤害罪，根据《儿童和青少年法》第 72 条的法律规定，该青少年 D. 杰克的刑事违法行为属于“严重”而非“非常严重”的范畴，这意味着根据《儿童和青少年法》第 116 条第 2 款有关预防措施的法律规定，法庭没有必要判令将 D. 杰克关押于国家青少年社会收容所（以下称为 INISA）。

4. 辩方观点

第一，辩方表示 D. 杰克是一个善良老实的青少年，从未触犯过任何法律。

他与父母住在一起，在上高中，有自己的朋友，深受同龄人和成年人的喜爱。

第二，就事实而言，在 3 月 26 日这个致命的夜晚，杰克唯一关心的是如何阻止他的哥哥 D. 约翰被关进监狱，为了实现这个目的，他当时在躁动的心态下行动，根本无法停下来认真冷静地思考自己的行为可能带来的后果。

第三，辩方解释道，D. 杰克 14 岁时，他的哥哥 D. 约翰因盗窃罪入狱。在 D. 约翰入狱的 18 个月里，他受尽了折磨。D. 杰克一直不明白哥哥当时发生了什么事，并对警察和司法当局产生了深深的恐惧和不信任。因此，那天晚上，看着哥哥 D. 约翰对 G. 比尔先生先前袭击他爱车的行为作出强硬的回击后，D. 杰克的脑海里除了保护哥哥免受“新的错误定罪”，再也想不到别的了。之后，由于出现了 D. 杰克无法掌控的偶然事件，即 F. 奥莉维亚女士正好走过这位青少年高速驾驶的汽车前，尽管他试图刹车以保护受害者的人身安全，但他的车还是无法避免地撞到了她，不幸的是，F. 奥莉维亚女士的头撞到了一幢房前，正是这次撞击造成了她的死亡。D. 杰克绝不希望造成 F. 奥莉维亚女士的死亡。恰恰相反，他试图避免让自己的车撞到她，但没有成功。在案发前，D. 杰克的脑海中也许会预想到很多种可能，但不可能有 F. 奥莉维亚女士被撞身亡的这种具体可能，也就是说，他对于这起杀人案没有任何预见或可预见性，如果有的话，他也只可能预见到当他驾驶汽车时，自身所处的环境可能会给自己带来一些轻微的不便。此外，令这位青少年更加悲痛的是，这次事故给他心爱的哥哥 D. 约翰造成了严重的伤害。当时的 D. 杰克只是急迫地想让自己的哥哥免受警察和司法当局的“伤害”，但他显然不希望也从未想到最后竟会发生哥哥重伤、F. 奥莉维亚女士被撞身亡这样更加严重的后果。

辩护律师在开庭陈述中强调，本起事故给青少年 D. 杰克本身也带来了多处伤害：他的五根肋骨骨折，并且颈椎受到了严重创伤。

辩方继续陈述道：这次事故对于 D. 杰克而言是人生的转折点，因为这无法预料到的痛苦结局令他感到极度悲伤。自 3 月 26 日以来，杰克总是在思考过去所发生的一切；他对自己驾车撞人一事感到非常懊悔，现在需要精神上的支撑来处理过去所发生的一切。他已经吸取了教训。他对于 F. 奥莉维亚女士的逝世和对他的哥哥所造成的伤害与痛苦感到非常遗憾。鉴于上述原因，辩方认为本案应按照《儿童和青少年法》第 104 条的规定结案并归档。《儿童和青少年法》第 104 条规定：“在诉讼程序的任何阶段，法官在听取检察院、青少年被告人及其辩护人的意见后，在下列情况下可以全部或部分撤销刑事起诉……：当（……）B）青少年被告人因该犯罪行为而遭受了严重的身体或精神损害”，或者，如果本案不符合上述法条所规定的情形，那也应当根据《刑事诉讼法》第 100.1 条第 b 款的规定予以存档。《刑事诉讼法》第 100.1 条第 b 款规定：“在下列情况下，检察院不得提起刑事起诉或应当放弃已经提起的刑事起诉：（……）b）如果这是一种轻率的犯罪，该犯罪给被告造成了严重的伤害，且这种伤害给被告带来的影响可能远比给被告适用刑罚带来的影响要大。”这条规定体现出了哲学领域的“自然惩罚”（poena naturalis）思想，并且辩护律师认为这条规定与本案的情况完全吻合，足以使被告免于遭受任何刑事指控。

鉴于检察院和法院都没有结案，公立辩护人指出，检察院要求采取的社会教育措施是完全过分且绝对违反比例原则的，检察院这么做并不会达到教育目的，而只会对青少年无法预见或不希望发生的行为进行惩罚（对于青少年而言，制裁未成年人这一目的本身就不合法）。辩护律师指出，对成年人来说，轻率或过失杀人的法定最低刑罚仅为 6 个月监禁（《刑法》第 314 条），而严重轻率或过失伤害的法定最低刑罚为 10 个月监禁（《刑法》第 317 条和第 321 条）。

辩方陈述道：鉴于《北京规则》第 17.1 条和《儿童和青少年法》第 79 条的相关规定，对于 D. 杰克这样没有犯罪记录的青少年而言，适当的社会教育措施应该是全面软禁，允许他上高中，但禁止他驾驶机动车辆。同时作为一种预防措施，D. 杰克的软禁期不应超过 10 个月，且需折抵已实施的预防性监禁措施的期限。

5. 作为判决依据的证据要件

首先，根据《儿童和青少年法》第 76 条第 C 款的有关规定，本次审判程序增加了由儿童和青少年研究所技术小组编写的心理教育和社会报告。

其次，根据《刑事诉讼法》第 268.3 条关于案件事实所应达到的具体标准的法律规定，确定在 2021 年 3 月 26 日事故发生时，青少年 D. 杰克年仅 17 岁，没有犯罪前科，没有取得驾照，并且是事故车辆的实际驾驶人。

最后，在审判期间，以下证人出庭作证：J. 玛丽、G. 比尔、L. 鲍勃、K. 本、V. 彼得、F. 奥斯瓦尔德和 J. 史蒂夫，以及警察 D. 格雷格、警察 P. 凯茜、警探Z. 亚瑟、警察 H. 克雷格，以及专家证人 A. 艾伦博士和 B. 欧内斯特。被告本人自由选择在庭上作证，并且其证言已在控辩双方进行最后陈述之前被法庭听取。

6. 控辩双方的结论

总之，依据控辩双方的最后陈述，法庭得出以下结论。

检方认为，事实证明，被告人青少年 D. 杰克完全清楚，如果有其他车辆或行人横穿他当时驾车所在的道路，以他的驾驶方式根本无法及时作出反应。罪犯已经预见到自己的行为最后可能会给第三方造成伤害。然而，他并没有停止自己的行为，因此他必须就自己应受处罚的行为承担相应的后果，而这是无可争辩且不能免责的。（谋杀罪的）故意预谋的特点是行为人预见到可能产生的危害性后果，但由于他自私、缺乏同情心或粗心大意，因此继续行动。行为人并不是直接试图造成这种结果，但他预见到可能会发生这种结果，而且他还在继续行动，所以说他默许了这种可能会出现的结果。因此，D. 杰克作为导致 F. 奥莉维亚女士被害及他的哥哥 D. 约翰受重伤的肇事者，必须被判刑，因为他有明显的轻率行为，并且这两个危害结果与他的行为之间具有实质同一性。检察院认为，他们要求 INISA 实际剥夺 D. 杰克 5 年自由的社会教育措施是完全适当的。

辩方则强调，青少年被告对 F. 奥莉维亚女士被害身亡和自己哥哥遭受重伤的结果缺乏主观意愿。青少年被告承认自己实施了这些行为，但不认可由此产生的刑事责任，因此，他只需为自己轻率、疏忽和缺乏驾驶技能而导致 F. 奥莉维亚女士被害身亡一事负责。

关于 D. 约翰所受的伤，辩方声称，没有证据证明这名青少年被告在脑海中预想过他哥哥受伤的可能性，并强调 D. 杰克想要的正是帮助 D. 约翰逃离当局的追捕。如果他预想到他哥哥的头骨、颈部、手臂和肋骨会严重骨折，他就不会开车。因此——辩护律师补充——被害人的死亡是由 D. 杰克的轻率行为造成的，而 D. 约翰遭受重伤一事不应当惩罚他的弟弟 D. 杰克，上述自然惩罚（poena naturalis）思想的作用使得该罪行不受惩罚。刑罚除了要满足应然性，还必须要满足必要性，在青少年刑法中，刑罚的必要性就体现在必须要对未成年罪犯实施（再）教育。

辩护律师还辩称，假定这些罪行被指控为故意违法行为，那它们之间并不存在实质同一的关系，原因在于它们并不是 D. 杰克在可以独立抉择的状态下所作出的反应，而只是法律形式或理想状态下的同一，因为青少年 D. 杰克在撞上 F. 奥莉维亚女士后，他再也无法控制汽车。而如果不这么认为的话，则会导致行为人仅因造成危害结果就遭受惩罚，仿佛危害结果本身就是一种客观责任一样(不合理)。因此,辩方认为,在对两项罪行进行量刑时,应适用《刑法》第 57 条,而且对 D. 杰克实施的社会教育措施仅应针对他的主要罪行,而不应对另一危害结果施加不必要的惩罚。

简而言之,辩方请求法庭在定罪时,对 D. 杰克实施的社会教育措施不应超过全面软禁,并且应当允许他外出上课,但禁止他驾驶机动车辆,此外,D. 杰克的刑期不应超过 10 个月,还要扣除拘留当日以及截至目前已经对 D. 杰克实施预防措施的时间。

7. 被法庭认为真实且已得到可靠证明的事实

首先,控辩双方共同认可的事实被认为是真实的:事故发生时,青少年 D. 杰克 17 岁,没有犯罪前科,没有驾照,而且案发时驾驶着汽车。

其次,根据口头审判中提供的证据,法庭认为下述事实已经得到证实。

青少年 D. 杰克与父母住在一起。他在当地高中上学,成绩优秀,受到同学们的尊重。他的身体和智力发育都符合同龄男孩的正常标准。当他的哥哥 D. 约翰因盗窃罪在监狱服刑 18 个月时,他才十四五岁。D. 杰克知道,D. 约翰如果再触犯法律,就会被再次剥夺自由。该事实源于 J. 玛丽和青少年被告 D. 杰克本人的陈述(参见 8 月 15 日听证会音频的第 8 至 13 段和 8 月 16 日听证会音频的第 21 至 23 段)。

2021 年 3 月 26 日晚,D. 杰克没有喝酒,但他的哥哥喝了。D. 杰克看到 D. 约翰在“蓝月亮”酒吧与其他顾客发生口角,D. 约翰用螺丝刀刺伤了一名与其争吵的年轻人。D. 杰克目睹了他哥哥是如何殴打 G. 比尔,以及 G. 比尔是如何重伤倒地的。他还目睹了被害人早些时候是如何挑衅他的哥哥,并且用螺丝刀损坏了 D. 约翰的爱车。该事实也源于 J. 玛丽和青少年被告D. 杰克本人的陈述(参见 8 月 15 日听证会音频的第 13 至 16 段和 8 月 16 日听证会音频的第 23 至 25 段)。

本案的青少年被告不知道与哥哥发生冲突的这些人的名字,并且意识到这些人同样不知道自己的名字。于是,他想阻止 D. 约翰被指认、被追责甚至被监禁。他决定竭尽所能,让自己的哥哥免受法律制裁。当时由于 D. 约翰喝醉了酒,青少年被告推断如果让 D. 约翰开车的话,以 D. 约翰驾车时的车速是不足以成功逃脱的,所以 D. 杰克让 D. 约翰成为乘客坐在车上,自己开车,尽管他知道自己不仅没有驾照,也没有驾驶经验。由于情况紧急,他没有为 D. 约翰系上安全带,也没有给自己系上安全带。D. 杰克本人在口头审判时作证道,“我只想尽快离开那里”“我感到急促、心里有种强烈的紧迫感,我当时已经绝望了”“我不想浪费时间系安全带”“我没有打开车灯,这样我们就不会被看到”“我知道,如果有其他车或人横穿我当时开车所在的道路,我将无法及时作出反应”(参见杰克的陈述,8 月 16 日录音的第 21 至 24 段)。

正如检察官所述,案发当时 D. 杰克高速行驶,没有打开车灯,L. 鲍勃先生紧随其后,但并未紧跟。D. 杰克以 130km/h 的速度穿过市中心街道,没开车灯,甚至在过红灯时都没有刹车。该事实源于 L. 鲍勃先生的证词以及事故专家 B. 欧内斯特先生的详尽陈述(参见 8 月 15 日录音的第 39 至 44 段)。

在到达佛罗里达和圣卡洛斯的十字路口时,D. 杰克试图刹车,但仍撞到了 F. 奥莉维亚女士,当时她正在佛罗里达街上行走,并在绿灯亮起时穿行圣卡洛斯街。据专家证人 B. 欧内斯特称,在撞到 F. 奥莉维亚女士的那一刻,汽车的时速为 120km/h(参见 8 月 15 日录音的第 44 至 51 段)。

医学专家 A. 艾伦博士详细解释到:遭受汽车撞击而直接造成的多发性颅骨骨折以及脑部严重受创导致 F. 奥莉维亚女士当场死亡(参见 8 月 16 日录音的第 3 至 11 段)。

D. 杰克驾驶的车辆与一盏铁制路灯相撞,这造成 D. 约翰的头骨、颈部、手臂和肋骨严重骨折,而 D. 约翰所坐的一侧没有安全气囊。该事实源于事故专家和医学专家的证词。

如辩护律师所言,这名青少年被告在车祸中也受了伤。然而,正如A. 艾伦医生所述,D. 杰克受到了车内唯一安全气囊的保护,因此车祸发生后,他只有 5 根肋骨骨折并且颈椎遭受了创伤(参见 8 月 16 日录音的第 11 段)。

关于本次车祸对青少年被告所造成的困扰,从他本人以及他哥哥女朋友 J. 玛丽的陈述中可以清楚地看到,他确实意识到了自己所犯的错误,承认了自己的犯罪事实并感到懊悔(参见8 月 15 日听证会音频的第10 和11 段,以及8 月 16 日听证会音频的第 22 和 23 段)。

最后,可以补充的是,没有证据表明本案的青少年被告人是否知悉他哥哥的车内装有安全气囊。很明显,这是一辆出厂时就没有装置安全气囊的老式汽车,而且车内显然没有任何肉眼可见的部件表明驾驶员(也仅有驾驶员)能够受到这种额外的保护。虽然 D. 约翰有可能告诉过他的弟弟自己在车上安装了安全气囊,但这一点,本案现有的证据无法予以佐证。

鉴于

1. 已证事实的典型性

众所周知，法庭为了在口头审判中定罪，“必须提供充分的证据，合理地证实犯罪的确定性和被告的责任”（《刑事诉讼法》第142.1条）。犯罪的确定性和被告的责任如果存在疑问，则法庭必须宣判被告无罪（《刑事诉讼法》第142.2条）。这些规则不仅适用于成年人，也适用于青少年（《儿童和青少年法》第75条）。

（1）杀人罪

本案法官认为，结合法医所做的尸检、事故专家出具的报告以及出庭作证的警察所记录的证据进行分析（上述所有内容均与青少年被告本人所承认的内容一致），完全可以证明F. 奥莉维亚女士是被人杀害的，而她正是被该青少年所驾驶的汽车撞死的。

从已认定的事实和已证明的事实来看，青少年被告D. 杰克杀害了F. 奥莉维亚，《刑法》第310条将该行为规定为犯罪：

> 凡蓄意杀人者，应判处2至12年监禁。

本案中青少年被告显然是作为犯罪人参与这些行为的，因为他的所作所为已经构成犯罪既遂（《刑法》第60条第1款），而本案的犯罪行为之所以应当被归咎于青少年被告人，是因为犯罪行为的恶意预谋性以及犯罪行为的既遂性。

本案具有恶意性是基于《刑法》第18条第3款的法律规定：

> 凡是行为人对其行为的危害后果事前有预见的，即便行为人不愿意造成危害后果，也视为行为人故意而为之。

在口头审判中，始终可以证实的是，青少年料想（在他的内心中表现出）了“某人死亡”这种很有可能发生的最终结果。他事前预见到了这种可能出现的不良结果，但这种只在内心中预见到的不良结果并没有抑制住青少年被告的实际行为。辩护律师认为，青少年被告在任何时候都不想杀死F. 奥莉维亚女士，他甚至试图停车，但由于车速过快而没有成功。这种说法没有问题。按照完全的因果推理——也就是寻找因果关系——F. 奥莉维亚女士死亡的结果自青少年被告决定在那种条件下（超速、不开灯、没有经验）驾驶汽车的那一刻就可以归咎于他的行为了。正是他的行为造成或加大了应受刑罚惩罚性结果出现的风险，因此，客观归责的要素是存在的。

青少年被告人在其陈述中也承认了这一点，但必须澄清的是，这种承认的对象只限于事实，而不包括他的罪行或刑事责任。就主观方面而言，法庭必须强调的是，没有证据表明 D. 杰克的精神能力产生了变化；恰恰相反，他是一个才智足以在高中取得优异成绩的年轻人，他的发育程度与他的年龄相当，而且当晚他没有喝任何酒，因此他对自己的行为有着充分的认识。

年轻的 D. 杰克预见到自己的行为可能会造成或增加相应的法律风险。他不仅可以预见到他人死亡或受伤的结果，当他在一个在有行人通行的城区，不开车灯且以极快的速度行驶时更可以预见到这种结果，这点是毋庸置疑的。D. 杰克完全能够想到，在能见度如此低的情况下高速行驶，可能会导致那样的结果（有人被撞受伤甚至身亡）产生。此外，他轻率驾驶的行为并不是瞬时的，而是持续了相当长的时间，这无疑增加了发生致命结果的概率。D. 杰克数次接收到了红灯的“警告”，然而在每次闯红灯时，他都坚持自己的决定，优先考虑逃跑。他这样做，就应承担出现相应结果的法律风险。如果碰巧没有人挡住他的去路，那么就不会有人死亡，但如果有人不幸地闯入了他正在高速驾驶汽车的路上，那么显然这人是有可能被撞身亡的。D. 杰克预见到了这一点，迅速进行了思考，最终接受了这种在假定情形下能够实现的可能性。从他当时的驾驶情境来看，他即便踩了刹车，也很有可能导致他人死亡。尽管如此，本案青少年被告也并没有放弃他的意图。相反，他打算继续进行其危险行为，以逃避起诉。

正如米格尔·朗贡在对《乌拉圭刑法典》的评注中所描述的那样，在此类案件中，国家法律制度和法律规则作出的决定针对的是那些恶意预谋的犯罪行为以及恶意预谋的违反刑法行为。该作者认为：

> 行为主体并不想要这样的结果，但却有很大的可能预见这样的结果，并因此承担它、接受它。例如，一个人在有很多行人行走的街道上超速驾驶，他看到行人们走在路上，他并不想轧到他们，更不想杀死他们，尽管如此，他为了实现某种目的，在私欲的驱使下仍以这样的速度行驶并且没有停车，法庭因此（在一个清晰的法律拟制中）将这种可能预见结果但不希望其发生（的心态）假定为故意。至于行为主体是否预见到了这一结果，将最终决定犯罪是被归咎于故意

还是被归咎于非故意[1]。

鉴于上述原因,本案法官不同意辩方关于该行为是青少年被告由于轻率或疏忽而造成的过失杀人罪这种说法。

在得出D.杰克因故意不当的行为(间接故意)而恶意预谋杀害F.奥莉维亚女士的结论后,法庭有必要确定哪些量刑归责的因素应当在本次口头审判中予以考量。

检察官认为,应当考虑背信弃义行为(《刑法》第47条第1款)这种一般加重处罚情形,并且以此类推,将(青少年被告)如实交代犯罪事实和(青少年被告)完全没有犯罪记录(《刑法》第46条第13款)作为减轻处罚的因素。

本案法官认为,应当考虑(青少年被告)如实交代犯罪事实和(青少年被告)完全没有犯罪记录(《刑法》第46条第13款)这两个减刑因素。然而,虽然F.奥莉维亚女士在青少年被告所驾驶的失控车辆面前确实完全没有自卫能力,但他的行为和驾驶方式确实不会因为被害人无自卫能力而有任何不同。根据我们在庭审中看到的情况,如果当时是一辆大卡车闯到了青少年被告驾驶的车前,他驾驶汽车的方式也是一样的;只是,在这种情况下,其他人会成为死者。因此,法庭不考虑将被告的背信弃义行为作为加重处罚情形,特别是当我们考虑到青少年被告曾试图通过踩刹车的行为来挽救受害者,只是当时这个踩刹车的行为并未奏效。

值得一提的是,检方在其指控中正确地将杀人是为了"完成另一项犯罪"(《刑法》第312条第4款)这种含有极其特别加重处罚情形的杀人罪罪名予以排除——而检察院提出的另一项犯罪假定为《刑法》第197条规定的"掩饰、隐瞒犯罪"这项罪名。《刑法》第197条规定:

> 个人或官员在犯罪发生后,在未事先与犯罪人、共同犯罪人或从犯达成一致的情况下,帮助他们确保犯罪所得或巩固犯罪结果,阻碍当局调查,逃避起诉或逃避惩罚,以及隐瞒、藏匿或者以任何方式篡改犯罪证据、消除犯罪影响或销毁犯罪工具的,即使犯罪人、共同犯罪人或从犯最终不承担刑事责任,行为人也应当被判处(个人或官员)3个月至10年监禁。

---

[1] [乌拉圭]朗贡·库纳罗:《乌拉圭刑法典的补充注解》(第2版),蒙得维的亚,2018年,第76页。

本质上的不同一样。D. 杰克将自己心里那不让哥哥接受公正审判的自私意愿置于他人权利之上，甚至凌驾于哥哥不被自己那疯狂飙车之行为夺走生命的权利之上，而这可能会给 D. 杰克带来非常糟糕的判决结果。

因此，法庭认为本起含有加重处罚情形的严重伤害罪具有恶意预谋（具体地说，还包含青少年被告的间接故意）。

检方要求法庭考量的关于 D. 杰克犯伤害罪的罪责变更因素与关于 D. 杰克犯杀人罪的罪责变更因素相同，（还要求法庭考量）前面提到的兄弟关系导致被害人 D. 约翰受伤这一特别加重处罚的情形。检察官认为，由于酒后 D. 约翰的能力减退，青少年被告 D. 杰克决定不给 D. 约翰系安全带，并让他的哥哥坐在没有安全气囊的地方，使 D. 约翰处于脆弱或无自卫能力的特殊状态，因此法庭必须考量"背信弃义"这种一般加重处罚情形（《刑法》第 47 条第 1 款）。

法庭在本次判决的"已得到可靠证明的事实"那一部分里已经详细解释过，没有证据表明青少年被告事先知道肇事车辆的副驾驶一侧没有安全气囊，也没有证据表明青少年被告有意利用其哥哥（酒后无能力）的弱点（进行犯罪），或者说没有证据表明他哥哥（酒后无能力）的弱点影响了青少年被告的行为。

因此，法庭认为"背信弃义"这一加重处罚情形不应当被考虑在内。事实上，"背信弃义"被定义为一种纯粹的伤害行为，即"随意地进行欺骗与危险的伤害行为"，传统的说法是它意味着实质性的欺诈、跟踪缠绕或在道德与良心上存在欺瞒。从受害者的角度（《刑法》第 47.1 条所采取的视角）来看，它要求受害者"在任何条件下都无法防止攻击或进行自卫"。

此外，"背信弃义"与滥用武力（《刑法》第 47.6 条）有所区别，（滥用武力）是指被害人并非完全没有自卫能力，而是在有可能反抗犯罪行为的条件下无法进行自卫。考虑到本案中的这些因素，没有理由将青少年被告的行为视为"背信弃义"或滥用武力，原因之一是青少年被告此前从未（对其哥哥）有过伤害行为。

至于（青少年被告所触犯的）杀人罪，法庭认为（青少年被告）如实交代犯罪事实和（青少年被告）完全没有犯罪记录这两个减刑因素（《刑法》第 46 条第 13 款）应当类比伤害罪（的具体罪责确认方法）予以考量。

2. 这两项罪行如何相互关联

在本次口头审判中,对于这个问题存在两种立场。一方面,检方认为,每一项严重违反刑法的行为都是在(行为人)独立决定的条件下实施的,因此,法庭应当适用《刑法》第54条。(对青少年被告D.杰克)应采取的社会教育措施要与他的主要违法行为相称,并随(青少年被告的)其他违法行为的出现而增加。

另一方面,辩方认为,本案青少年被告所做的决定自始至终仅有一个(为了避免别人认出或找到他的哥哥而驾车逃逸),而正是他的这一行为(有且仅有这一个行为)同时违反了两条法律规定。

法律形式或理想状态下的同一是指,行为人的一个行为侵犯了不同刑事法律规范所保护的多项法律权利。在这种情况下,法律只能惩罚(罪责)更重的犯罪行为。但法律本身也有警告的作用,即从实际情况来看,当主体有意违反两种刑法规范时,实质同一的原则将被适用。例如,某行为主体欺骗了一个人,用假币来向他付款。如果考虑到该行为主体意图违反两条刑法规定:一是禁止假币流通的法律规定,二是禁止诈骗的法律规定,这种法律形式上的同一性就会消失。将上述结论应用到本案中,如果行为人的心中并不存在犯罪目的,而(犯罪目的)只是刑法通过简单地预想加以构造的话,那么(法庭)就很难发现犯罪目的的存在。本案所提及的D.杰克之不当行为是基于一种不想发生的结果(因此不包含犯罪目的),但这种结果因为事先可以预见而得到了法庭的确认,因此法律评价(D.杰克的)的行为是"故意"。总之,我们似乎可以合理地理解,《刑法》第57条所规定的违反多条法律、反复实施符合犯罪构成要件的多个犯罪行为(累积刑罚),仅在行为人心理层面确有相应的犯罪意图,而不是法律事后赋予其犯罪意图的情形下方可成立。这样一来,法庭可以很容易地认定D.杰克所犯的杀人罪和伤害罪在法律形式上同一(而并不是实质上的同一,即法庭认为不得对本案青少年被告D.杰克实施"累积刑罚")。

3.(社会教育)措施的决定

根据《儿童和青少年法》第79条,(法庭决定)采取的所有社会教育措施均可辅以技术人员的支持,(社会教育措施)以教育为目的,让青少年承担责任,并力求加强青少年对人权的尊重以及加强青少年与家庭和社会的联系。这些社会教育措施将由法官依据实现上述目标的比例性与适当性原则加以选择。正如上诉法院前部长何塞·玛丽亚·戈麦斯博士所说:"为了确定对青少年所采取的社会教育措施,必须考虑到以下几个标准:对违法行为的有效核查,青少年在违法行为中的参与度,社会教育措施的比例性、合理性和适当性;青少年的年龄及其个人、家庭和周边社会环境的情况,以及青少年的悔改与身心成熟程度,要努力在制裁青少年与青少年在违法行为中的参与度及其罪责之间保持平衡,同时也要考虑到(青少年在违法行为中)造成损害的程度"[1]。

此外,对于青少年而言,在没有其他适当的应对措施的前提下,只有发生性质严重的暴力侵害他人行为或构成其他严重不法行为的累犯时,才可剥夺其人身自由(根据联合国大会 1985 年 11 月 28 日第 40/33 号决议通过的《北京规则》的第 17.1 条)。

回到本案,鉴于(青少年被告 D. 杰克)造成的非常严重的伤害——一个有三个孩子的年轻母亲丧生,D. 约翰先生受重伤——同时(法庭)考虑到该青少年被告的发育水平——非常接近成年年龄——以及(法庭)刚刚在(本判决书中)提到的标准,本案法官认为,适当的司法措施应该是剥夺青少年被告的自由,而不是(对青少年被告实施)半自由措施,而且,鉴于该行为的严重性,作为(惩罚的)附属措施,保存(青少年被告 D. 杰克的)犯罪记录于法有据。然而,由于青少年被告在承认事实时所表现出的良好态度,以及他显然已经意识到自己的错误,再考虑到他的意图是帮助他的哥哥,因此,本法庭不采纳检察院所要求的惩罚措施,而判定将 D. 杰克在 INISA 的青少年拘留所中监禁 12 个月。

本法官在此举例说明一些与本案似而不同的其他案例,以确定符合合理以及比例要求的标准:

第三巡回法院青少年法庭第 107/2016 号判决,经第二巡回上诉法院家事法庭第 60/2017 号判决予以维持:持枪杀人,判处在 INISA 监禁 3 年零 6 个月。

第三巡回法院青少年法庭第 2/2018 号判决,经第二巡回上诉法院家事法庭第 203/2018 号判决予以维持:持枪杀人,判处在 INISA 监禁 4 年。

---

〔1〕 [乌拉圭]戈麦斯·费雷拉、何塞·玛丽亚:《青少年刑罚之确定准则》,载《司法杂志》,蒙得维的亚,2015 年 7 月。

第一巡回上诉法院家事法庭第 49/2012 号判决：持刀杀人的共同犯罪，特别加重处罚，（犯罪目的为）偷窃受害人的钱包，判处在 INISA 监禁 30 个月。

第四巡回法院青少年法庭第 106/2013 号判决，经第二巡回上诉法院家事法庭第 172/2014 号判决予以维持：在“游戏”中使用枪支杀人，经法庭审理最终认定行为人存在恶意，判处监禁 13 个月。

第二巡回上诉法院家事法庭第 85/2021 号判决：非故意杀人（交通事故）导致两人死亡，且事故发生后未提供救助，判处非监禁措施包括 22 个月的缓刑，由 INISA 的教育工作者陪同，行为人有义务接受心理治疗，并被禁止驾驶机动车，被强制进行为期两个月的社区服务。

4. 上述刑事诉讼程序的保密性

在不影响与本案相关的登记机关保存记录以及（当局或新修订的法律）没有下令取消这些司法程序的情况下，（任何人）必须牢记这是一个保留（非公开）的程序，禁止以任何方式泄露青少年的个人身份（《儿童和青少年法》第 96 条和第 97 条）。

基于上述理由，本法庭依据《儿童和青少年法》第 72 条至第 116 条以及第 222 条，《刑法》第 1 条、第 3 条、第 18 条、第 46 条第 13 款、第 60 条第 1 款、第 310 条、第 317 条、第 320 条以及第 322 条的法律规定，以及第 19670 号法案第 238 条、第 239 条，同时，（本法庭）为了确保（刑事诉讼程序的）一致性，以《刑事诉讼法》第 1 条、第 2 条、第 13 条、第 119 条、第 120 条、第 270 条、第 271 条的法律规定为补充作出判决。

判决如下：

本法官宣布青少年 D. 杰克是一起严重违反刑法之杀人罪的责任人，同时他仅在法律形式上（而非实质上）犯有另一起严重违反刑法之含有加重处罚情形的严重伤害罪。

因此，作为一项社会教育措施，我判处剥夺 D. 杰克的人身自由，将其在 INISA 中监禁 12 个月，并扣除青少年 D. 杰克已经接受的拘留与预防措施（的时间），并且（本项社会教育措施）不因法律的修订而改变或停止（《儿童和青少年法》第 94 条）。

作为附带处罚，我判处保留本案的司法和行政记录（《儿童和青少年法》第 222 条第 3 款，基于第 18778 号法案的授权）。

本判决一旦不被上诉,则立即生效。

并将此份判决书及时归档。

法官

安娜·保拉·加尔古兹博士

意大利刑事判决书

Antonio Balsamo; Giovanni Chiarini

曾元君 译

罗马法庭

独任审判庭

意大利国徽

意大利共和国

以人民的名义

法官×××博士在2022年1月26日(星期四)举行的公开听证会中宣布以下判决

判决书

在检察官×××博士的参与下

在针对下列被告人的第1/21号刑事诉讼中:

D. 约翰,×年×月×日生于罗马,由律师×代理

J. 玛丽,×年×月×日生于罗马,由律师×代理

指控

由于两名被告人共同对被害人G. 比尔造成了严重身体伤害,根据《刑法典》第110条、第582条、第583条第1款第1项、第585条第2款第2项,他们构成意图造成严重身体伤害并使用武器的严重伤害罪。具体而言,当玛丽倒在被害人比尔身上并俯身用手掐住他的脖子时,约翰用螺丝刀划伤了比尔的

脖子，伤到了他的动脉，比尔开始大量出血。

因犯罪行为是基于琐碎和恶劣理由而实施，两名被告人具有《刑法典》第61条第1款规定的加重情节。

由于约翰在5年前和3年前已被定罪，而他现在又犯了另一项罪行，因此构成《刑法典》第99条第4款规定的累犯。

由于被告人是在被害人挑衅的情况下犯罪，根据《刑法典》第62条第2款，两名被告人均有从轻处罚情节。

据称犯罪发生在2021年3月26日，星期五。

判决说理

2021年6月26日，罗马预审法官根据《刑事诉讼法典》第429条的规定，签发了一项交付审判的法令，该法令规定将被告人约翰（25岁）和玛丽（23岁）移交罗马法庭，由其适用普通审理程序，以及独任审判庭裁判。

罗马法庭普通审理程序的首次听证会定于2021年10月26日举行。

在预审程序中，犯罪被害人（比尔）由其律师代理以所谓的“民事当事人”身份加入了诉讼。根据《刑事诉讼法典》第74条和第79条，犯罪被害人可以对被告人提起民事诉讼，要求损害赔偿。

在2021年10月26日举行的第一次听证会上，玛丽和约翰的辩护律师都依据《刑事诉讼法典》第491条提出了一项庭前申请，请求将作为“民事当事人”的比尔排除在审判之外。

该庭前申请的理由主要是载有《刑事诉讼法典》第100条所要求的特别授权书的文件未经正式认证。尽管如此，独任审判庭还是决定驳回该项申请。

为此，犯罪被害人可作为“民事当事人”参与预审或预审后的诉讼程序，直至《刑事诉讼法典》第484条规定的必要行动得到执行，且未发现无效情况。比尔在特别授权书上的签字由比尔的律师本人按照最高上诉法院的综合判例认证。

法庭驳回了辩方根据《刑事诉讼法典》第491条提出的请求，并完成了《刑事诉讼法典》第484条和以下准则中提及的活动，比如遵守有关进行中的审判及其管辖权的所有形式要件，然后宣布开庭。

本庭根据《刑事诉讼法典》第492条宣读了对两名被告人的指控。

简言之，由于约翰和玛丽共谋对被害人比尔造成了严重的身体伤害，根据《刑法典》第 110 条、第 582 条、第 583 条第 1 款第 1 项、第 585 条第 2 款第 2 项，他们被指控犯有意图造成严重身体伤害并使用武器的严重伤害罪。

并且，两名被告人都被指控具有《刑法典》第 61 条第 1 款规定的从重处罚情节，因为他们的犯罪行为是出于琐碎和恶劣的原因；同时，两名被告人还被指控具有《刑法典》第 62 条第 2 款规定的从轻处罚情节，因为他们是在因被害人比尔的挑衅而愤怒的情况下犯罪的。

此外，约翰被指控构成《刑法典》第 99 条第 4 款规定的累犯，因为他已于 5 年前和 3 年前被定罪，但现在又实施了另一项犯罪。

在 2021 年 10 月 26 日的第一次庭审中，按照《刑事诉讼法典》第 493 条的规定，检察官、民事当事人律师以及辩方均要求采纳各自的证据，并具体说明了他们意图证明的事实。

在分别于 2021 年 11 月 26 日、12 月 26 日和 2022 年 1 月 26 日举行的公开听证会上，所有证人都接受了各方的询问和盘问。

被害人比尔称，2021 年 3 月 26 日晚，他与朋友 L. 鲍勃、K. 本在“蓝月亮”酒吧。晚上 10 时 30 分左右，当地的另一位客人（被告人约翰）与他发生了激烈争吵。他们此前从未见过面。

比尔称，约翰当时和一个女孩（被告人玛丽）以及一个小男孩（他的弟弟 D. 杰克，目前正在罗马少年刑事法庭受审，年仅 17 岁）在一起。

短暂的交谈后，约翰和伙伴们决定离开酒馆。在盘问过程中，比尔明确承认，他决定挑衅约翰，便用螺丝刀在约翰的汽车引擎盖上划了一道又长又深的划痕。约翰的回应肯定是不相称且出人意料的：他异常愤怒，下车后扑向比尔，从比尔手中夺过螺丝刀。他威胁比尔说：“我要杀了你，你这个混蛋！”他还说了一些令人难以理解的话。约翰数次试图用螺丝刀刺向比尔的胸部和腹部，但都没有刺中。盘问过程中，比尔说他很容易就躲过了这些刺杀，因为约翰明显喝醉了而且动作笨拙缓慢。

比尔滑倒在地之前，这种有害且危险的情况一直在其控制之下。根据比尔的陈述和盘问的结果，玛丽利用了被害人倒地的劣势：她俯身用手掐住比尔的脖子，几秒钟后，约翰用螺丝刀刺穿比尔脖子，伤到了比尔的动脉。

后来，由于动脉受伤，比尔开始大出血，随后便失去记忆。比尔说，在历经漫长的手术之后，他从医院病房里醒来。

医生拯救了比尔的性命,他现在恢复了健康。

比尔的伙伴(鲍勃、本)大体上证实了上述说法。此外,他们的证词对于了解比尔受伤后的情况也非常有用,因为比尔失去记忆后就什么也不记得了。

鲍勃、本解释到,案发后,约翰和玛丽都逃离了现场,他们没有帮助被害人,也没有对其造成的伤害表现出任何担心。

事实上,比尔的朋友本立即拨打了急救电话,请求派遣救护车。救护车在杰克驾车逃离7分钟后到达。此时,鲍勃、本的证词清楚地表明,两名被告人都没有尊重比尔的生命。

其他控方证人也同样明确证实,约翰和玛丽在案发后的行为是绝对错误的。

两名被告人实际上已经逃离了现场,他们将比尔置于危险之中,并试图以两种不同的方式推卸责任。

约翰利用了弟弟杰克的天真。经约翰同意,17岁的杰克在未取得驾照的情况下驾车逃离。经过大约25分钟的违法驾驶后,杰克在市中心以平均130km/h的速度驾驶汽车,他失去了对汽车的控制,因此撞死了一名妇女,即F.奥莉维亚。

如前所述,杰克因这起谋杀正在罗马少年刑事法庭单独受审。在本次审判中,杰克经其律师协助,并在《刑事诉讼法典》第197条之二的保障下,接受了盘问。无论如何,杰克基本上证实了比尔朋友的说法。

不同于约翰,玛丽徒步逃跑。在事故发生约15分钟后,她于两个街区外的玫瑰园巷被两名警察逮捕。

此外,所有警察和警探都接受了盘问,即警察D.格雷格和P.凯茜以及警探Z.亚瑟(以及警察H.克雷格就之前的犯罪记录接受了盘问)。

亚瑟特别指出,玛丽曾试图为自己辩解,说她只是想向她哥哥J.史蒂夫求助。她哥哥是住在玫瑰园巷的医护人员。但是,问题是"你为什么不首先呼叫救护车呢?"她无法回答这一问题。

不过,玛丽在盘问过程中表现得很配合,她回答了各方的所有问题。她的说法主要是:第一,她只是想把比尔和约翰分开;第二,她按压比尔的脖子是为了止血;第三,她没有逃跑,而是跑去找她身为医护人员的哥哥。

玛丽的哥哥史蒂夫接受了盘问,但他的证词只证实了他目前住在玫瑰园巷附近。为了支持玛丽的说法,她的辩护律师还出示了一份文件证据:她的急救证书。

与玛丽不同,约翰完全拒绝与司法机关合作,他行使了沉默权。最后,本次审判还引入了专家证据,即 A. 艾伦博士关于约翰血液(在事故现场提取的样本)中酒精含量的证词,以及比尔受伤的原因和类型。

艾伦博士称,约翰的血液中酒精含量达到了 1.2‰。

艾伦博士也准确描述了伤害的类型。比尔伤情严重,但由于其部分动脉被保住了(或许是因为螺丝刀尖端尺寸较小),他算是极度幸运。

事实上,一个人如果动脉严重受损,两分钟内就会死亡。相反,本案中救护车在(杰克驾车逃离)7 分钟后到达现场,而比尔仅于救护车来后 10 分钟便进入了手术室。

事实上,这也是检察官指控被告人犯有意图造成严重身体伤害的严重伤害罪而非谋杀未遂罪的主要原因之一。

……

根据上述证词,本庭在评估了所有脱罪证据和入罪证据之后,依据《刑法典》第 110 条、第 582 条、第 583 条第 1 款第 1 项、第 585 条第 2 款第 2 项,认定被告人构成意图造成严重身体伤害并使用武器的严重伤害罪。

犯罪意图和犯罪行为要件均得到满足,因为对于《刑法典》第 582 条规定的犯罪而言,只需一方面,证明存在导致身体或精神疾病的人身伤害行为;另一方面,证明存在一般的犯意(dolus)即可,根据最高上诉法院的大多数判例,"犯意"是指对事实的有意识的意愿。

被告人约翰和玛丽的犯意都是明晰的。

根据《刑法典》第 110 条和法理上对犯意联络的阐述,只要证明犯意与犯罪实施有因果关系即可。

事实上,如果没有玛丽的帮助,约翰就不可能击中比尔,这是符合逻辑的。因此,玛丽的共谋犯身份是确定的。

两名被告人的责任已排除合理怀疑地获得证明。

毫无疑问,被害人的身体受到的伤害是严重的,被害人的生命定处于危险之中,因此《刑法典》第 583 条第 1 款第 1 项规定的加重处罚情节应予以认可。

同样,由于螺丝刀可以化作武器,《刑法典》第 585 条第 2 款第 2 项规定的加重处罚情节也应予以承认。

此外,《刑法典》第 61 条第 1 款适用于两名被告人,因为犯罪行为是因与事实严重性绝不相称的琐碎和恶劣原因而实施的。

并且,根据《刑法典》第 99 条第 4 款的规定,约翰属于累犯,因为他在 5 年前和 3 年前已被定罪,但现在又再次犯罪。

毫无疑问,根据《刑法典》第 62 条第 2 款的规定,两名被告人都应被认定具有从轻处罚的情节,因为他们是在因被害人挑衅而愤怒的情况下实施犯罪的。

本法官认为,《刑法典》第 62 条之二中的一般减刑情节也必须得到批准,但只适用于被告人玛丽:她比较年轻,没有犯罪前科,而且是老人护理院的志愿者。玛丽不习惯这种斗殴,故不知如何处理。因此,与身为惯犯且行为更严重的约翰相比,玛丽应得到较轻处置。

根据《刑法典》第 69 条所设想的综合判断,法庭考虑了两名被告人的减轻以及加重处罚情节。

根据《刑法典》第 133 条规定的量化标准,刑罚计算如下:

被告人约翰:考虑到其行为的严重性以及从其犯罪记录中推断出的消极人格,判处 3 年监禁;

被告人玛丽:考虑到其年龄较小以及其行为的孤立性,判处其 2 年 6 个月监禁。

根据《刑事诉讼法典》第 535 条,两名被告人均有义务支付诉讼费用。

裁判结果

基于上述理由

本庭依据《刑事诉讼法典》第 533 条和第 535 条,宣布约翰和玛丽的被控罪行成立。考虑到两人具有《刑法典》第 62 条第 2 款规定的减轻处罚情节,以及对玛丽适用该条款规定的一般从轻处罚情节,同时考虑两名被告人的加重处罚情节,现判处约翰 3 年监禁,判处玛丽 2 年 6 个月监禁。

判令两名被告人支付诉讼费用。

规定交存理由陈述书的期限为 30 天。

2022 年 1 月 26 日,判决于罗马作出。

(法官签名并盖章)

译者注：本案中，17岁的杰克将由罗马少年刑事法庭审理。然而，由于判决书的法律写作风格和适用程序基本相同，因此我们选择提供一份说明，而非重写一份判决书。

根据意大利《刑法典》第589条之二的规定，杰克将被判定犯有驾车杀人罪。由于他以平均130km/h的速度在市内街道行驶，并多次无视主要交叉路口的红色交通信号灯而不减速，这一具体情况加重了其罪行。该罪的规定刑期为5~10年，由法官裁量决定。此外，杰克的无证驾驶也是一个加重处罚情节。然而，这一加重情节被视作与第62条之二规定的从轻处罚情节相抵，因为杰克没有任何前科，同时他也符合第98条规定的14岁至18岁以下的被告人具有特定的从轻处罚情节。因此，如果不进行简易审理（简易审理将减刑1/3，本案中辩护律师极有可能提出这一建议），普通审理的最终判决将是8年（如果进行简易审理，考虑到自动减刑1/3，则为5年4个月）监禁。

英国陪审团指示

HHJ Penelope Moreland and Natalie Wortley

曾元君 译

起诉书
纽敦刑事法院
女王诉约翰、杰克与玛丽案

约翰、杰克、玛丽被指控罪名如下：

第 1 项罪名

犯罪说明：谋杀未遂，违反《1981 年犯罪未遂法》第 1 条第 1 款。

罪行详情：2021 年 3 月 26 日，约翰与玛丽谋杀比尔未遂。

第 2 项罪名

犯罪说明：故意伤害，违反《1861 年人身犯罪法》第 18 条。

罪行详情：2021 年 3 月 26 日，约翰与玛丽非法且恶意伤害比尔，意图造成严重身体损害。

第 3 项罪名

犯罪说明：非法伤害，违反《1861 年人身犯罪法》第 20 条。

罪行详情：2021 年 3 月 26 日，约翰与玛丽非法且恶意伤害比尔。

第 4 项罪名

犯罪说明：危险驾驶致人死亡，违反《1988 年道路交通法》第 1 条。

罪行详情：2021 年 3 月 26 日，杰克在道路（阿索尔路）上危险驾驶机动车，并因此造成奥莉维亚死亡。

第 5 项罪名

犯罪说明：危险驾驶致人重伤，违反《1988 年道路交通法》第 1A 条。

罪行详情：2021 年 3 月 26 日，杰克在道路（阿索尔路）上危险驾驶机动车,并因此造成约翰重伤。

女王诉约翰、杰克与玛丽案
法律指示

法官和陪审团的职责

我在本案之初解释过,你们和我在审判中发挥着不同的作用。我作为法官的任务与你们的任务截然不同。我负责法律事务,并向你们提供相关法律的指导。你们必须接受并适用我告诉你们的法律知识。

你们负责权衡证据并对事实作出裁断。你们现在已经听取了本案中所有的证据,不会再有更多证据了。完全由你们来决定哪些证据可靠以及哪些证据不可靠。

你们应高兴地知道,你们不需要对审判中提出的每一个争议点进行裁决,而只需裁决那些你们作出最后裁断所必需的争议点。

你们必须确保每位证人可靠、诚实和准确的程度。在这一过程中,你们必须对所有证人适用同样的公平标准,无论他们是被控方还是辩方所传唤。

你们可以从听到的证据中得出常识性的结论,但不得猜测或推测。

由你们决定辩护人在发言中提出的任意观点或者要点是否具有说服力,也由你们决定各种证据的重要程度。因此,当我在审查证据时,如果没有提到某一证据,不要认为这意味着你们就应该忽略它。如果我提到了某一证据,也请不要认为这必定是一个要点。另外,在我表达对某项证据或案件的观点时,你们有同意或不同意的自由,因为你们的观点——且只有你们的观点——才是最重要的。

我将以书面形式给予你们我的法律指示,这样你们在裁断时就无须依靠你们的记忆了。

我也将给你们一份书面问题清单,供你们在裁断时参考。

这些是我给你们的书面指示的一部分。

你们应该如何完成你们的任务?

像这样的案件有时会引起你们的情绪,你们可能会对某些人感到同情。你们的任务是根据事实得出结论,并冷静地处理问题,不要让情绪或感情影响你们的裁断。

举证责任和证明标准

控方必须证明被告人有罪。

被告人无须向你们证明任何事情。他们不需要证明自己是无辜的。

控方只有在使你们确信被告人有罪的情况下,才能成功地证明对被告人的指控。

你们可能听说过“排除合理怀疑”的说法。这和确定的意思相同。

对被告人的单独审议

本案有3名被告,起诉书中有5项罪名。

你们应当就每项罪名分别考虑对被告有利的证据和不利的证据。

在适当的时候,你们将被要求对每项指控罪名及每项罪名中所涉及的被告分别作出裁断,因此,这些裁断可能相同,也可能不相同。

控方的证明责任

起诉书所涉及的2021年3月26日晚发生的事件。

你们所听到和了解的两起事件:第一起是发生在停车场的事件,当时比尔的脖子受了伤;第二起是发生在交通信号灯处的事件,当时奥莉维亚被撞身亡,约翰也受了伤。

第1项、第2项和第3项罪名涉及发生在停车场内的比尔脖子受伤的事件。

这3项罪名涉及约翰和玛丽,是选择性罪名。我稍后会向你们解释你们应该如何处理这些罪名。

你们应当首先考虑对约翰的案件予以支持或反对。

约翰

第1项罪名

控方指出,约翰谋杀比尔未遂,罪名成立。

为了证明约翰谋杀未遂,控方必须证明:

a. 约翰故意刺伤比尔。

b. 他这样做不是出于合法自卫。

c. 他所做的不仅仅是杀死比尔的准备工作。

d. 当他故意刺伤比尔时，他的意图是杀死比尔。

问题1：我们是否确定，约翰用螺丝刀刺伤了比尔的脖子？

控方称，证据显示约翰是故意用螺丝刀刺伤比尔。

问题2：我们是否确定，约翰的行为不是合法自卫？

辩方认为约翰没有任何合法理由杀人。

比尔：自卫在本案中不是问题，因为没有证据表明约翰认为自己受到攻击或将受到攻击。这将由你们作出事实判断的法官来决定你们是否确定约翰的行为是非法的。

问题3：我们是否确定，约翰故意非法刺伤比尔的行为不仅仅是杀死他的准备工作？

一个人可以通过这样的方式准备犯罪，例如，为自己配备武器或前往被害人所在的地点：这些行为仅仅是准备行为。但是，如果此人随后进一步试图实施犯罪或开始实施犯罪而未能实施完毕，那么他的行为就不仅仅是准备行为，而是犯罪的未遂行为。

本案中，约翰挥舞的螺丝刀实际上刺穿了比尔的脖子，尽管比尔并没有因此而死亡。

你们是否确信约翰所做的行为超出了单纯的准备工作，这是由你们来决定的事实问题。

问题4：我们是否确定，当约翰故意非法刺伤比尔时，他想杀死比尔？

在判断约翰是否有意杀死比尔时，你们需要考虑他在案发前、案发时以及案发后的行为，然后根据你们对这些事项的调查结果得出结论。

因此，首先应当考虑约翰做了什么。

你们听到的证据表明，他曾刺中比尔的脖子，造成比尔的动脉损伤。

你们还应该考虑约翰在此之前做了什么，说了什么。

控方证人告诉你们，他从比尔手中夺过螺丝刀，并大喊“我要杀了你这个混蛋”。

证人告诉你们，约翰把螺丝刀刺向比尔的胸部和腹部，但当比尔滑倒后螺丝刀就不见了，他们说约翰刺中了比尔的脖子，当时比尔倒在地上。

你们听到的证据表明约翰当时受到酒精的影响：事发时他血液中的酒精

含量是法定限度的两倍。

一个酩酊大醉的人可能无法形成故意犯罪的意图:但本案中并没有证据表明约翰不能形成故意犯罪的意图。

一个人在醉酒时可能会产生一个他在清醒时不会产生的意图,但这并不能成为辩护理由,醉酒的意图仍然是一个意图。

控方必须让你们确定,约翰在刺伤比尔时,打算杀死他。

如果你们确定,则约翰第 1 项罪名成立,无须考虑第 2 项和第 3 项罪名。

如果你们不确定,则约翰的第 1 项罪名不成立,你们应当继续考虑第 2 项罪名,即谋杀的选择性罪名。

第 2 项罪名

这是一项故意伤害罪,是第 1 项罪名的较轻替代性罪名,即谋杀未遂。

为了证明故意伤人,控方必须证明:

a. 约翰故意刺伤比尔。

b. 刺伤造成了伤口(本案中无争议)。

c. 他这样做不是合法自卫。

d. 当他这样做时,他意图对比尔造成真正严重的伤害。

问题 5:我们是否确定,当约翰故意非法刺伤比尔时,约翰打算对比尔造成真正严重的伤害?

在考虑这一问题时,请运用上文你们解释的有关意图的指示。

起诉书上的罪状写着“严重身体伤害”,意思是真正严重的伤害。

如果你们确定约翰非法伤害比尔的意图是对他造成真正严重的伤害,则他的第 2 项罪名成立,你们无须考虑第 3 项罪名。

如果你们不能确定他意图对比尔造成真正严重的伤害,则约翰的第 2 项罪名不成立,你们应当考虑第 3 项罪名。

第 3 项罪名

第 3 项罪名是非法伤害罪,是第 2 项罪名,即故意伤害罪的较轻替代罪名。

控方必须证明:

a. 约翰故意刺伤比尔。

b. 刺伤造成了伤口(本案中无争议)。

c. 他这样做并非合法自卫。

d. 当他这样做时,他意识到自己可能会对比尔造成伤害。

起诉书上第3项罪名是"恶意"。这意味着控方必须证明约翰伤害比尔的意图,或者约翰意识到使用螺丝刀进行攻击可能会造成伤害。这种伤害不一定是严重的伤害,约翰认识到他可能造成任意伤害就已足够,如瘀伤或轻微割伤。

就本罪而言,约翰喝了多少酒并不重要。问题在于你们是否确定约翰的行为是我刚才所说的恶意行为,并且他如果是清醒的,也会意识到他的行为可能会造成伤害。

问题6:我们是否确定,当约翰非法伤害比尔时,他意识到了他的行为可能对比尔造成伤害,或者说,他如果是清醒的,将意识到这一点?

如果确定,则约翰的第3项罪名成立。

如果不确定,则无罪。

裁断路径:约翰

1. 我们是否确定,约翰故意刺伤比尔?

如果不确定,则约翰不构成第1项、第2项和第3项罪名,即无罪。

如果确定,转到第2点。

2. 我们是否确定,约翰并非出于合法自卫?

如果不确定,则他的第1项、第2项和第3项罪名不成立。

如果确定,转到第3点。

3. 我们是否确定,约翰故意非法刺伤比尔的行为不仅仅是杀害比尔的准备行为?

如果不确定,则约翰的第1项罪名不成立,应转到第5点。

如果确定,则请回答第4点。

4. 我们是否确定,当约翰故意非法刺伤比尔时,约翰打算杀死比尔?

如果确定,则约翰的第1项罪名成立,你们无须考虑第2项和第3项罪名。

如果不确定,则转到第5点。

5. 我们是否确定,当约翰故意非法伤害比尔时,约翰意图对比尔造成真正严重的伤害?

如果确定,则约翰犯有第2项罪名,即故意伤害罪,你们无须考虑第3项罪名。

如果不确定,则约翰的第 2 项罪名不成立,你们应转到第 6 点。

6. 我们是否确定,当约翰故意非法伤害比尔时,约翰意识到他可能会对比尔造成伤害?

如果确定,则约翰的第 3 项罪名成立。

如果不确定,则约翰无罪。

玛丽

第 1 –3 项罪名

在法律上,即使犯罪实际上是由他人实施的,一个人如果有意让他人犯罪,并通过协助或怂恿他人实施犯罪而参与其中,也有可能构成犯罪。

控方指出,玛丽有意让约翰实施故意非法刺伤比尔的行为犯罪,打算杀死比尔,而且她还推搡比尔,对他大喊大叫,并且约翰用刀刺他时,她按住了他。

玛丽告诉你们,她无意让约翰犯罪,当她推比尔的时候,她是想制止打斗,而且当她的手放在比尔的脖子上时,她是想止住他受伤所致的流血。

你们的任务是考虑所有证据,并决定你们能确定哪些事实。

玛丽被控犯有起诉书中的第 1、2 和 3 项罪名,这三项罪名都是选择性罪名。

我将向你们提供“裁断路径”并告诉你们应如何处理这些罪名。

裁断路径:玛丽

1. 约翰谋杀比尔未遂是否有罪?

如果是,则转到第 2 点。

如果不是,则玛丽谋杀未遂无罪,转到第 3 点。

2. 你们是否确定,玛丽故意协助或怂恿约翰故意非法刺伤比尔,意图杀死比尔?

如果确定,则玛丽的第 1 项罪名成立,你们将不会被要求考虑第 2 项和第 3 项罪名。

如果不确定,则转到第 3 点。

3. 约翰是否因故意伤害比尔而有罪(第 2 项罪名)?

如果是,则转到第 4 点。

如果不是,则玛丽故意伤害比尔的罪名不成立,继续考虑第 3 项罪名,转到第 5 点。

4. 你们是否确定,玛丽故意协助或怂恿约翰故意非法刺向比尔并使比尔受伤,意图对比尔造成真正严重的伤害?

如果确定,则第 2 项罪名成立。

如果不确定,则第 2 项罪名不成立,继续考虑第 3 项罪名,转到第 5 点。

5. 约翰是否犯有非法伤害罪(第 3 项罪名)?

如果不是,则玛丽的第 3 项罪名不成立。

如果是,则转到第 6 点。

6. 你们是否确定,玛丽故意协助或怂恿约翰故意非法殴打比尔并使其受伤,同时意识到这可能会对比尔造成某种伤害?

如果不确定,则玛丽的第 3 项罪名不成立。

如果确定,则玛丽的第 3 项罪名成立。

杰克

第 4 项和第 5 项罪名涉及杰克以及发生在交通信号灯处的奥莉维亚被撞身亡和约翰受伤事件。

第 4 项罪名

为了证明第 4 项罪名,即危险驾驶致人死亡,控方必须证明:

a. 杰克当时驾驶的是捷豹 XK8,车牌号为 R606 FLJ。

b. 他的行为非常危险。

c. 他的驾驶行为导致了奥莉维亚的死亡。

第 5 项罪名

为了证明第 5 项罪名,即危险驾驶致人重伤,控方必须证明:

a. 杰克当时驾驶的是捷豹 XK8,车牌号为 R606 FLJ。

b. 他的行为非常危险。

c. 他的驾驶行为导致约翰受重伤。

在本案中,杰克承认他当时驾驶着车牌号为 R606 FLJ 的捷豹 XK8 一车行驶在亚瑟尔路上。

控方必须证明他当时属于危险驾驶,如果一个人的驾驶水平远远低于一个合格而谨慎的驾驶员应有的水平,那么他就是危险驾驶。

证据显示,杰克超速驾驶、无视红色交通信号灯,在奥莉维亚穿过马路时闯了红灯。

证据显示,汽车撞上了奥莉维亚,致其当场死亡。

杰克随后失去了对汽车的控制,汽车撞上了一根灯柱,这一撞击导致约翰的头骨、颈部、手臂和肋骨骨折。

关于第4项罪名,控方必须证明杰克的危险驾驶导致了奥莉维亚的死亡。辩方没有提出造成她死亡的任何其他原因。

关于第5项罪名,控方必须证明杰克的危险驾驶行为导致约翰严重受伤。

约翰所受的伤很严重,这一点没有争议。

控方不必证明杰克的危险驾驶行为是造成伤害的唯一原因,只要杰克的危险驾驶行为对伤害结果的影响超过了可忽略或最小的限度即可。

在本案中,约翰没有系安全带无疑是造成他受伤的原因之一。

你们要考虑的问题是,杰克的危险驾驶行为是否也是造成伤害结果的一个超过可忽略或最小限度的因素。

裁断路径:杰克

1. 你们是否确定,当时杰克驾驶的是车牌号为 R606 FLJ 的捷豹 XK8 一车?

如果不确定,他的第4项和第5项罪名不成立。

如果确定,则请回答第2点。

2. 你们是否确定,当时杰克属于危险驾驶?

如果不确定,则他的第4项和第5项罪名不成立。

如果确定,则请回答第3点。

3. 你们是否确定,杰克的危险驾驶行为导致了奥莉维亚的死亡?

如果不确定,则他的第4项罪名不成立。

如果确定,则他的第4项罪名成立,转到第4点。

4. 你们是否确定,杰克的危险驾驶行为不是造成约翰严重受伤的一个可忽略或微不足道的原因?

如果不确定,则他的第5项罪名不成立。

如果确定,则他的第5项罪名成立。

品格

1. 你们听到的是,玛丽和杰克都没有任何前科。

良好品格并非刑事指控的辩护事由,但它在两个方面具有相关性。

第一，玛丽和杰克都已作证。

就他们各自面临的指控而言，其良好品格都是一个你们在考虑是否接受他们的证言时应考虑到的对他们有利的积极特征。

第二，玛丽已经否认了她被指控的罪行，而被告人过去没有犯罪的事实可能使其行为不太可能像控方指控的那样。

对玛丽和杰克的良好品格有多重视，以及它在多大程度上有助于认定这个特定案件的事实，由你们来决定。

在做出这些评议时，你们可以考虑你们已经听到的有关玛丽和杰克的一切事情。

2. 你们已经听到了，约翰有两项盗窃前科。

辩方已经将这些证据交给你们，以便证明约翰以前没有暴力犯罪的前科。

这些前科材料与本案没有其他关联。

约翰：在审判中行使沉默权

约翰选择不作证。

这是他的权利，但带来了这些后果：

1. 约翰没有在审判中提供证据来反驳控方证人关于其在停车场对比尔实施的行为的证据或削弱该证据的证明力。

2. 你们应该记得，当我问约翰的辩护人约翰是否打算作证时，约翰的辩护人告诉我他明白如果不作证，你们有权做出不利裁判；换句话说，你们有权得出这样的结论，即约翰没有在交叉询问过程中做出经得起控方质询的回答。

你们必须决定约翰未能提供证据是否对他不利。

首先，你们必须确定控方的理由足够充分，以至于需要约翰提供证据。

其次，你们必须确定不提供证据的真正原因是约翰没有他认为经得起质询的证据。

你们必须记住，控方应证明被告有罪。虽然约翰未能提供证据为本案提供支持，但你们不能完全或主要因为约翰未能提供证据而将其定罪。

一致裁断

最后,重要的是,你们对每项罪名和每名被告人都要努力达成一致裁断,即所有人都同意的裁断。你们需要多少时间都可以,没有任何时间压力。

你们可能听说过多数裁断——请把这一点从你们的脑中“抹去”。如果到了我可以接受多数裁断的时候,那将由我来启动这个程序,你们会被带回法庭,接受进一步指示。

如何组织讨论和进行评议完全是你们自己的事情,但你们可能会发现在你们当中选择一个人来主持讨论是有帮助的。无论你们是否选择一人主持讨论,每位陪审员都能够表达自己的观点,任何人都不必因为要做出特定决定而感到有压力,而且你们应始终专注于我为你们概述的法律问题。当你们开始讨论时,可能会对特定主题或证据表达大量不同观点。但是,如果你们每个人都倾听了其他人的意见,则在几乎所有的案件中,陪审团都能达成陪审员全部同意的裁断。

英国量刑评论

HHJ Penelope Moreland and Natalie Wortley
曾元君 译

英国
女王诉约翰与杰克案
量刑评论

1. 约翰、杰克，当我在宣判时，你们俩仍坐着。

2. 我要先解决一个附带事项：这些案件都适用法定附加费，因此应按适当的金额开具命令。

3. 陪审团认定你们俩在2021年3月26日发生的事件中犯有罪行。

4. 约翰，我将先对你判刑，你被判定为谋杀比尔未遂。

5. 2021年3月26日晚，你与你的弟弟杰克和你的女友玛丽在外面喝酒。你喝得太多了，在酒吧里你与比尔和他的朋友们发生了激烈的争吵。

6. 当你离开酒吧，坐进自己的车时，比尔从他自己的车里拿出一把螺丝刀，刮花了你的汽车漆面。你愤怒地下车，从比尔手中夺过螺丝刀，用螺丝刀刺向他。你的许多攻击都没有刺中，但当比尔倒在地上时，你用螺丝刀刺穿了他的脖子，伤到了他的动脉。那是极其严重的危及生命的伤害，比尔能活下来已经很幸运了。

7. 你的弟弟杰克看见你的所作所为后，驾车带你逃离了现场。

8. 我阅读了比尔提供的《被害人影响陈述》。他在声明中说明了你的犯罪行为对他造成了严重的生理和心理影响，特别是他被诊断出患有严重的创伤后应激障碍（PTSD）。

9. 对这类案件的量刑有一个指导准则。你的罪责属于该指导准则中的C类：中等罪责，因为你在企图谋杀比尔时使用了武器。你的犯罪行为造成的伤害则属于第2类：我确信比尔因你的犯罪行为而遭受了严重的心理伤害。

10. 第2C类罪的起刑点为20年监禁，刑期范围为15～25年。本案中，我以20年为起刑点。

11. 由于你在犯罪时喝醉了酒，而且在刺伤比尔之后，你离开了现场，试图逃避警察的追捕，你将因此被加重刑罚。

12. 我考虑到了将你没有暴力犯罪前科这一事实作为减轻处罚的情节。我拒绝接受你提出的关于比尔不应该划伤你的车从而减刑的请求，我认为他的行为并不构成严重挑衅：他不应该刮花你的车，但根据我的判断，他的行为并没有达到可减轻你刑事责任的程度。

13. 我还考虑到你在犯罪后遭遇车祸，受了重伤，而且你持续的健康问题会让你在监狱里的日子更加艰难。

14. 审判后的刑期为20年。

15. 我认为你不会再犯其他特定罪行而对公众构成严重危害。因此，我既不判处无期徒刑，也不延长监禁刑期。

16. 该判决的效果是，你将在20年监禁中的2/3时间里继续被羁押。届时你将被释放，在20年刑期的剩余时间里，你将被特许服刑。你必须遵守许可条款，不得再犯，否则将被重新收监，然后你可能会在监禁中服完剩余的刑期。

17. 还押候审的时间将自动从你的刑期中扣除，这可以通过行政手段完成。

18. 你可以与被告席官员一同前往。

19. 杰克，你因危险驾驶导致奥莉维亚死亡以及危险驾驶导致约翰受重伤而被判刑。

20. 2021年3月26日晚，在试图带着你的哥哥约翰从他企图杀害比尔的停车场驾驶汽车逃跑时，你严重超速行驶，在道路的一侧错误转弯，并无视红色交通信号灯。

21. 你驾车来到一个由交通信号灯控制的人行横道，当时奥莉维亚正在过马路，你无视红灯直行，这导致奥莉维亚当场死亡。

22. 你这样做使3个年幼的孩子失去了他们唯一的母亲。我读了奥莉维亚的父母写的感人的《被害人影响陈述》，他们讲述了自己的悲痛和你对奥莉维亚的孩子们造成的致命影响。

23. 我做出的任何判决都无法反映出他们的悲痛。

24. 在你犯罪时,这一罪行的最高刑罚是 14 年监禁。

25. 你的犯罪行为属于量刑准则中的第 1 级:驾车时公然无视道路规则,并明显无视对他人造成的巨大危险。

26. 起刑点为 8 年监禁,刑期范围为 7 ~ 14 年。

27. 我认为,你为了帮助你哥哥逃避严重罪行的侦查而危险驾驶,这是进一步加重刑罚的特征。由于你无照驾驶,而且没有保险,并且你对约翰造成了严重伤害并造成了奥莉维亚身亡,因此加重你的刑罚。

28. 为了减轻刑罚,我将你以前没有被定罪或被警告过予以考虑。

29. 对于处于你这种情况中的成年人,适当的刑罚是 12 年监禁。

30. 然而,在你犯下这些罪行时,你只有 17 岁,因此,我考虑到了《儿童和青少年量刑指南》。

31. 我考虑到了青少年司法制度的原则、目标,即预防儿童和青少年犯罪。我也考虑到了你的福利。

32. 根据该指南,我认为于你而言,危险驾驶致人死亡罪的适当刑期是 6 年。

33. 根据《2020 年量刑法》第 250 条的规定,这将是一个关于长期拘留的判决。

34. 你还将因危险驾驶造成严重伤害罪而被判刑。在你致奥莉维亚死亡之后,你失去了对汽车的控制,汽车与一根灯柱相撞。当时,前座乘客约翰没有系安全带,他的头骨、颈部、手臂和肋骨严重骨折。

35. 这一罪行没有适用准则,最高刑期为 5 年。

36. 鉴于我已将约翰所受重伤视为第 4 项罪名的加重情节,并考虑到关于整体性的准则和《儿童和青少年量刑指南》,我对第 5 项罪名同时判处 18 个月监禁。

37. 因此,判决为 6 年长期监禁。这意味着你将被关押 3 年。此后,你将被特许释放,并在接下来的 3 年内接受监督。在此期间,如果你违反监管规定或再次犯罪,你可能会被处罚或重新收监。

38. 你将被取消驾驶资格。

39. 如果不是因为你将因危险驾驶致人死亡罪而被判处 6 年长期监禁,我会下令只取消你 3 年的驾驶资格。但在你被拘禁期间取消驾驶资格,无法实现它应有的目的。因此,取消驾驶资格的期限将根据你的羁押期而延长。你将在羁押期间服完一半的刑期，而根据《1988 年禁制令》第 35A 条的规定，取消驾驶资格的期限必须是 3 年加上 3 年的延长期。

40. 因此，你的驾驶资格将被取消 6 年，直到你通过延期的驾驶考试为止。这意味着，当你被取消驾驶资格满 6 年后，你可以申请驾驶执照，但你所获得的驾驶执照将是临时的，直到你通过延期考试为止。如果你在被取消资格期间驾车，触犯了刑事法律，则可能因此被判处更长的监禁刑。

伊朗刑事判决书

Mohammad M. Hedayati – Kakhki

林静 译

一审法院诉讼

【不要因你的私欲而偏离公义】

裁定编号:[×××]

签发日期:[×××]

文件编号:[×××]

档案编号:[×××]

[德黑兰]刑事法院一分院编号[×××]

原告:公诉人;比尔。

被告:约翰的代理律师[×××];玛丽的代理律师[×××];比尔。

起诉:故意伤害致人重伤,饮酒和刑事损害。

事实背景

本案的事实背景已详细载于法庭记录和相关资料中。概括而言,根据起诉书、警方和法医的报告显示,2021 年 3 月 26 日,约翰在醉酒的情况下和比尔先于"蓝月亮"酒吧发生了口角,后于 22 时 30 分左右在停车场发生了争执。约翰在玛丽和弟弟杰克的陪同下离开酒吧,进入停车场,在车里看见比尔用螺丝刀刮他的汽车引擎盖。他从车里冲出来,抢过比尔的螺丝刀,企图刺向比尔的胸部和腹部,但起初他并没能接近比尔。然而,当比尔倒在地上后,玛丽也倒在了他的身上,约翰随即设法接近他,并用螺丝刀刺伤了他颈部的动脉,造成了比尔严重出血。玛丽声称,她试图通过按压比尔颈部的伤口来阻止血液流出,但是被比尔的朋友鲍勃阻止了,随后她逃离了现场。

约翰也和他的弟弟杰克驾车逃跑了。急救人员迅速到达了事故现场，将比尔送往医院接受紧急治疗。警察对在场人员进行了询问，并确定了比尔的受伤情况。诊断报告表明，比尔做了紧急手术，目前情况稳定。

停车场的监控摄像头录下了这场纠纷，录像的副本、酒吧顾客及比尔同事的证人证言、警方笔录、诊断报告均已被记录到了刑事档案中。

约翰在逃离现场后卷入了一起交通事故纠纷，随后在医院被捕。他承认在“蓝月亮”酒吧喝了酒并袭击了比尔。事发不久，玛丽也在附近的一条街上被拘留，她也承认在2021年3月26日喝了酒，但是，她声称自己试图阻止过这场争吵，并对比尔进行了急救，她离开现场只是为了向住在附近的医护人员寻求帮助。

在初步调查后，警方将案件移交给检察院，由检察院牵头进行全面调查，收集证据，并对约翰饮酒及殴打比尔致其重伤的行为提起诉讼。玛丽也因饮酒及协助约翰实施暴力行为而被提起公诉。比尔也因对约翰的汽车造成损害而被签发了起诉书。

在审查了本案所有的证据及报告，听取了当事人陈述后，法院结束了审理，接下来将寻求上帝的帮助，依靠人道的荣誉和良知作出判决。

判决

本案被告人约翰，出生于[×××]，为[×××]的儿子，目前关押于[×××]监狱，由[×××]律师代理。法院已经针对约翰故意伤害致人重伤以及饮酒的指控进行了审理，对提交的所有证据进行了审查，驳回了约翰的行为为正当防卫以及因醉酒而完全丧失了意志的辩护意见。由此，法院判决约翰犯有故意伤害罪致人重伤以及饮酒罪。

辩方的观点为，约翰的行为是正当防卫，因为比尔故意用螺丝刀损坏他的汽车，而约翰只是为了防止比尔对他的财产造成进一步损害从而实施了防卫行为。然而，法院认为，当车辆已经没有继续受到损坏时，约翰仍攻击比尔，因此，约翰的行为对对抗比尔的损害是没有必要的；此外，约翰对这种情况的反应是不合理的，不构成防止其生命受到紧迫威胁的行为，而这是约翰辩护成功所必需的。此外，法院认定，约翰在“蓝月亮”酒吧内与比尔的争吵被视为其自愿行为/侵犯行为，并且在任何情况下，向有关当局报告车辆损坏情况都是切实可行并且合理的[《刑法典》第156(a)－(d)条]。

辩方辩称，约翰在袭击比尔时喝醉了，因此失去了自制力/意识，但法院驳回了这一论点,因为没有证据证明约翰因饮酒而完全丧失了意志(根据《刑法典》第 154 条)。辩方对饮酒的指控没有提出辩护,无论如何,医院记录显示,约翰入院时血液中的酒精含量为 1.2‰。

为了减轻处罚,辩方声称约翰的行为是比尔挑衅的结果。然而,约翰暴力袭击的程度并不与汽车被剐伤的损害程度相适应,因此,法院认为约翰对比尔的挑衅做出了不成比例的回应,法院不认为这一辩护可以减轻量刑。

因此,根据《刑法典》第 614 条,并就比尔的赔偿请求考虑到《刑法典》第 412 - 4 条,法院判处约翰监禁 5 年,罪名为故意伤害罪致人重伤。上述处罚是出于维护公共秩序和防止他人实施此类行为而做出的。法院还根据《刑法典》第 264 - 5 条,以饮酒罪判处约翰 80 鞭刑罚。

被告人玛丽于[×××]出生在[×××],为[×××]的女儿,保释后居住于[×××],代理人为律师[×××]。根据起诉书的指控,玛丽参与了伤害比尔的案件并且饮酒,法院接受了律师针对第一项指控提出的辩护意见,即玛丽试图平息争吵,并且在看到比尔受伤后试图给予帮助。监控录像以及各种证人证言均能够支持辩护人的这一观点。因此,法院认定玛丽在约翰袭击比尔期间协助约翰的罪名不成立,并根据《宪法》第 37 条宣布她无罪。关于饮酒罪,正如警察进行的酒精测试所证实的那样,玛丽在拘留时已经受到了酒精的影响,她自己也承认在事件发生前饮酒。因此,根据《刑法典》第 264 - 5条,法院判处玛丽 80 鞭刑罚。

被告人比尔,出生于[×××],为[×××]的儿子,在[×××]年[×××]月[×××]日保释后居住在[×××],关于其损害他人财产案的指控,法院审议了提交上来的所有证据,认定比尔对约翰的财产犯有故意毁坏财物罪,并根据《刑法典》第 677 条判处比尔 250,000,000 里亚尔的罚款。这一判决是根据《刑法典》第 22 条以及在塔兹罪行中赋予法官的自由裁量权作出的。

在这些处罚中,监禁可以用适当的罚金代替。

本判决书是在各方当事人及其代理人在场的情况下作出的。可于本判决发布之日起 20 天内向[德黑兰]上诉法院提出上诉。

上诉法院上诉

[德黑兰]刑事法院一分院编号×××裁判

[法官签名]　　　　　　　　　　[法院顾问签名]

裁定编号:[×××]
签发日期:[×××]
文件编号:[×××]
档案编号:[×××]

[德黑兰]刑事法院一分院编号[×××]

青少年特别法庭
原告:公诉人;奥莉维亚家族(由律师[×××]代理)
被告:杰克的代理律师[×××]
诉由:无证鲁莽驾驶致人死亡
事实背景

在本案中,17岁的杰克被控无证鲁莽驾驶致人死亡。案件的全部细节已记录在法院的档案和相关文件中。概括而言,2021年3月26日,杰克的哥哥约翰在“蓝月亮”酒吧外与比尔发生冲突,之后,杰克将约翰扶至车辆的副驾驶上,并在没有打开前灯的情况下鲁莽地高速驶离了现场。杰克无证驾驶。据称,他试图避免自己和约翰被认出,因为在比尔被约翰刺伤后,比尔的朋友鲍勃正在追赶这辆车。杰克在高速(平均130km/h)状态下鲁莽驾驶,并且没有在红灯亮时停车,撞死了行人奥莉维亚——一位有着3个孩子的单身母亲。杰克尽管看到了奥莉维亚,但由于车速太快,无法停车,车辆以约120km/h的速度与奥莉维亚相撞,以致她被撞飞,她的头部先撞到墙上致脑部严重创伤和多处颅骨骨折,奥莉维亚当场死亡。第一次撞击后杰克失去了对车辆的控制,这引发了进一步的碰撞,该碰撞导致约翰从汽车挡风玻璃中弹出,且头骨、颈部、手臂和肋骨严重骨折。杰克的伤势限于肋骨骨折和严重的颈部扭伤。

一名当地居民将该起事故报警,警察和其他紧急救助人员在事故发生后不久抵达现场。该案件被移交给检察院进行进一步侦查,检察院对杰克提起诉讼,指控他无证鲁莽驾驶致使无辜人员死亡。该案最初在未成年人设立的[德黑兰]第一刑事法院提起诉讼,但随后由于罪犯犯罪时年龄小,该案件被移交给了青少年法院。

在审查了本案的所有证据和报告,并听取了道路交通事故调查小组以及各方的陈述后,在两名社会服务事务部成员的协助下,法院结束了听证会,接下来将寻求上帝的帮助,依靠人道的荣誉和良知作出判决。

判决

杰克于[× × ×]出生在[× × ×],为[× × ×]的儿子,目前被拘留在[× × ×]监狱,由[× × ×]做代理律师,检察院指控其罪名为无照鲁莽驾驶致人死亡罪,法院在发布本判决前已对提交上来的所有证据进行了审查。

辩方的观点是,杰克的行为是由他的情绪状态驱动的,即他专注于帮助约翰,而没有考虑到其行为的潜在后果。杰克被转送到医疗法律组织,并由社会服务事务团队进行评估,以确定他的发育水平。结果表明,他的身体、智力和大脑发育状态均处于他这个年龄段的正常水平。因此,辩方的观点被驳回,也不被视为减刑的理由。因为杰克发育水平正常,他在 2021 年 3 月 26 日理应意识到以那样的驾驶方式以及在没有一定经验和证件的情况下进行驾驶存在的风险。

因此,根据《刑法典》第 714 条对鲁莽驾驶致人死亡罪的规定,法院判处杰克监禁 2 年零 10 个月,并且向奥莉维亚家的女性支付全部赔偿金。此外,由于杰克在致命事故发生时没有正式的驾驶执照,根据《刑法典》第 718 条的规定,自判决之日起,杰克 5 年内被禁止驾车。

关于约翰在事故中受伤的问题,由于他明确放弃了对其弟弟杰克提出索赔的权利,因此出于公众利益的角度考虑到因奥莉维亚之死而对杰克作出的判决,法院将不再考虑约翰受伤的问题。

本判决是在各方当事人及其代理人在场的情况下作出的。各方当事人及其代理人可于本判决发布之日起 20 天内向最高法院提出上诉。

最高法院上诉

[德黑兰]刑事法院一分院编号×××青少年特别法庭裁判

[法官签名]　　　　　　　　　[法院顾问签名]

本附录不构成判决书的一部分

附录
伊朗刑事司法制度背景及适用法律规定简述

伊朗法律与普通法的法理框架完全不同，伊朗法律的原则和合法性符合伊斯兰教法的规定。伊朗的法律体系是通过《宪法》建立的，主要由法规及各种文书构成，它还利用了最高法院的优先权制度，尽管本法院的指导仅针对较低级别判决中出现冲突的某些特定事项。越来越多的法官参与到更重要的案件和被上诉案件的小组中。最高法院是国家最高司法机关；其职责是监督法院正确执行法律，制定司法先例，修订公共和革命法院的判决，还包括财务和监管事项。司法机构负责人有权下令推翻最高法院发布的判决，但这只适用于与公共秩序和国家安全有关的特殊案件。

在开始对刑事案件进行初步调查时，负责通过刑事司法系统进行调查和处理的机构是公共和革命检察院。伊朗刑事司法运用的制度是检察制度，这意味着司法机构在确立案件中发挥作用，并积极参与确定事实；而不是对抗性制度，在对抗性制度中，法院仅是当事人之间的公正裁决者。检察院的职权范围是对一项罪行进行审前调查，发布起诉书，如果案件符合成功定罪的标准，则将此案移交给相关的刑事法院系统（第一刑事法院和第二刑事法院等）。

对于一审法院作出的判决可向上诉法院或最高法院提出上诉，具体向哪个法院提出上诉取决于案件的主题和所指控罪行的严重程度。伊朗刑事诉讼的最后阶段由执行机构负责，由该机构执行法院作出的任何惩罚。

当执法机构（安全部队、警察或其他有权机构）发现犯罪时，他们将负责立即调查和获取该案件的证据。他们可以根据自己的权限审问和拘留个人，但任何拘留都被限制在 24 小时内，除非获得延长时间的司法许可（检察院）。被授权的实体包括警察，他们是内政部和司法部的一部分,还有在情报和信息部门下面运作的安全部队、伊斯兰革命卫队(特别是其情报部门)和伊斯兰武装力量动员队(司法部授权作为执法机构的志愿民兵)。

第一刑事法院和第二刑事法院有权审理不同类别的刑事犯罪案件,这些犯罪类别与指控犯罪可能受到的惩罚程度有关。更清楚地来说,根据《刑事诉讼法》(2014 年 4 月通过)第 294 条,刑事法院分为第一刑事法院、第二刑事法院、革命法院、儿童和青少年法院(少年法庭司)和军事法院。法庭由一名主审法官和两名助理法官组成,主审法官可以与其中一名助理法官进行审判(根据 2015 年 6 月的刑事诉讼法修正案)。

就第一刑事法院的管辖权而言,第一刑事法院主持以下类型罪行的审判(《刑事诉讼法》第 302 条):可判处死刑的罪行;可判处终身监禁的罪行;可判处截肢的罪行和可判处全额罚金一半或以上的人身攻击案件;塔齐尔(*Ta' zir*)三级及以上犯罪;政治和新闻犯罪。

根据《刑事诉讼法》第 304 条的规定,儿童和青少年法庭(少年法庭)对未满 18 周岁的罪犯所犯的案件具有管辖权。根据该法,少年法庭将保留对少年案件的管辖权,即使被告在诉讼过程中年满 18 周岁。然而,如果被告在审判开始前年满 18 岁,少年法庭将不再行使管辖权,案件审理将在适当的成年刑事法庭进行,但被告保留在少年法庭审判的特权(如《刑法典》第 304 条注 2 指定的社会工作者参与审判等)。

根据《刑法典》第 298 条的规定,少年法庭的审判由一名法官和两名社会工作者(为法官提供咨询)进行。《刑事诉讼法》第 315 条规定,应在所有省份的第一刑事法院内设立少年法庭分支机构。

关于刑事判决的内容,根据《刑事诉讼法》第 378 条的规定,判决应包括(但不限于)被告的姓名、检察官的详细信息、罪行摘要、作出裁决所依据的法律规定、适用的惩罚以及有关主体上诉权的信息。主审法官的姓名和职位也应包括在内。

适用于问题场景的法律规定:

《刑法典》第 1 条规定了对胡杜德、齐萨斯、迪亚特、塔齐拉特的犯罪和惩罚、安全和惩戒措施、刑事责任的要求和障碍以及适用它们的规则。

第 14 条:本法规定的处罚分为 4 类:(1)哈德(*Hadd*);(2)齐萨斯(*Qisas*);(3)迪亚(*Diya*);(4)塔齐尔(*Ta' zir*)。

第 15 条:哈德是一种惩罚,处决的理由、类型、数量和条件在神圣的伊斯兰教法中有明确规定。

第 16 条:齐萨斯是对故意伤害生命、肢体和能力的身体犯罪的主要惩罚,应根据本法第一卷适用。

第 17 条:迪亚无论是固定的还是不固定的,都是神圣的伊斯兰教法规定的货币金额，由法律确定，在针对生命、肢体和能力的非故意身体犯罪或因任何原因不适用齐萨斯时的故意犯罪的情况下支付。

第 18 条：塔齐尔是一种不属于哈德、齐萨斯或迪亚类别的惩罚，由法律规定，适用于伊斯兰教法禁止的行为或违反国家规则的行为。塔齐尔犯罪的种类、数额、执行条件以及减轻、中止、撤销等方面，由法律规定。对塔齐尔犯罪作出裁决时，在遵守法律规则的同时，法院应考虑以下问题：(1) 罪犯犯罪时的动机及其精神和心理状况；(2) 犯罪方法、失职程度及其有害后果；(3) 罪犯犯罪后的行为；(4) 罪犯的个人、家庭和社会背景以及塔齐尔惩罚对罪犯的影响。

第 154 条：自愿饮用酒精饮料、服用麻醉药品和迷幻药等导致的醉酒不免责，除非证明罪犯已完全丧失意志。然而，如果证明这些物品是为了犯罪而食用，或者在知道犯罪会发生的情况下食用，并且意图实施的犯罪实际发生了，则犯罪者应因上述罪行受到惩罚。

第 156 条：任何人如果为了保护自己或他人的生命、荣誉、贞操、财产或人身自由，免受任何实际或紧迫的侵犯或危险，而犯下法律认为是犯罪的行为，则不应受到惩罚，但前提是这个人处于防御状态并且符合下列条件：(1) 所实施的行为是对抗侵犯或防御危险所必需的；(2) 防卫是基于合理的情况或合理的恐惧；(3) 危险和攻击不是行为人自愿造成的或基于行为人的攻击而引发他人防卫的结果；(4) 在合理的时间内诉诸政府军是不可行的，或者政府军的干预对击退侵犯和危险是无效的。

注 1：如果某人与防卫行为人关系密切，或者防卫行为人有义务为他/她提供保卫，或他/她无法自行防卫，或处于无法寻求帮助的情况下，则允许为他人的生命、荣誉、贞洁、财产或人身自由进行防卫。

注 2：如果防卫基本成立，但条件是否满足尚未得到证明，则应由侵犯者证明防卫条件不满足。

注 3：在正当防卫的情况下，不得给予迪亚，但对精神病患者的防卫除外，在这种情况下，迪亚应从国库中支付。

第 264 条：吸食麻醉品，包括饮酒、注射、吸烟等，无论数量是少还是多，无论麻醉品是液体还是固体，无论吸食者是醉酒还是没醉酒，无论麻醉品是纯的还是混合的，只要混合物不超过一定限度，不再令人迷醉，吸食者都应受到哈德惩罚。

注：饮用啤酒应受到哈德惩罚，即使饮用量不会导致醉酒。

第 265 条：吸食麻醉品的法定刑为 80 鞭。

第 412 条：如果颈部以保持断裂的方式折断，则适用完全罚金。

第 413 条：如果颈部弯曲或受到损害，影响吞咽，法官将决定罚金。

第 414 条：如果颈部弯折或颈部吞咽部位受伤害，并在之后进行治疗，则不适用任何惩罚，由法官指定处罚金额。如果颈部伸直或吞咽困难，同样的处罚也适用[将由法官裁决]。

第 614 条：任何人对他人实施攻击和殴打，导致受害者肢体受损、断裂或残疾，或导致其永久性疾病或缺陷，或导致其丧失意识、能力或理智，在无法进行齐萨斯的情况下，若这个人的行为扰乱了公共秩序和社会安全，或这个人被认定为罪犯或对其他人再次实施袭击而壮胆，则应判处 2 年至 5 年监禁；如果被害人提出申请，罪犯将被判处死刑。

注：如果伤害没有导致上述缺陷，并且袭击是通过枪支或刀具等实施的，则罪犯应被判处 3 个月至 1 年监禁。

第 677 条：任何人破坏、损毁他人的动产或不动产的，应被判处 6 个月至 3 年监禁。

第 714 条：陆上、海上或空中车辆驾驶员或机动车辆操作员如果疏忽、鲁莽或违反国家规定，或缺乏驾驶技能，导致过失杀人，应被判处 6 个月至 3 年监禁，并根据受害者血亲的要求支付迪亚。

第 715 条：如果第 714 条所述的任何一种理由导致无法治疗身体或精神疾病，或致使对人类生命至关重要的肢体丧失知觉，或造成残疾，或导致肢体、面部永久变形，或导致流产，应判处罪犯 2 个月至 1 年的监禁，如果受害者血亲提出要求，则罪犯应按要求支付迪亚。

第 716 条：如果第 714 条所述的任何一种理由造成身体伤害，如感官永久损害或使肢体有缺陷，或者伤害了受影响肢体的一部分但没有造成肢体残疾，或者导致孕妇早产，如果受害者提出要求，则应判处罪犯 2 个月至 6 个月监禁。

第 717 条：如果第 714 条所述的任何一种理由造成人身伤害，罪犯应被判处 1 至 5 个月监禁，并应按照受害者的要求支付迪亚。

第 718 条：在上述条款中，当机动车辆的驾驶员或操作员在犯罪时醉酒、没有驾驶证或超速行驶；或在机械缺陷和故障的情况下仍然驾驶机动车辆，且这是造成事故的有效原因；或无视为行人分配的专用线，或者在禁止通行的道路上行驶，处前款规定的最高刑罚的 2/3 以上。除上述处罚外，法院还可以禁止违法者驾驶或操作机动车辆 1 至 5 年。

注：在执行《刑法典》第 714 条和第 718 条规定的惩罚时，1995 年 3 月 19 日爱尔兰共和国议会通过的《特定情况下政府部分收入及支出清理法》第 3 条第 1 款不适用。

第 719 条：当在车祸中受伤的人需要紧急帮助，而司机在能够将受伤的人送往医疗中心或向警察求助的情况下，为了逃避起诉而离开现场并抛弃受伤的人时，应对司机判处第 714 条、第 715 条和第 716 条规定的刑罚的 2/3 以上。根据本条规定，法院不得减轻处罚。

第 728 条:考虑到犯罪和罪犯的特点以及犯罪的次数,法院在作出判决时,如有必要,可适用关于减轻或暂停处罚以及补充和替代处罚的规则,例如暂时剥夺公共服务。

《宪法》第 37 条:无罪推定,任何人都不得被指控有罪,除非主管法院已确定其有罪。

越南刑事判决书

Dang Minh Chau and Chau Thanh Nam
林静 译

XYZ 市 ABC 区人民法院

越南社会主义共和国
独立－自由－幸福

判决书序号:000/2022/HS－ST
2022 年 1 月 26 日

仅代表越南社会主义共和国 XYZ 市 ABC 区人民法院

合议庭成员包括:
审判长:　　N. 蔡成先生
人民陪审员:　V. 吕明先生
　　　　　　C. 邓敏女士
庭审书记员:D. 阮文先生,XYZ 市 ABC 区人民法院书记员
出席今天庭审的 ABC 区人民检察院代表:检察官 E. 范氏女士

2022 年 1 月 26 日,在 XYZ 市 ABC 区人民法院总部第一法庭,公开初审于 2021 年 10 月 27 日发生、案号为 000/2022/TLHS－ST 的刑事案件,根据 2022 年 1 月 20 日所作出的 123/2022/QDXXST－HS 号决定,判决下列被告:

D. 杰克:出生日期为××××年 1 月 1 日;户籍所在地及现住址为 XYZ 市,ABC 区;受教育程度为 11/12;职业为学生;无犯罪记录;D. 西尼尔先生和 D. 西尼尔太太之子;于 2021 年 3 月 26 日至 2021 年 4 月 4 日被拘留;适用"禁止离开居住地"之强制措施,出席庭审。

D. 杰克的法定代理人:[……]先生,出席庭审。

D. 约翰:出生日期为××××年 2 月 1 日;户籍所在地及现住址为 XYZ

市,ABC 区,[……];受教育程度为 11/12;职业为汽车修理工;犯罪记录为曾被判罚金刑、18 个月监禁,两者的记录均尚未消除;D. 西尼尔先生和 D. 西尼尔太太之子;于 2021 年 3 月 26 日至今被拘留和逮捕;出席庭审。

辩护律师:

F. 阮文先生:律师,维洛布 · 南姆 · 罗律师事务所(有限合伙),公司总部地址:XYZ 市,ABC 区,[……]路,[……]室。出席庭审。

H. 乐凡先生:律师,维洛布 · 南姆 · 罗律师事务所(有限合伙),公司总部地址:XYZ 市,ABC 区,[……]路,[……]室。出席庭审。

被害人:

G. 比尔先生:出生日期为 × × × ×,居住地为 XYZ 市,ABC 区,abc 室,[……],出席庭审。

F. 奥莉维亚女士:出生日期为 × × × ×,居住地为 XYZ 市,ABC 区,def 室,[……],出席庭审。

证人:

J. 玛丽女士:出生日期为 × × × × 年 3 月 1 日,户籍所在地及现住址为 XYZ 市,ABC 区,[……],出席庭审。

L. 鲍勃先生:出生日期为 × × × ×;地址为[……],出席庭审。

K. 本先生:出生日期为 × × × ×;地址为[……],出席庭审。

D. 格雷格先生:出生日期为 × × × ×;地址为[……],出席庭审。

P. 凯茜女士:出生日期为 × × × ×;地址为[……],出席庭审。

J. 史蒂夫先生:出生日期为 × × × ×;地址为[……],出席庭审。

V. 彼得先生:出生日期为 × × × ×;地址为[……],出席庭审。

Z. 亚瑟先生:出生日期为 × × × ×;地址为[……],出席庭审。

鉴于

根据卷宗所载材料及庭审查明事实,总结案件内容如下:

2021 年 3 月 26 日,星期五,20 点左右,杰克、约翰和玛丽驾驶约翰的车前往“蓝月亮”酒吧吃晚餐,车牌号码是[……]。晚餐时,约翰喝了很多啤酒,并表现出无法控制自己行为的迹象。

大约 22 点 30 分,约翰与比尔、鲍勃和本发生争执,但随后杰克和玛丽说服约翰让步,不要惹麻烦。付完饭钱后,杰克、约翰和玛丽准备离开。尽管杰克和玛丽反对，约翰还是坚持要开车。

与此同时，比尔一伙人走出“蓝月亮”酒吧，看到约翰正要离开。比尔拿着螺丝刀，在约翰的汽车引擎盖上划出了一条又长又深的痕迹。约翰立刻被激怒了，他跳下车，走近比尔，抓起螺丝刀，喊道：“我要杀了你，你这个混蛋。”此时，约翰拿着螺丝刀，试图刺向比尔，但没有成功。玛丽试图把比尔推到一边以防止情况发生恶化。突然，比尔滑倒在地上，这导致玛丽摔倒在了他身上，约翰手里的螺丝刀碾过了比尔的脖子。螺丝刀割断了比尔的颈部动脉，使比尔血流不止。

为了应对这种情况，玛丽、约翰和杰克试图逃跑。尽管没有驾驶执照，杰克还是坐上了驾驶座，在没有开灯的情况下高速驾驶汽车。在发现这三个人离开后，鲍勃开车追他们，本叫救护车把比尔送到附近的医院。

在路上，杰克不顾交通信号灯、把车开到时速 130 公里以便不被认出，并帮助约翰逃避刑事责任。虽然杰克知道，一旦在路上遇到障碍，他不能及时作出反应，但他仍然高速驾驶汽车以防止被鲍勃追上。转弯时，杰克看到一名女士（后来被确认为奥莉维亚）在行人绿灯亮的情况下过马路。杰克试图刹车，但仍以 120km/h 的速度撞上了奥莉维亚。撞击将奥莉维亚抛向空中，然后她的头部撞向墙壁，造成多处严重的脑损伤且奥莉维亚当场死亡。

杰克对汽车失去了控制，驾车以 90km/h 的速度撞到了灯柱上，这导致汽车立即停下来。约翰坐在副驾驶座，没有系安全带，从挡风玻璃被甩出导致头骨、颈骨、手臂和肋骨严重骨折。

根据 XYZ 市法医鉴定中心作出的鉴定结论（编号[……]、日期[……]），比尔的身体受伤率为 40%。

根据 XYZ 市法医鉴定中心作出的鉴定结论（编号[……]、日期[……]），奥莉维亚死于多处严重的创伤性脑损伤。

根据酒精测试报告（编号[……]、日期[……]），约翰血液中的酒精浓度为[……]。

缴获的证据包括一把螺丝刀大小的物品[……]，一辆车牌号码是[……]的车。

根据起诉书（编号[……]、日期[……]），ABC 区人民检察院指控被告犯有下列罪名：

1. 约翰,《刑法典》(2015 年)第 134 条第 3 款第 3 项规定的故意伤害罪。

2. 杰克,《刑法典》(2015 年)第 260 条第 2 款第 1 项规定的道路交通参与人违反道路交通安全规则罪。

在庭审中:

杰克真诚地承认了起诉书中所指控的所有罪行,并对他的错误行为表示了悔恨和遗憾,请求减轻处罚。

约翰没有承认他的罪行。他持不合作态度,拒绝回答检察官提出的所有问题。

ABC 区人民检察院的检察官的指控如下。

关于定罪:

根据 2017 年修订的《刑法典》(2015 年)第 134 条第 3 款第 3 项,约翰犯有故意伤害罪。

根据 2017 年修订的《刑法典》(2015 年)第 260 条第 2 款第 1 项,杰克犯有道路交通参与人违反交通规则罪。

关于量刑:

适用《刑法典》第 134 条第 3 款第 3 项、第 51 条第 1 款第 2 项、第 52 条第 1 款第 8 项之规定,判处被告人约翰监禁 8 年至 8 年零 6 个月。

适用《刑法典》第 260 条第 2 款第 1 项,第 51 条第 1 款第 2 项、第 16 项,第 101 条第 2 款之规定,判处被告人杰克监禁 2 年 6 个月至 3 年。

证物处理:

适用《刑法典》第 46 条第 1 款第 1 项、第 47 条、第 48 条以及《刑事诉讼法典》第 106 条第 2 款第 3 项之规定。没收和销毁:螺丝刀大小的[……],没收车牌号码为[……]的汽车。

民事责任:

强制被告约翰赔偿比尔[……]越南盾,包括救护车费用、住院治疗费用和治疗后的康复费用,具体如下:救护车费用:[……]越南盾;手术费用:[……]越南盾;住院费用:[……]越南盾;医药费用:[……]越南盾;康复费用:[……]越南盾。

强制被告杰克向奥莉维亚的家人赔偿[……]越南盾,包括丧葬费用以及对死者家属的精神损失赔偿费用,具体如下:丧葬费用:[……]越南盾;对精神损失的赔偿费用:[……]越南盾。

此外,检察官还建议按照法律的规定收取审理费用。

律师的辩护意见:

律师同意对二被告的指控是有事实依据且符合法律规定的。建议合议庭考虑被告的家庭地位及《刑法典》第 51 条的规定中可以减轻处罚的情节:被告杰克真诚地认罪、悔罪;被告杰克弥补后果并赔偿损失;被告杰克是 18 周岁以下的未成年人。律师建议合议庭考虑将法律,特别是《刑法典》的相关规定适用于少年犯,对杰克判处法律规定的最低刑罚。对于约翰,他的家人已经迅速补救了后果,赔偿了损失,并按照法律的规定向比尔支付了必要的费用。律师建议合议庭考虑将法律规定的可以减轻处罚的情况适用于约翰。

本院经审理查明

根据案件的内容、卷宗中以合法正当方式收集的材料以及在审判听证会上辩论的问题,合议庭发表以下意见:

1. 关于侦查机关、侦查人员、检察机关和检察人员在侦查、起诉和判决过程中的程序行为和决定的合法性

他们严格遵守了《刑事诉讼法典》的规定。在侦查和审判听证过程中,被告人、被害人和已死亡被害人的代表对程序执行机关的行为和决定既没有反对,也没有提出申诉。因此,程序执行机关和程序执行者所采取的程序性行为和决定是合法的。

2. 关于被告的罪行

2.1 故意伤害行为

被告很不配合,拒绝回答在听证会上被提出的所有问题。然而,比尔、玛丽、鲍勃和本在庭审中提供的所有证词都与案件的证据和档案相吻合。

合议庭有充分依据得出结论:2021 年 3 月 26 日 22 时 45 分左右,约翰使用了螺丝刀大小的[……]划过比尔的动脉,这导致比尔的受伤率为 40% 。

2.2 违反道路交通安全规则的行为

在没有驾驶执照且未达到驾驶年龄的情况下,杰克仍然开车躲避警方及鲍勃的追捕,造成了交通事故,并导致被害人当场死亡。

3. 关于被告犯罪的特点和程度

约翰的罪行非常严重,损害了受法律保护的人的健康。被告约翰的行为是一种流氓行为,他仅仅因为轻微的冲突就对受害者实施伤害。

杰克的犯罪行为发生于未满 18 周岁时，因此他有权得到相较于 18 岁以上犯有类似的罪行的人更轻缓的判决。

4. 关于加重和减轻罪责的情况

约翰应当依据《刑法典》第 52 条第 1 款第 8 项规定的累犯加重情节承担责任。虽然约翰没有认罪，但在其犯罪之后，他的家人对被害人的家属进行了弥补和赔偿。因此，约翰有权适用《刑法典》第 51 条第 1 款第 2 项和第 16 项可减轻罪行之规定。

杰克无任何加重情节。

杰克真诚地认罪；犯罪后，他和家人一起弥补并赔偿了被害人的家属。杰克是个好学生，有优异的学业成绩，这次犯罪是他的首次犯罪。他有权获得《刑法典》第 51 条第 1 款第 2 项、第 16 项以及第 2 款可减轻罪行之规定。

5. 关于量刑

约翰需要与社会生活隔离一段时间，以便接受教育和改造，成为对家庭和社会有用的人，这有利于制止和预防其再犯罪。

这次犯罪是杰克的首次犯罪。他有明确的自学能力和一些减轻情节。他应当被判处监禁刑，但缓刑就足以对他产生威慑和教育作用。

6. 关于民事责任

双方在今天的庭审中自行协商了民事问题，因此，本庭将对这些问题不予考虑和解决。

7. 关于证据

销毁螺丝刀大小的物品[……]。

没收车牌号码为[……]的汽车。

8. 关于审理费用

适用《刑法典》第 136 条和 2016 年 12 月 30 日的国民议会常务委员会关于审理费用的 326 号决议之规定，责令被告承担初审刑事案件和一审民事案件的审理费用。

判决

1. 宣判

约翰犯故意伤害罪。

杰克犯违反道路交通安全规则罪。

适用《刑法典》第 134 条第 3 款第 3 项、第 51 条第 1 款第 2 项、第 52 条第 1 款第 8 项之规定，判处约翰监禁 8 年 6 个月。刑期自 2021 年 3 月 26 日被羁押之日起计算。

适用《刑法典》第 260 条第 2 款第 1 项，第 51 条第 1 款第 2 项、第 16 项，第 101 条第 2 款之规定，判处杰克监禁 2 年 6 个月，但允许适用缓刑。60 个月的考验期自宣判之日起计算。

2. 关于民事责任

被告与被害人家属就民事责任赔偿问题进行协商并达成协议。在今天的庭审中，“故意伤害”的被害人和“违反道路交通安全规则”的被害人的代理人没有提出任何额外的要求。因此，本院对此不予裁决。

3. 关于证据

销毁螺丝刀大小的物品[……]。

没收车牌号码为[……]的汽车。

4. 关于审理费用

每名被告应承担 200,000 越南盾的刑事一审审理费用。

民事一审的诉讼费：被告不必支付民事一审的诉讼费。

5. 关于上诉权

被告约翰及其法定代理人、18 周岁以下被告的辩护人；被害人的法定代理人、被害人和相关权利义务人，有权在一审判决宣告之日起 15 天内对判决提出上诉。

签收人：× × ×

仅代表一审合议庭

审判长

N. 蔡成

智利刑事判决书

Carlos del Río Ferretti
陶朗道 译

圣地亚哥　2023 年 3 月 14 日[1][2]

在收到证据、听取了参与诉讼各方的陈述之后，考虑以下几点：

一、法院和参与诉讼各方

2023 年 3 月 9 日，在圣地亚哥第 4 刑事事项口头审判法庭第二审判庭的法官罗莎·冈萨雷斯·托雷斯女士、克里斯蒂娜·莫拉莱斯·戈麦斯女士和卡洛斯·索托·阿吉拉尔先生的主持下，法院对第 200654354 – 0 号内部法庭案件进行了口头庭审。案件是第 231 – 2022 号，案件编号为 200654354 – 0 号，被告为 D. 约翰，25 岁，身份证号码为 19143865 – 1，住所地为圣地亚哥街 2028 号，由公设辩护人胡安·索托·孔特雷拉斯合法代理，其住所和通知方式已在本法院登记；被告 J. 玛丽，23 岁，身份证号码为 19705824 – 1，住所地为圣地亚哥市洛斯佩拉雷斯街 2028 号，由公设辩护人帕斯·阿兰西维亚·加尔达梅斯代理，其住所和通知方式均在本法院登记；被告 D. 杰克，17 岁，身份证号码为 20993741 – 1，住所地为圣地亚哥市区帕萨耶蒙大拿 143 号，由青少年事务公设辩护人曼努埃尔 – 科雷亚 – 佩雷斯合法代理，其住所和通知方式已在本法院登记。

由检察官保拉·席尔瓦·德尔坎托代表的检察院是这一审判的起诉方。

---

〔1〕 该案件由智利国立大学诉讼法教授卡洛斯·德尔里奥·费雷蒂（Carlos del Río Ferretti）撰写的智利刑事案件。安德烈斯 – 贝略，圣地亚哥，普罗维登西亚，贝拉维斯塔 0121 号、邮编 7520327 Chile. 电子邮件：carlos. delrio@ unab. cl。英译者：卡罗琳娜·阿吉莱拉·马里诺维奇。

〔2〕 文中提及的所有姓名、个人资料、地点、地址、机构及其他背景信息均为虚构。

二、起诉

根据口头开庭决议〔1〕,检察院对被告的指控基于以下事实:

事件1:2021年3月26日22时40分左右,G. 比尔、L. 鲍勃和K. 本离开位于圣地亚哥街1538号的"蓝月亮"酒吧,去追赶与J. 玛丽和D. 杰克一同在酒吧停车场内的车中,且正准备离开酒吧停车场的D. 约翰。

因为当22时30分左右,G. 比尔在酒吧里与D. 约翰发生争吵,G. 比尔从车里拿出一把螺丝刀,在D. 约翰的车上划了一道长长的划痕,为此,D. 约翰下了车,扑向G. 比尔,从他手里夺过螺丝刀,并试图用螺丝刀伤害他,但几次都没有得逞。同时,J. 玛丽斥责并推了G. 比尔。然后,G. 比尔滑倒在地,J. 玛丽扑在他身上,想要攻击他,在这种情况下,D. 约翰把螺丝刀刺进了G. 比尔的脖子,割断了他的颈动脉。G. 比尔得到了医疗救助,否则他可能已经死亡。

事件2:冲突结束后,D. 杰克和D. 约翰乘坐D. 约翰的汽车离开,该汽车由D. 杰克驾驶。D. 杰克在洛斯赫罗伊斯大道上高速驾驶汽车,并且没有开车灯。他以130公里的时速驾驶汽车,多次无视红灯且不减速。

在到达洛斯赫罗伊斯大道和维拉塞卡大街的交叉路口时,D. 杰克试图转入维拉塞卡大街。此时,前方几米处的F. 奥莉维亚正在按照行人绿灯通行的交通信号灯的指示横穿马路,在这种情况下,D. 杰克以120公里的时速撞上了她。因此,F. 奥莉维亚头骨多处受伤,遭受了严重的脑损伤,当场死亡。

在撞上F. 奥莉维亚之后,D. 杰克对车辆失去了控制,车辆撞上了一根柱子。没有系安全带的D. 约翰撞上了挡风玻璃,头骨、颈部、手臂和肋骨严重骨折,事后60多天无法工作。

检察院将事件1中的行为定性为《刑法》第391条第2款所规定和处罚的单纯故意杀人罪的未遂〔2〕。检察院认为,D. 约翰和J. 玛丽作为共同犯罪人参与了这一行为,因为他们以直接和间接的方式参与了这一行为的实施。

检察官补充说,D. 约翰不存在减轻刑事责任的情节,但受到《刑法》第12

〔1〕刑事法官在口头审判的预备听证会上作出了决议,该决议确定了审判的主题、指控的事实、被告方以及将采纳的取证手段。

〔2〕不构成杀亲罪的谋杀,不涉及预谋、预先蓄意、故意和不必要地增加伤害、使用毒药,且不以奖励或报酬承诺作为动机而进行的谋杀。

条规定的累犯加重处罚情节的影响;J. 玛丽受到《刑法》第11条第6款规定的无犯罪记录减轻处罚情节的影响。

关于事件2,检察院主张,根据《刑法》第391条第2款、第397条第2款的规定,F. 奥莉维亚的死亡导致了谋杀罪的成立,D. 约翰的伤害导致了人身伤害罪的成立,这两种罪行是并存的。根据《刑法》第391条第2款、第397条第2款的规定,检察院认为D. 杰克作为直接行为人应当被认定为有罪。根据《刑法》、《刑事诉讼法》第351条、《关于未成年人刑事责任的第20084号法律》(以下简称第20084号法律)的规定,被告尽管是未成年人,但必须对所犯罪行负责。

此外,检察院指出,这些罪行是以间接故意[1]的方式犯下的。检察院补充认为,D. 杰克适用《刑法》第11条第6款规定的无犯罪记录的减轻处罚情节。

鉴于上述情况,在援引适用于本案的法律规则后,检察院请求对以下人员定罪:(1)对被告D. 约翰处以7年监禁,并根据《刑法》第28条从重处罚。(2)对被告J. 玛丽处以3年监禁,并处以《刑法》第29条规定的附加刑。(3)对被告D. 杰克处以5年监禁,并将其关押在有重返社会项目的未成年人监狱中。

三、公开辩论

1. 在庭审开始时,检察院表示,根据证人的证词、专家的报告、物证、逮捕官员的证词,指控中陈述的事实已经达到了排除合理怀疑的证明标准。

2. D. 约翰的辩护人表示,他的当事人将行使保持沉默的权利,但他会以无罪的立场来为D. 约翰辩护。总的来说,首先,他认为单纯的故意杀人罪未遂并未发生,因为故意杀人罪成立需要有犯罪故意。其次,他指出,也不应该认定D. 约翰构成单纯的过失杀人罪未遂,因为未遂犯罪要求存在一个没有完成的故意行为,这从未遂的法律定义中可以清楚地看出。最后,他辩称不能以故意伤害罪对D. 约翰定罪,因为起诉书只指控D. 约翰杀人。同一性责任[2]要求,不能对起诉书所指控行为以外的事项进行处罚。

---

〔1〕 行为人认为有可能发生意料之外的犯罪结果,但仍实施了该行为。

〔2〕 根据该原则,正式的调查报告、起诉书和最终的判决必须指向同一事实和人员。

3. J. 玛丽的辩护人表示，她不会质疑事实的存在，她的当事人将作证以配合澄清事实，她将在审判中证明她的当事人没有参与所指控的犯罪行为，因此她的当事人对事件的参与不构成根据刑事法律可以起诉的任何形式的犯罪参与。

4. 被告少年 D. 杰克的辩护人声明，他不会质疑指控事实的存在，他的当事人将出庭作证，以配合澄清事件，但不妨碍在适当的时候，在定罪的问题上提出法律意见。因为如果法庭对 D. 杰克定罪，有一些情况必须被考虑到。

四、被告方的证词

1. 被告少年 D. 杰克的证词。他在辩护律师在场的情况下，被正式依法告知了指控所依据的事实，并被告知了他的权利和《刑事诉讼法》第 302 条、第 326 条的规定，他放弃了保持沉默的权利，并渴望说出真相。他概括地说，2021 年 3 月 26 日，他和 D. 约翰、J. 玛丽一起去了“蓝月亮”酒吧，庆祝他哥哥 D. 约翰加薪。他们于 20 时左右一起坐着 D. 约翰的车到达酒吧的。在酒吧里，他们吃了东西，喝了饮料，他只喝了几杯可乐。他说，在那晚，D. 约翰与其他人发生了争吵。几分钟后，他们离开了酒吧，前往停车场，其中一个人（他认为那个人叫 G. 比尔）走近车旁，用螺丝刀在 D. 约翰的车盖上划了一道又深又长的划痕。这时，D. 约翰打开车门，制止 G. 比尔，夺下螺丝刀，并企图用螺丝刀刺伤 G. 比尔。与此同时，J. 玛丽也斥责了 G. 比尔，并推了 G. 比尔一把，随后，G. 比尔在扭打中滑倒在地，J. 玛丽倒在了 G. 比尔身上，此时，D. 约翰用螺丝刀划伤了 G. 比尔的脖子，G. 比尔开始大量失血。J. 玛丽离开了现场。

D. 杰克承认，他立即抱起他哥哥，把他哥哥放在汽车的副驾驶座上，然后开着他哥哥的车离开了那里。他一直沿着洛斯赫罗伊斯大道驾驶车辆，直到抵达维拉塞卡大街路口并将要转入该道路时，他注意到，20 米外有个妇女正在横穿维拉塞卡大街，当时的人行道上的交通信号灯是绿灯。他说，他当时试图刹车，但车还是撞到了那名妇女，撞击力将她甩到了房屋的墙壁上。

他说，在那种情况下，他失去了对汽车的控制，汽车撞上了人行道边的一根灯柱。他的哥哥因为撞击受了很严重的伤。

他后来才知道，这名妇女名叫 F. 奥莉维亚，已因事故而死亡。

在刑事检察官的讯问中，D. 杰克承认自己没有驾驶执照，也缺乏驾驶汽车的经验，他还指出自己的车速过快，而且在试图逃跑时没有遵守交通信号，当时行驶路线上有红灯。在这种情况下,他最后承认,他知道可能会发生事故,会对第三方或他的哥哥造成损害,他知道自己无法避免可能发生的事故,但他的意图是帮助他哥哥逃跑,避免再次定罪,再次入狱。

在同一次审讯中,检察官问他关于他哥哥D. 约翰在离开酒吧时的酒精摄入量问题。他说D. 约翰喝了几杯啤酒,酒精的作用很明显,但D. 约翰当时不承认自己喝醉了。

检察官还问他J. 玛丽参与打架的情况,特别是J. 玛丽倒在G. 比尔身上是否是为了攻击或限制G. 比尔。D. 杰克回答说,她倒在G. 比尔身上是因为G. 比尔倒在地上时她被G. 比尔的身体绊倒了。

在D. 杰克的辩护律师进行质证时,他问D. 杰克在逃跑过程中是否考虑过撞死一位年轻母亲和重伤其哥哥的可能性,被告回答说他没有考虑过;他考虑过逃跑可能有危险,但他没有考虑过发生这些具体结果的可能性。

2. 被告J. 玛丽的证词。在其辩护律师在场的情况下,J. 玛丽被正式合法地告知了指控所依据的事实,也被告知了依据《刑事诉讼法》第326条她有保持沉默的权利,但她放弃了沉默权,希望能够说出真相。她说,2021年3月26日,20时左右,她与D. 约翰及D. 杰克一起乘坐D. 约翰的汽车到达"蓝月亮"酒吧,庆祝她的男友D. 约翰加薪。当晚D. 约翰与酒吧里的其他人发生了争执。在争执发生后,她劝说D. 约翰离开了酒吧,走向停车场。当D. 约翰准备发动汽车时,她看到刚刚在酒吧与D. 约翰争执的人出现了。其中一个人(她记得他叫G. 比尔)走近D. 约翰的汽车,用一把螺丝刀在D. 约翰的汽车引擎盖上划了一道划痕,D. 约翰下了车,从他手中夺过螺丝刀,试图用螺丝刀伤害他。她承认,她自己斥责并推了G. 比尔一把,目的是把G. 比尔和D. 约翰分开,避免打斗,然后,G. 比尔失去平衡摔倒在地,她被G. 比尔的身体绊倒,压在G. 比尔身上。当他们都倒在地上时,D. 约翰划伤了G. 比尔的脖子。她还说,在看到伤口流血不止时,她用手捂住G. 比尔的脖子,试图止血,但当她注意到伤口的严重程度时,她迅速离开现场,朝她哥哥家的方向跑去。她哥哥住在附近,是一名医护人员,可以帮助G. 比尔,但在她到达她哥哥家之前,警察就拦住了她。

在检察院的询问下,她补充说,她无意攻击G. 比尔或参与对G. 比尔的攻击,相反,她是为了阻止D. 约翰重伤G. 比尔。

在接受辩护律师的询问时,她说她把手放在被害人的脖子上是为了止血，而不是为了攻击或限制他，也不是为 D. 约翰攻击 G. 比尔提供便利。

五、检察官与被告之间的证据共识

根据口头庭审决议，双方同意根据《刑事诉讼法》第 275 条达成以下证据共识：

1. J. 玛丽参加过圣地亚哥市预防保健培训中心举办的急救课程，有相关证书为证。

2. F. 奥莉维亚在事故中被撞击致死，D. 杰克在事故中受伤，事故的根本原因是车速过快，因为经确定，F. 奥莉维亚受到撞击时的车速为 120km/h，而该地区允许的最高车速为 50km/h，汽车撞击灯柱时的车速为 90km/h。此外，还确定 F. 奥莉维亚是在人行横道上被撞的，智利警察（Carabineros de Chile）首都警察局交通事故调查科（SIAT，为西班牙文 Sección de Investigación de Accidentes de Tránsito 的缩写）编写的事故调查报告证实了这些事实。

六、证据

为了证明指控所依据的事实，检察院提交了以下证据：

（一）言词证据和物体证据

1. G. 比尔的证词

他的身份证号码是 19077669 - 2，他于 2000 年 9 月 15 日出生在圣地亚哥，22 岁，单身，是建筑工人，在接受检察官的询问时已经作出宣誓。2021 年 3 月 26 日晚，他与朋友 L. 鲍勃和 K. 本在“蓝月亮”酒吧喝了几杯，就像他们每周五经常做的那样。他说，晚上 10:30 左右，他和一个人发生了争执，后来他才知道这个人叫 D. 约翰。他说，争执的起因是 D. 约翰在酒吧里无缘无故地推了他一把。

他说，此后不久，D. 约翰和 D. 约翰的同伴离开了酒吧，他和他的朋友们跟着 D. 约翰及其同伴，以便与 D. 约翰当面对质，要求 D. 约翰对自己的挑衅行为作出解释。他说，到达停车场后，他注意到 D. 约翰正准备开 D. 约翰自己的车。他承认，当时他从手套箱里拿出一把螺丝刀，迅速靠近D. 约翰的车，用螺丝刀在引擎盖上划了一道长长的划痕。D. 约翰从车里出来，夺下了螺丝刀，并试图用螺丝刀攻击他。这时，J. 玛丽也向他扑去并推了他一把。他说，他随后失去平衡摔倒在地，J. 玛丽扑在他身上。在这种情况下，D. 约翰趁机将螺丝刀插入他的脖子,之后他发现自己在流血。J. 玛丽逃离了现场,他的朋友 K. 本搀扶着他,叫了救护车,几分钟后救护车赶到,将他送往医院,在那里他接受了紧急手术,避免了因失血过多而死亡。

检察官向他询问 D. 约翰用来伤害他的物品的特征,他说他记得很清楚,那是一把黑色橡胶握把的螺丝刀,有一根长约 30 厘米的金属杆,尖端非常锋利。然后,检察官向他展示了一件物品(物证正式标记为 001 号物证),他认出这是他放在汽车杂物箱里的螺丝刀,D. 约翰正是用这把螺丝刀刺伤了他的脖子。

当检察官询问他时,他说他认出袭击他的人就是本案的被告。

在 J. 玛丽的辩护人进行交叉询问时,他指出,J. 玛丽曾推过他,在他倒地时扑向他,他与她撕扯,试图将她从他身上拉开,但她掐住了他的喉咙,并将他推倒在地。就在那一刻,他感觉到 D. 约翰用螺丝刀刺了他。

2. L. 鲍勃的证词

他的身份证号码为 20716684 - 1,他于 2001 年 12 月 3 日出生于佩恩,21 岁,是电气技师,他在宣誓后接受了检察院的检察官的询问。他在 3 月 26 日的相关事件中表示,他与朋友 G. 比尔和 K. 本一起去"蓝月亮"酒吧喝了几杯酒。大约晚上 10:30,G. 比尔和 D. 约翰在酒吧发生了争执。

他说,在 D. 约翰和 D. 约翰的朋友离开酒吧之后,他与 K. 本、G. 比尔跟随着 D. 约翰及其朋友,因为想要求 D. 约翰对挑衅行为作出解释。在这种情况下,在酒吧的停车场,他们注意到 D. 约翰明显喝醉了,正试图启动 D. 约翰自己的汽车,G. 比尔从 G. 比尔自己的车里拿出一把螺丝刀,用螺丝刀划过 D. 约翰汽车的引擎盖。D. 约翰下车并夺过螺丝刀,想要刺伤 G. 比尔,D. 约翰反复试着用螺丝刀刺向 G. 比尔,但都没有成功。此时,J. 玛丽斥责了 G. 比尔并推了 G. 比尔一把,G. 比尔摔倒在地,J. 玛丽跳到 G. 比尔身上,把 G. 比尔压在身下。随后,D. 约翰用螺丝刀刺伤了 G. 比尔的脖子,G. 比尔开始流血,J. 玛丽就逃离了现场。

他声称,此时,D. 杰克立即让 D. 约翰上了车,然后他们一起开车沿着洛斯赫罗伊斯大道逃跑了,他上了自己的车,追着 D. 约翰他们而去。他说,D. 杰克在大道上超速驾驶汽车,还不遵守交通信号,一直闯沿途的红灯,当 D. 杰克行驶到洛斯赫罗伊斯大道与维拉塞卡街交叉的十字路口(他试图在那里转弯)时,D. 杰克没有在红灯亮时停车,他可以看到,D. 杰克刹车时碾过了人行横道上的一名妇女。D. 杰克随后失去了对车辆的控制,最后撞上了路边的一根灯柱。

在 J. 玛丽的辩护律师进行交叉询问之时,证人指出 J. 玛丽推了 G. 比尔一把,然后向 G. 比尔扑去,J. 玛丽的意图很明显是攻击 G. 比尔,她的意图既不是把 G. 比尔和 D. 约翰分开,也不是阻止 D. 约翰用螺丝刀攻击 G. 比尔。

3. K. 本的证词

他的身份证号码是 20738447,他于 2000 年 9 月 3 日出生于奇兰,22 岁,单身,是销售员,住在塞拉诺街 220 号,他在接受检察官的询问时作出过宣誓。他说,3 月 26 日,他和朋友 G. 比尔、L. 鲍勃一起去"蓝月亮"酒吧喝了几杯酒。大约 22 时 30 分,G. 比尔和一个人在酒吧里发生了争执,后来他知道了那个人叫 D. 约翰,但他不记得争执的原因。

他注意到,不久之后,D. 约翰和 D. 约翰的同伴离开了酒吧,他后来知道这些人叫 J. 玛丽和 D. 杰克,他和 L. 鲍勃、G. 比尔跟随着 D. 约翰及其同伴来到了停车场。在这种情况下,他们注意到 D. 约翰明显喝醉了,正试图发动 D. 约翰自己的汽车。他说,G. 比尔从 G. 比尔自己的车里拿出一把螺丝刀,用螺丝刀划 D. 约翰的汽车引擎盖。D. 约翰走出车子,夺下 G. 比尔的螺丝刀,并试图用螺丝刀刺伤 G. 比尔。然后 D. 约翰试着用螺丝刀反复刺向 G. 比尔。这时,他看到 J. 玛丽推了 G. 比尔一把,G. 比尔失去平衡摔倒在地,J. 玛丽扑到 G. 比尔身上,试图把 G. 比尔按倒在地。紧接着,D. 约翰把螺丝刀刺进了 G. 比尔的脖子,G. 比尔开始大量出血。J. 玛丽逃离了现场,D. 杰克把 D. 约翰弄上车,然后驾驶汽车离开了现场。

他还说,他一直守在 G. 比尔身边,一边试图止血,一边打电话给急救中心,请求派救护车到现场。几分钟后,救护车到达现场,将 G. 比尔送往大都会医院,据主刀医生说,G. 比尔在那里立即接受了抢救手术。

没有交叉询问。

4. D. 格雷格的证词

他的身份证号码是 16130258 - k,他于 1985 年 5 月 21 日出生于库里科,37 岁,是圣地亚哥中央辖区的警察中士,居住在佛罗里达街 280 号。他在宣誓后,接受了公共检察院的检察官的询问。他证实,在 2021 年 3 月 26 日 22 时 45 分左右,他和警察 P. 凯茜一起值班,他们通过智利警察通信中心(CENCO,为西班牙文 Central de Comunicaciones de Carabineros 的缩写)收到的信息称，在“蓝月亮”酒吧的停车场发生了一起使用尖锐武器的侵害事件，该案件中有一名受伤者。他们前往距离警察局两个街区的地方，在那里，他们被 K. 本告知，参与事件的人几分钟前已经逃离了那个地方。K. 本告诉了他们一名女子和两名男子的主要身体特征，他们立即搜索附近地区，当他们到达拉斯罗莎斯公园街时，发现了一名女子，她的特征与几分钟前 K. 本给出的特征相符，她的手和衣服上沾满了血迹。他们立即对她进行了拘留，向她告知了她的权利，并将她转移到了圣地亚哥第二警察局。

没有交叉询问。

5. P. 凯茜的证词

她的身份证号码是 18130820 - 1，她于 1995 年 6 月 12 日出生于康塞普西翁，27 岁，是圣地亚哥中心辖区的一名警察，居住于普恩特阿尔托拉斯卡米利亚斯街 130 号。她在宣誓后，接受了公共检察院的检察官的询问。她声明，2021 年 3 月 26 日，她与上级警察中士 D. 格雷格一起值班。大约在 22 时 45 分，她通过智利警察通信中心（CENCO）收到信息，得知“蓝月亮”酒吧停车场发生了一起持尖锐武器的侵害事件，该事件中有一人受伤。中士 D. 格雷格命令她与他一起去履行警察职责。他们前往距离警察局两个街区的地方，在那里，K. 本告诉了他们一名女子和两名男子的主要身体特征，他们立即搜索附近地区，当他们到达拉斯罗莎斯公园街时，发现了一名女子，她的特征与几分钟前 K. 本给出的特征相符，她的手和衣服上沾满了血迹。他们立即对她进行了拘留，向她告知了她的权利，并将她转移到了圣地亚哥第二警察局。

没有交叉询问。

6. Z. 亚瑟的证词

他的身份证号码为 15308820 - 1，他于 1985 年 6 月 20 日出生于康塞普西翁，37 岁，是隶属圣地亚哥中心第一省的智利警察刑事调查局的高级警探，他住在埃尔莫罗街 130 号。经过宣誓，他接受了检察院的检察官的询问。他宣称，3 月 27 日 8 时左右，根据值班检察官的指示，他记录了被告 J. 玛丽的证词，J. 玛丽是自愿这样做的。当时，她在讲述与侵犯 G. 比尔有关的事件时表示，她的干预仅限于试图阻止 D. 约翰伤害 G. 比尔，她想尽一切办法将他们分开，为此，她斥责并推了 G. 比尔一把，以便使 G. 比尔离开现场。

没有交叉询问。

（二）专家证据

1. F. 迈克尔博士的专家证词

他的身份证号码是 15657870 – 1，他于 1982 年 6 月 20 日出生于康塞普西翁，40 岁，是法医研究所的法医，住在拉斯孔德斯托马斯 – 莫罗街 208 号。经过宣誓，他在专家报告中声明并指出，被害人 G. 比尔颈部所受的伤导致颈动脉完全断裂，而断裂处正是颈部被利器刺伤的地方。如果没有及时的医疗救助和手术干预来避免低血容量性休克的情况出现，颈动脉完全断裂必然是致命的。他指出，死亡结果之所以没有发生，是因为当时 G. 比尔得到了迅速的救助，并得到了适当的医疗干预。

被告方 D. 约翰的辩护律师对专家进行了交叉询问，该专家指出，他尽管在事件发生一个月后才对被害人 G. 比尔进行检查，但对自己当时得出的结论和刚才所解释的结论没有任何怀疑，因为经过专家程序和法医检查程序，可以确定颈动脉被完全切断在当时的条件下，必然是致命的。辩护律师称有 20%—40% 致死可能性的数据，是在及时医疗救助和干预的情况下得出的。

2. R. 查尔斯博士的专家证词

他的身份证号码为 10186345，他于 1962 年 5 月 21 日出生于圣地亚哥，60 岁，是法医研究所的法医，住在拉斯莫拉斯街 569 号。他在宣誓后就 F. 奥莉维亚的尸检报告作证。他提到，他能够通过尸检确定，F. 奥莉维亚的死因是颅骨骨折和大面积脑外伤，在事发地，其伤势与被高速行驶的车辆撞击所形成的伤势一致，车辆能导致身体被猛烈地抛向该地房屋的墙壁。

没有交叉询问。

3. R. 古斯塔夫博士的专家证词

他的身份证号码为 15861453 – 1，他于 1978 年 1 月 20 日出生于圣费尔南多，45 岁，是法医学院的法医，住在独立街 569 号。他在宣誓后就 D. 约翰受伤的法医报告作证，他指出，D. 约翰所受的伤是颅骨和四根肋骨骨折，颈椎过度伸展，脖子韧带严重受损，这是在高速行驶的车辆发生碰撞或事故时经常看到的伤势。他补充说，所述伤势的康复时间和丧失工作能力的时间超过 60 天。

没有交叉询问。

（三）辩方证据

1. J. 玛丽的辩护陈词。

2. J. 史蒂夫的证词。他的身份证号码为 18125890 – 2，他于 1990 年 5 月

18日生于圣地亚哥,32岁,是医护人员,住在圣地亚哥曼萨诺街1443号。在被告律师的询问下,他承认自己是J. 玛丽的哥哥,住在他妹妹被拘留的地点附近。他说,2021年3月26日晚,他接到妹妹的电话,说她被拘留了,现在在警察局。她向他简要描述了所发生的事情,并说她的本意并不是要伤害被害人,事发后,她跑到他家,想请他以一名专门从事急救服务的辅助医务人员的身份对被害人进行急救。他说,在那次通话中,J. 玛丽非常担心被害人的健康。

七、结案陈词

1. 检察院在结案陈词中指出,关于指控的事件1,被告D. 约翰和J. 玛丽的伤害行为已被充分证明,G. 比尔身上的伤口具有致命性,由于被害人得到及时的救助和医疗干预,因此死亡结果没有发生。

检察院申明,D. 约翰的行为显然构成了《刑法》第15条第1款规定的行为,因为他直接且亲自实施了导致G. 比尔产生致命伤的行为。J. 玛丽的行为也构成犯罪,因为她的行为与D. 约翰的行为是相辅相成的,她参与了打斗,将被害人打倒在地,并趁被害人倒地压在被害人身上,从而使D. 约翰有机会在被害人倒地无助且几乎无法动弹的情况下将螺丝刀插入被害人的脖子。

检察院还补充到,从已证实的事实中可以推断出共同犯罪人有杀人的动机(谋杀的意愿),至少可以认为,共同犯罪人所实施行为的犯罪故意得到了充分证实。因此,《刑法》第391条第2款、第7条、第51条所规定的故意杀人罪已被证实,没有任何其他合理怀疑存在。

关于D. 杰克被指控的事件2,检察院指出,根据现有证据和被告自己的证词,该事件的有罪性已得到证实,因此,在本案中,根据《刑法》第391条第2款、第397条第2款的规定,对F. 奥莉维亚的单纯故意杀人罪和对D. 约翰的严重故意伤害罪要一并处理。必须按照《刑事诉讼法》第351条和第20084号法律的规定进行处罚。

检察院还认为,这些非法行为是在间接故意的情况下实施的,因为在实施这些行为时,被告已经意识到了这些行为所带来的风险,被告在当时所处的情况下,完全不可能避免这些风险结果的发生。

2. 事件1的被告D. 约翰的辩护人在总结陈词中指出,首先,证据不足以证明被告D. 约翰犯有故意杀人罪的未遂,因为无法证明被告D. 约翰有杀人的犯罪故意，因此，本案中以该罪名惩罚被告D.约翰的犯罪意图缺失。

其次，他补充说，也不能判定被告D.约翰犯有过失杀人罪的未遂，因为要惩处过失杀人罪未遂，相关行为必须是故意的，这一点从《刑法》第7条所载的未遂法律定义中可以清楚地看出。

最后，他指出，被告D.约翰甚至不应因故意伤害罪而受到惩罚，因为本案中，被告D.约翰只能因起诉书中指控的行为而受到判决和判刑，因为起诉书仅限于指控其构成故意杀人罪未遂，因此，法院必须对这一不法行为而非其他行为作出判决，这是《诉讼法》第341条起诉和判决的一致性义务归责所要求的。

因此，他请求宣告被告无罪。

3. 事件1的被告J.玛丽的辩护人在总结陈词中指出，没有证据证明她的被告是行凶者或以其他任何形式参与了故意杀人罪未遂的实施。相反，从证据中可以推断，正如辩护人所辩称的，J.玛丽的行为始终是为了避免被害人与行凶者之间的冲突和侵犯发生，后来的行为也是要向被害人提供医疗救助。

如果法院不采纳这一理论，就无法判定控方所称的故意杀人罪是否成立，因为现有证据不能完全证明J.玛丽有杀人的意图，在本案中，导致上述犯罪事实的犯罪意图未被充分证明。

因此，她请求宣告被告无罪。

4. 事件2的被告D.杰克的辩护人在总结陈词中指出，他/她的被告已决定在澄清事实的过程中与司法机关进行实质性配合，自愿就被告自己被指控的事件提供证词，因此，在本案中，实质性配合应当被认定为减轻责任的因素，这是对无犯罪记录这一减轻责任因素的补充。

八、被告发言

根据《刑事诉讼法》第338条最后1款的规定，最终由被告发言，但被告弃权了。

九、评估证据

现在有必要对审判中提出的证据进行评估，为此，必须考虑《刑事诉讼法》第297条规定的合理衡量证据制度，这意味着，必须由主管法院确定合法纳入程序的每种证据的证据效力，主管法院必须进行证据推理，这种推理不受预先确定每种证据价值的法律规则的约束。在任何情况下，法院都必须根据法律规定的理性标准进行评估，如逻辑原则、经验原则[1]和科学知识原则，这些原则必须指导着这种推理。

十、对证据要素的个别评估

（一）关于D.约翰应受惩罚的行为和情节

1.关于应受惩罚的行为

被告D.杰克的证词显示，2021年3月26日，在“蓝月亮”酒吧，D.约翰与其他人发生了争执。他还回忆说，几分钟后，他们离开酒吧，来到停车场，正当D.约翰准备发动汽车时，他看到与D.约翰发生争执的人出现了。G.比尔走近D.约翰的汽车，用螺丝刀在D.约翰的汽车引擎盖上划了一道划痕，后者下了车，斥责了G.比尔，从G.比尔手中夺过螺丝刀，并企图用螺丝刀伤害G.比尔。他注意到J.玛丽也斥责了G.比尔并推了G.比尔一把，在扭打中G.比尔滑倒在地，J.玛丽也倒在G.比尔身上，这时D.约翰用螺丝刀刺伤了G.比尔的脖子，G.比尔开始大量出血。

同案被告J.玛丽的证词与D.杰克的上述证词基本一致。J.玛丽在证词中回忆说，当晚D.约翰与酒吧里的其他人发生了争执。争执过后，她劝说D.约翰离开，然后他们离开酒吧，来到停车场。在D.约瀚准备发动汽车时，她看见与D.约翰发生争执的人出现了。她也像D.杰克一样回忆起G.比尔走近D.约翰的汽车，用螺丝刀在D.约翰汽车引擎盖上划了一道划痕。她补充说，D.约翰下了车，斥责了G.比尔，从G.比尔手中夺过螺丝刀，并试图用螺丝刀伤害G.比尔。她说，她斥责并推了G.比尔一把，目的是把他和D.约翰分开，避免打斗，然后G.比尔失去平衡摔倒在地，她被G.比尔的身体绊倒，倒在他身上，当他们都倒在地上时，D.约翰划伤了G.比尔的脖子。她还说，在看到伤口和血流时，她把手放在G.比尔的脖子上，试图阻止血流，但当她注意到伤口的严重程度时，她迅速离开现场，向她哥哥的公寓方向跑去。她哥哥是一名医护人员，住在现场附近，这样他就可以帮助G.比尔，但就在她到达他的公寓之前，警察拦住了她。

这些证词在证明应受惩罚的行为方面是一致的。但在审判听证会上提

[1] 从一般的生活经验或特殊技能中获得的结论。

供的证词也提到了同样的事实。犯罪被害人 G. 比尔在庭审中作证说,2021 年 3 月 26 日晚,他与朋友 L. 鲍勃和 K. 本在“蓝月亮”酒吧喝了几杯酒,他们在每个星期五经常这样。他说,晚上 10:30 左右,他与 D. 约翰发生了争执。

他说,此后不久,D. 约翰和同伴离开了酒吧,他和他的朋友们跟着他们,以便与 D. 约翰当面对质,要求 D. 约翰对自己的挑衅行为作出解释。他说,到达停车场后,他注意到 D. 约翰正准备开 D. 约翰自己的车。他承认,当时他从手套箱里拿出一把螺丝刀,迅速靠近 D. 约翰的车,用螺丝刀在引擎盖上划了一道长长的划痕。他指出,D. 约翰从车里出来斥责了他,并从他手中夺走了螺丝刀,然后试图用同一螺丝刀攻击他。这时,D. 约翰的女友 J. 玛丽也冲向他并推了他一把,在这种情况下,他摔倒在地,J. 玛丽扑在他身上。D. 约翰则趁机将螺丝刀插入他的脖子,之后他发现自己在大量流血。

L. 鲍勃的证词也提到了基本吻合的事实。他说,大约 22 时 30 分,G. 比尔和 D. 约翰在酒吧发生了争执。

他指出,争执发生后不久,D. 约翰和同伴离开了酒吧,他与 K. 本、G. 比尔跟随着他们,因为想要求 D. 约翰对自己的挑衅行为作出解释。他说,在这种情况下,在酒吧的停车场内,G. 比尔从自己的车里拿出一把螺丝刀,并用螺丝刀划了 D. 约翰的汽车引擎盖。D. 约翰下了车,辱骂了 G. 比尔,并顺利夺走了 G. 比尔的螺丝刀,然后 D. 约翰试图用螺丝刀反复刺 G. 比尔,但没有成功。他说,与此同时,J. 玛丽斥责了 G. 比尔并推了 G. 比尔一把,G. 比尔失去平衡摔倒在地,J. 玛丽扑到 G. 比尔的身上。这时,D. 约翰用螺丝刀刺进了 G. 比尔的脖子,随后 G. 比尔开始大量出血。

K. 本也证实了 D. 约翰存在相似的犯罪行为。他说,3 月 26 日,他和朋友 G. 比尔、L. 鲍勃一起去“蓝月亮”酒吧喝了几杯酒。大约 22 时 30 分,G. 比尔和一个人在酒吧里发生了争执。

他还补充说——他的证词证实了其他证人的主要说法——不久之后,D. 约翰和同伴离开了酒吧,他和 L. 鲍勃、G. 比尔跟随着他们来到了停车场。在这种情况下,他们注意到 D. 约翰明显喝醉了,正试图发动 D. 约翰自己的汽车。他说,G. 比尔从 G. 比尔自己的车里拿出一把螺丝刀,用螺丝刀划 D. 约翰的汽车引擎盖。D. 约翰下车,辱骂了 G. 比尔,并顺利夺下 G. 比尔的螺丝刀,然后试图用螺丝刀反复刺向 G. 比尔。这时,他看到 J. 玛丽推了 G. 比尔一把,G. 比尔失去平衡摔倒在地,J. 玛丽扑到 G. 比尔身上,试图把 G. 比尔按倒在地。紧接着,D. 约翰把螺丝刀刺进了 G. 比尔的脖子,G. 比尔开始大量出血,J. 玛丽逃离了现场。

最后,除上述情况外,还有 F. 迈克尔博士的专家证词作为证据。他对伤情报告进行了解释,提到了被害人脖子,颈动脉正是在伤口处被利器刺入,如果没有及时的医疗救助和手术干预以避免低血容量性休克,这种伤害必然是致命的。

所有这些证据都证实了应受惩罚的行为及情节。

事实上,关于应受惩罚的行为,同案被告和目击证人的证词都描述了对被害人造成的同样伤害,即用螺丝刀插入其脖子。根据目击证人的证词,被害人当场大量出血。这些证词与法医的意见完全一致,法医说,被害人脖子的伤造成颈动脉断裂,如果没有及时的医疗救助和干预,被害人会因低血容量休克而死亡。

2. 关于 D. 约翰因参与了应受惩罚的行为而应当被认定为有罪

所有同案被告和证人的证词都是一致的,它们都毫无疑问地描述了 D. 约翰的同一伤害行为。该伤害行为指的是,D. 约翰在 G. 比尔倒地时用螺丝刀刺伤了他的脖子。

此外,从这一事实发生的环境来看,特别是从 D. 约翰的伤害行为所造成的伤害类型和伤害的身体部位来看,必须得出结论,D. 约翰已经意识到了可能产生的死亡结果,其接受了这一结果。

因此,约翰参与其被指控罪行得到了证实,因为他直接和亲自实施了上文详述的行为。

(二)关于 J. 玛丽在事件 1 中的有罪参与行为

G. 比尔、L. 鲍勃和 K. 本的证词(包括在上一节有关这些事项的部分)一致认为她直接参与了在停车场发生的打斗,据称,她在该打斗中斥责并推了 G. 比尔,当 G. 比尔倒地时,J. 玛丽还压住了他,试图攻击和控制他,就在这种场景下,D. 约翰划伤了 G. 比尔的脖子。依据这些证言,似乎 J. 玛丽的行为与 D. 约翰的行为相辅相成,共同促成了不法行为的实施。

然而,同案被告 D. 杰克的证词虽然提到了事件的动态和 J. 玛丽在这些事件中的参与,目前,他提到了 J. 玛丽对被害人的辱骂和推搡。但是,当被具体问及 J. 玛丽的行为,特别是 J. 玛丽是无意摔倒在 G. 比尔身上还是为了攻击他而扑倒在他身上时,D. 杰克表示,她摔倒在 G. 比尔身上是因为被 G. 比尔的身体绊倒了。

此外，记录 J. 玛丽证词的警探 Z. 亚瑟表明，当时，被告表示她对事件的干预仅限于试图阻止 D. 约翰伤害 G. 比尔，因此她才斥责并推了 G. 比尔一把，以便让他离开现场。

关于这一点，辩方还提供了被告人的哥哥 J. 史蒂夫的证词。J. 史蒂夫作证，并讲述了他妹妹在警察局与他通话时告诉他的情况。他说，J. 玛丽向他简要地描述了发生的事件，J. 玛丽说在被害人的脖子受伤后，她打算去他家，请他以一名专门从事急救服务的医护人员的身份对被害人进行急救。他声称，在那次电话交谈中，她非常痛苦且担心被害人的健康。

因此，针对 J. 玛丽是否参与了她被指控的这起未遂故意杀人案，这些证据要素使得 J. 玛丽行为定性值得怀疑。如果我们考虑到事实的动态变化，这种怀疑就变得很重要，因为事实在这一点上并非完全清楚。特别是 G. 比尔摔倒在地是 J. 玛丽推搡的结果，还是由其他情况造成的，J. 玛丽随后的行为是为了攻击和/或固定被害人，还是只是因为被 G. 比尔的身体绊倒而踉跄地倒在他身上。

在确定这一问题时还应考虑到，如果 J. 玛丽想要逃避责任，她本可以与 D. 杰克、D. 约翰一起逃走，但她没有那么做，而是徒步离开那里，朝她哥哥的住处跑去。虽然这并不能可靠地证明她没有参与伤害行为，但她如果只是出于寻求帮助的动机，这确实使人更加怀疑她在事件中的参与目的。总之，目前，不清楚 J. 玛丽推 G. 比尔是不是 G. 比尔摔倒在地的原因，也不清楚 J. 玛丽扑向 G. 比尔是为了帮助犯罪，还是无意的。

依据现有证据来看，不能清楚地认定，这些事实是否构成了对应受惩罚行为的帮助。因此，对于她有罪地参与了不法行为的证明没有达到排除合理怀疑的程度。

（三）关于 D. 杰克的有罪行为

1. 关于事件 2

首先，应考虑 D. 杰克自己的证词，他承认实施了应当归咎于他的双重犯罪行为（事件 2）。在他的证词中，他说，在 D. 约翰打伤 G. 比尔之后，他抱起哥哥 D. 约翰，把 D. 约翰放在汽车的副驾驶座位上，然后开着车离开了现场。他承认，他高速开车是为了迅速逃离现场，防止哥哥被逮捕并被送回监狱。

他还说，当他在洛斯赫罗伊斯大道和维拉塞卡大街的交叉路口转弯时，他遇到了妇女 F. 奥莉维亚，当时她正在绿灯亮时过马路，他撞到了她，并导致她当场死亡。他还承认，由于对 F. 奥莉维亚撞击，他失云了对汽车的控制，汽车撞上了一根柱子，这导致 D. 约翰颈部受伤，肋骨和头骨骨折。

他在证词中还承认，他没有驾驶执照，缺乏驾驶经验，当时车速过快，没遵守沿途的红色交通信号灯。在这种情况下，他认为有可能造成事故，对第三方和他的哥哥造成伤害，但当时避免哥哥被重新定罪、重返监狱的目的高于了一切。他还承认，他知道自己无法避免自己的行为可能造成的伤害结果。

其次，这些事实在法医 R. 查尔斯博士的证词中被证实，他就 F. 奥莉维亚的尸检报告作证，确定了死亡原因和造成死亡的伤害类型。

关于 D. 约翰的伤情，法医 M. 古斯塔夫博士的专家证词证实了这一点，M. 古斯塔夫博士编写了相关的伤情报告，他解释了 D. 约翰的伤情、康复需要的时间以及由此产生的工作障碍，他认为 D. 约翰丧失工作能力的时间超过 60 天。

最后，L. 鲍勃的证词与其他所有的证据相印证，他说自己当时追赶 D. 杰克和 D. 约翰，在追赶过程中，观察到了 D. 杰克所承认的事实，涉及驾驶方式、超速行驶、违反交通信号、撞击 F. 奥莉维亚、与人行道上的灯柱相撞并导致 D. 约翰受伤。

总之，将上述证据汇集在一起，能够强烈地证实该事件及其情节；可以用下面的术语来证明事件 2 由 D. 杰克所为。

2. 关于 D. 杰克的有罪参与

毫无疑问，首先，D. 杰克自己的证词完全证明了这一点，他承认自己把 D. 约翰弄上车，然后开始逃跑，驾驶着 D. 约翰的车超速行驶，途中没有遵守交通信号，他意识到自己行为的危险性以及给第三方和他哥哥造成伤害的可能性，且意识到自己无法避免这些伤害的发生。

他还特别承认，他碾压了 F. 奥莉维亚，并在同一地点造成了她的死亡。他还承认，在撞到 F. 奥莉维亚之后，他失去了对车辆的控制，汽车最终撞到了现场的一根柱子，由于这次碰撞，D. 约翰的脖子受伤，头骨和肋骨骨折。

L. 鲍勃的证词证实了被告 D. 杰克证词中提到的所有事件，即 D. 杰克与 D. 约翰一起驾车逃跑，并且车速过快，D. 杰克没有遵守交通信号。他还说，他可以看到 D. 杰克是如何碾过一名过马路的妇女的，他还可以看到，后来车撞上了柱子，D. 约翰因此受伤。

因此，可以得出结论，D. 杰克直接和亲自实施了归咎于他的不法行为。

还可以证明的是，D. 杰克是在意识到行为后果的可能性后采取行动的，这是从案件情节和他自己的证词中得出的结论。

然而，这个结论与 D. 杰克在他的辩护律师质证后的阐述存在细微差异，他表示，他没有意识到存在杀害一名年轻母亲并对他哥哥造成严重伤害的具体结果的可能性，只意识到了他的行为有风险性。事实是，考虑到 D. 杰克逃跑的事件背景、行为所涉及的极高风险，以及他对于风险结果的认识程度，可以得出结论，D. 杰克只要预见到发生严重伤害后果的可能性即可，无须预见到年轻母亲死亡、他哥哥受伤这样的具体伤害结果，就需要承担行为的责任。换句话说，即使 D. 杰克无法意识到特定的风险结果和人员，也不会影响他预见严重伤害结果和实际结果（年轻母亲 F. 奥莉维亚死亡、他哥哥 D. 约翰受伤）的相融性。

十一、已证实的事件

根据审判期间提供的证据，法院认为以下事实已被证实，没有其他合理怀疑存在：

（事件 1）2021 年 3 月 26 日 22 时 40 分左右，G. 比尔、L. 鲍勃和 K. 本离开位于圣地亚哥共和党人街 1538 号的“蓝月亮”酒吧，去追赶 D. 约翰，D. 约翰和 J. 玛丽、D. 杰克在酒吧的停车场内，正准备离开。

G. 比尔因几分钟前曾在酒吧里与 D. 约翰争吵过，从自己的车里拿出一把螺丝刀，在 D. 约翰的车上划了一道长长的划痕。D. 约翰随即下车，扑向 G. 比尔，抢过螺丝刀，试图用螺丝刀伤害 G. 比尔，但几次都没有得逞。J. 玛丽斥责并推了 G. 比尔一把，G. 比尔滑倒在地，J. 玛丽倒在他身上，D. 约翰把螺丝刀插入 G. 比尔的脖子，割断了他的颈动脉。如果 G. 比尔没有得到及时的医疗救助，这必然会导致致命伤。

G. 比尔立即开始大量出血，在几分钟之内，他得到了医疗救助，并在圣地亚哥大都会医院接受了紧急手术，避免了因低血容量性休克而死亡。

这些事实进一步证明，D. 约翰能够想象到造成致命伤的可能性，并在将螺丝刀插入 G. 比尔身体的重要部位时接受了这一事实。

（事件 2）在 D. 约翰划伤 G. 比尔的脖子后，D. 杰克毫不迟疑地抓住 D. 约翰，让他上了车，将他放在副驾驶座位上，握住方向盘，发动引擎，逃离现场。

D. 杰克超速冲下洛斯赫罗伊斯大道，多次无视交通信号，没有减速，他知道自己的行为很危险，在这种情况下难以避免交通事故。在抵达洛斯赫罗伊斯大道和维拉塞卡大街的交叉路口，准备转入维拉塞卡大街时，杰克以 120km/h 的速度撞到了 F. 奥莉维娅，F. 奥莉维亚被撞到房屋墙壁上，这造成 F. 奥莉维亚颅骨骨折和脑部重创，当场死亡。

随后，D. 杰克驾驶的汽车失去控制，以 90km/h 的速度撞上了一根灯柱，致使 D. 约翰撞上了挡风玻璃，颅骨、脖子和肋骨受伤，D. 约翰休养了 60 多天，期间无法工作。

十二、对已证实事实的法律定性

1. 关于事件 1

本法院认为，事件 1 构成了《刑法》第 391 条第 2 款、第 7 条、第 51 条规定的简单故意杀人罪。本案已证明存在间接故意的杀人行为，行为人不能预见却能够接受造成死亡结果的可能性，虽然这种结果由于及时的医疗救助和干预被避免。

根据《刑法》第 7 条规定的“如果行为人为犯罪的发生做了一切必要的准备，但犯罪由于不以他/她的意志为转移的原因而没有发生，则构成犯罪的未遂”，本案已经构成了单纯故意杀人罪的未遂。

2. 关于事件 2

就事件 2 的法律定性而言，本法院认为，它构成单纯故意杀人罪和严重伤害罪两个罪名，应依据《刑事诉讼法》第 351 条确定适用的具体刑罚。

就单纯故意杀人罪而言，事实证明，D. 杰克实施了杀人行为，导致 F. 奥莉维亚死亡，《刑法》第 391 条第 2 款规定并处罚这一行为。事实还证明，行为人是以间接故意实施行为的，因为他虽不能预见但放任了该后果的发生，因此，在本案中，针对 F. 奥莉维亚的单纯故意杀人罪成立。

就故意伤害罪而言，现有事实已证明 D. 杰克实施了《刑法》第 397 条第 2 款规定的构成故意重伤罪的行为，因为只要伤害导致丧失工作能力的时间超过 30 天就构成该罪名。另外，现有事实还证明了被告在实施行为时具有间接故意，因为他虽不能预见但放任了该后果的发生，因此，针对 D. 约翰的故意重伤罪也成立。

十三、参与的法律定性

1. 关于被定性为故意杀人罪的未遂的事件 1，根据《刑法》第 15 条第 1 款，D. 约翰可被定性为行为人，因为他直接并亲自实施了这一行为。

2. 关于 J. 玛丽参与事件 1 的问题，本法院的结论是，她参与事件的行为不构成任何形式的有罪参与，因为现有事实不能证明她存在帮助犯罪的行为，没有理由对她施以刑事处罚。

3. 关于 D. 杰克参与事件 2 的问题，D. 杰克在事件 2 中构成单纯故意杀人罪和故意重伤罪的共犯，根据《刑法》第 15 条第 1 款，D. 杰克已被证明为行为人，他亲自实施了杀人和伤害行为。

十四、无罪判决申请

1. 关于 D. 约翰的无罪释放申请。在这方面，上述推理坚定地驳回了 D. 约翰辩护团队提出的无罪判决申请。显然，与 D. 约翰辩护团队所称相反，他构成故意杀人罪未遂的行为已被证实。因此，他对于无法证明他具有该罪的主观犯罪故意的主张是完全站不住脚的，他对于无法构成过失杀人罪或严重伤害罪的辩护理由也是毫无根据的。

2. 关于 J. 玛丽的无罪释放申请。J. 玛丽的辩护人提出无罪释放申请，该申请将被接受。这是因为，按照《刑事诉讼法》第 340 条的规定，无法证明她参与了犯罪并对犯罪起到了补充和促进作用。现有证据无法证明她参与了任何形式的犯罪，因此她不应受到刑事处罚。

十五、当事人关于考虑案件情节和其他相关情况以确定刑罚的申请

1. 检察院要求将 D. 约翰的犯罪记录纳入考虑，即两次盗窃罪的前科，要求将其视为刑事责任的再犯加重情节。

2. 一方面，D. 约翰的辩护方反对将犯罪记录认定为再犯加重情节，因为被告的前科与其被起诉的罪行不属于同种性质和类型的犯罪，必须排除《刑法》第 12 条第 16 款的具体再犯规定。另一方面，他主张，由于出现在犯罪记录中的前科不是更严重或严重程度相同的不法行为，而是比被告本次被起诉的罪行更轻微的刑事犯罪，因此，《刑法》第 12 条第 15 款规定的一般加重情节也不适用于本案。

3. D. 杰克的辩护人请求承认《刑法》第 11 条第 6 款规定的无犯罪记录从轻处罚情节，辩护律师为此出具了相关证明。并且，请求承认《刑法》第 11 条第 9 款规定的为澄清事实提供实质性配合的从轻处罚情节，因为 D. 杰克在庭审中作证并承认了指控事实，并为澄清司法机关调查的事实做出了实质性贡献。

4. 检察院反对承认 D. 杰克的辩护人声称的《刑法》第 11 条第 9 款规定的实质性配合的从轻处罚情节，因为，D. 杰克在口头审判中的证词并不构成重大贡献，此间本案已经获得了其他足以支持定罪的证据。

十六、减轻和加重情节

1. 关于考虑 D. 约翰的一般和特别累犯的加重量刑情节的要求必须被驳回(分别在《刑法》第 12 条的第 15 款和第 16 款中规定)。正如辩护人所指出的，D. 约翰的两次盗窃罪并不是与本案未遂故意杀人罪严重程度相同或更为严重的犯罪，因此，并不构成一般和特别累犯的加重量刑情节。

2. D. 杰克没有前科记录，符合《刑法》第 11 条第 6 款中规定的从轻情节。法庭还应承认其依据《刑法》第 11 条第 9 款的规定给予实质性配合这一从轻情节，因为 D. 杰克在审判中所作的证词充分澄清了事件，这有助于发现事实。应该关注的是，认可这一从轻情节并不要求 D. 杰克的证词成为澄清该事件的唯一证据。对于这一问题，最高法院在其于 2009 年 9 月 15 日作出的第 3909 - 2009 号判决中已经明确说明，因此，检察院的反对必须被驳回。

十七、关于 D. 约翰的刑罚确定

根据《刑法》第 391 条第 2 款，他将被判处故意杀人罪未遂，最低刑期为 10 年零 1 天，最高刑期为 15 年。然而，由于这是一起结果未遂的案件，根据《刑法》第 7 条、第 51 条的相关规定，适用刑罚应降低一个等级，即最低刑期为 5 年零 1 天，最高刑期为 10 年。鉴于本案中影响责任认定的背景因素，本法院根据《刑法》第 67 条，可以在考虑损害结果的严重程度基础上适用该刑罚区间。本法院认为，由于本案中没有确定损害程度的特定背景因素，因此，应适用最低刑罚，即对 D. 约翰判处 5 年零 1 天监禁。

十八、关于 D. 约翰刑罚执行方式的问题

D. 约翰的辩护律师请求根据第 18216 号法律对 D. 约翰施加替代刑罚，

但该请求将被驳回，因为将要施加的刑罚与替代刑罚相违背。

十九、关于 D. 杰克的刑罚适用问题

考虑到他在犯罪时还是未成年人，根据《刑法》第 391 条第 2 款、第 397 条第 2 款和《刑事诉讼法》第 351 条以及第 20084 号法律第 21 条的相关规定，对其适用的刑罚将高于 5 年监禁。在这种情况下，根据第 20084 号法律第 23 条的明确规定，应将其关押在有社会再融入项目的未成年人监狱中。

本法院认为，综合考虑刑罚的相关因素，包括第 20084 号法律第 24 条所确立的标准，特别是本案中所造成伤害的严重性、犯罪人作为犯罪行为的直接实施者造成伤害、本案中存在的从轻处罚因素（《刑法》第 11 条第 6 款规定的无前科犯罪记录，以及该法第 11 条第 9 款规定的在澄清事实方面给予实质性配合）等，以及为了实现第 20084 号法律的主要目的（保护未成年人的最佳利益），判决 D. 杰克 2 年监禁，并将其关押在有社会再融入项目的未成年人监狱中。

二十、费用

根据《刑事诉讼法》第 47 条的规定，被定罪的当事人由公设辩护人办公室进行辩护。结合案件的背景，可以推断被定罪的当事人缺乏经济来源，因此，他们将免于支付审判费用。

上述判决适用的法律包括《刑法》第 1 条，第 11 条第 6 款、第 9 款，第 15 条第 1 款、第 18 款、第 21 款、第 25 款、第 28 款、第 30 款、第 50 款、第 68 款、第 69 款、第 391 款，第 2 条第 397 款；《刑事诉讼法》第 1 条、第 45 条、第 46 条、第 295 条、第 296 条、第 297 条、第 298 条、第 309 条、第 325 条、第 326 条、第 328 条、第 338 条、第 339 条、第 340 条、第 341 条、第 343 条、第 344 条、第 346 条、第 348 条和第 468 条；第 20084 号法律和第 18216 号法律。

本庭决定并宣布：

1. 鉴于 D. 约翰于 2021 年 3 月 26 日在圣地亚哥市区犯下针对 G. 比尔的故意杀人罪未遂，判处其 5 年零 1 日监禁，并对其处以永久、绝对剥夺担任公职的资格以及政治权利，以及在刑罚执行期间，绝对剥夺从事特许职业的资格等附加刑，鉴于其不符合允许对剥夺自由适用替代刑罚的规定，D. 约翰必

须在监狱服刑。根据《刑事诉讼法》第 348 条的规定,在诉讼过程中,即从 2021 年 3 月 26 日至 2021 年 12 月 15 日,被定罪人被剥夺自由的时间应视为已服刑期。

2. D. 杰克因于 2021 年 3 月 26 日在圣地亚哥市犯下针对 F. 奥莉维亚的故意杀人罪和针对 D. 约翰的故意严重伤害罪,被判处 2 年监禁,刑罚将在设有社会再融入项目的未成年人监狱中执行。所判刑罚将根据国家未成年人服务司法协调员制订的计划执行,并在得到法院批准后开始执行。为此,应通知国家未成年人服务司法协调员委任代表。自 2021 年 3 月 26 日至 2021 年 10 月 20 日,诉讼过程中的时间将被计入刑罚执行时间。

3. 被判方免于支付审判费用。

4. 被指控人 J. 玛丽,被宣告无罪,与 2021 年 3 月 26 日在圣地亚哥市针对 G. 比尔的故意杀人罪未遂无关。

5. 根据《刑事诉讼法》第 468 条的规定,相应的机构应在适当的时候得到通知,以执行此判决。

6. 关于判决书内容的公开,特别是判决书中涉及被判方为青少年的部分内容的公开,必须遵守第 20285 号法律和最高法院 2022 年第 44 – 2 号会议记录的规定。

按照《法院组织法》第 14 条第 f 款和第 113 条第 2 款的规定,需向第七刑事法院发送一份授权副本。

本判决应被记录在案并及时归档。

案件编号为(RUC)200654354 – 0。

本案为法院内部案件(RIT)第 231 – 2022 号。

本判决书由罗莎 · 冈萨雷斯 · 托雷斯法官撰写。

本判决书由罗莎 · 冈萨雷斯 · 托雷斯法官、克里斯蒂娜 · 莫拉莱斯 · 戈麦斯夫人和卡洛斯 · 索托 · 阿吉拉尔先生组成的圣地亚哥第四刑事案件口头审理法庭第二庭签发。

中国刑事判决书

岳礼玲 编

新华市甲一区人民法院
刑事判决书

（2022）新甲0108刑初24号

公诉机关新华市甲一区人民检察院。

被告人约翰，男，××××年××月××日出生，身份证号码××××××××××××××××××，高中文化，户籍地×××××××××，案发前系××××汽车修理店机械师，因犯盗窃罪于2018年2月1日被判处有期徒刑1年6个月，于2019年7月31日刑满释放，因涉嫌故意杀人罪于2021年3月27日被取保候审。

辩护人靳俊才，新华市正义律师事务所律师。

被告人玛丽，女，××××年××月××日出生，身份证号码××××××××××××××××××，高中文化，户籍地×××××××××，案发前系××××公司驯狗师，因涉嫌故意杀人罪于2021年3月27日被刑事拘留，于同年4月16日被取保候审。

辩护人梁诗韵，新华市正义律师事务所律师。

被告人杰克，男，××××年××月××日出生，身份证号码××××××××××××××××××，高中文化，户籍地×××××××××，案发前系新华市第44中学学生，因涉嫌窝藏罪、以危险方法危害公共安全罪于2021年3月27日被刑事拘留，于同年4月23日被逮捕，现羁押于新华市甲一区看守所。

辩护人商君，新华市法律援助中心律师。

新华市甲一区人民检察院以甲检刑诉〔2021〕319号起诉书指控被告人约翰、玛丽犯故意杀人罪，被告人杰克犯窝藏罪、以危险方法危害公共安全罪一案，于2021年7月26日向本院提起公诉。本院于2021年8月2日立案后，适用普通程序，依法组成合议庭，不公开开庭进行了审理。新华市甲一区人民检察院指派检察员李明亮出庭支持公诉。被告人约翰及其辩护人靳俊才、被告人玛丽及其辩护人梁诗韵、被告人杰克及其辩护人商君，均到庭参加诉讼。本案现已审理终结。

公诉机关指控，2021年3月26日22时30分许，被告人约翰、杰克（约翰的弟弟）、玛丽在“蓝月亮”酒吧与被害人比尔发生争执。比尔走出酒吧后，在停车场用从自己车里拿的一把螺丝刀将约翰的车引擎盖划伤，约翰从车里出来抢过比尔的螺丝刀，并对比尔喊道：“我要杀了你，混蛋！”然后约翰用螺丝刀刺了几次比尔的胸部和腹部，但没刺到，当比尔滑倒在地上时，玛丽倒在了比尔的身上，约翰用螺丝刀划破比尔的颈动脉致大出血。玛丽双手放在比尔脖子上，后被比尔的朋友赶走。比尔后经紧急抢救保住了性命。

约翰划伤比尔后，杰克将约翰拖到车内，两人都没有系紧安全带。杰克在未取得驾驶执照、驾驶经验不多的情况下，为帮助约翰逃跑，驾车驶离案发地。他以130km/h的平均速度在光线昏暗的市中心主街道上未开车灯、超速行驶，且在几个十字路口不减速，连续闯红灯。当他在转弯处突然看到行人（奥莉维亚）正在过人行道，杰克紧急踩刹车，但因车距离奥莉维亚太近，将她撞飞，奥莉维亚的头撞在一座房屋的墙上，落地后即刻死亡，经鉴定奥莉维亚颅骨多处粉碎性骨折，大面积脑损伤。约翰因没有系安全带，且在车撞奥莉维亚时，杰克急踩刹车，约翰撞上了挡风玻璃，这造成其身体多处骨折。杰克在车撞击被害人奥莉维亚时因为气囊弹出而肋骨骨折。

针对起诉的事实，公诉机关向本院提供了被告人的供述和辩解、证人证言、鉴定意见书等证据。

公诉机关认为被告人约翰、玛丽的行为触犯了《中华人民共和国刑法》第二百三十二条之规定，构成故意杀人罪，约翰系主犯，玛丽系从犯，具有未遂情节；杰克的行为触犯了《中华人民共和国刑法》第一百一十四条、第三百一十条之规定，构成以危险方法危害公共安全罪、窝藏罪。

庭审中，公诉机关当庭发表公诉意见认为，被告人约翰以剥夺他人生命为目的，使用凶器刺伤被害人要害部位，构成故意杀人罪，鉴于结果未遂，可以从轻或减轻处罚,但他因曾犯盗窃罪被判处有期徒刑,并且他在刑罚执行完毕之日起五年内再犯应判处有期徒刑以上刑罚的犯罪,系累犯,建议对他判处有期徒刑四年至六年。在约翰行凶过程中,被告人玛丽给予协助,构成故意杀人罪,但属从犯,建议对她判处有期徒刑三年并适用缓刑。被告人杰克明知约翰实施了犯罪行为,仍然帮助其逃匿,构成窝藏罪;杰克在逃跑过程中采取危险方法,无视公共安全,放任危害结果发生,造成一人死亡、一人重伤的严重后果,构成以危险方法危害公共安全罪,建议对窝藏罪判处拘役六个月,对以危险方法危害公共安全罪判处有期徒刑四年至六年。

被告人约翰在整个诉讼程序中保持沉默。其辩护人提出如下辩护意见:(1)约翰构成正当防卫;(2)约翰即使构成犯罪,构成的也是故意伤害罪;(3)约翰有未遂情节,应减轻处罚;(4)被害人自身有过错,应对约翰从轻处罚。

被告人玛丽认为自己不构成犯罪。其辩护人认为玛丽不构成犯罪,提出如下辩护意见:(1)玛丽没有剥夺他人生命的故意,不构成故意杀人罪;(2)玛丽倒在比尔身上的行为是想分开约翰和比尔,阻止他们接触,玛丽并非想帮助约翰行凶;(3)玛丽见被害人流血后立即用手捂住伤口,这证明其没有剥夺他人生命的主观目的。

被告人杰克认可公诉机关指控的事实,但对公诉机关指控的罪名和量刑建议不予认可。其辩护人提出如下辩护意见:(1)杰克对危害结果没有主观故意,应构成交通肇事罪;(2)检方指控的两个罪名存在牵连关系,不应按两罪处罚;(3)杰克是未成年人,应减轻处罚;(4)杰克有坦白情节,应从轻处罚。

经审理查明:

1. 故意杀人事实

2021 年 3 月 26 日 22 时 30 分许,被告人约翰、杰克(约翰的弟弟)、玛丽(约翰的女朋友)在“蓝月亮”酒吧,约翰在喝醉后与被害人比尔发生争执。后在酒吧外的停车场内,比尔用从自己车里拿的一把螺丝刀将约翰的车引擎盖划伤,约翰抢过比尔的螺丝刀,并对比尔喊道:“我要杀了你,混蛋!”期间,玛丽推了比尔一把,喊道:“你这个白痴,为什么要激怒他?”约翰用螺丝刀刺了几次比尔的胸部和腹部,但没有刺到。比尔与玛丽倒在一起,约翰用螺丝刀刺穿比尔的脖子,划破比尔的颈动脉致大出血,玛丽用手压住比尔颈部流血处。后玛丽离开现场,约翰和杰克也逃离现场。比尔经紧急抢救保住了性命。

证明上述事实的证据有：

（1）玛丽的供述和辩解；

（2）杰克的供述和辩解；

（3）被害人比尔的陈述；

（4）鲍勃的证言；

（5）本的证言；

（6）彼得的证言；

（7）比尔的医疗记录；

（8）司法鉴定意见书；

（9）刑事判决书：2018 年 2 月 1 日，某人民法院判决约翰犯盗窃罪，处有期徒刑 1 年 6 个月。

以上证据经当庭质证，证据间相互印证部分，本院予以确认。

（编者注：在中国的刑事判决中，当刑事审判适用普通程序时，必须在判决书的说理部分列出详细的证据，只有在审判中适用认罪认罚程序（简易程序）时，才允许在判决书的说理部分仅列出证据目录，而省略证据的具体内容。该判决是适用普通程序的判决，但为了避免过多地重复案件事实，只列出了证据目录，而省略了证据的具体内容）

2. 窝藏、以危险方法危害公共安全事实

2021 年 3 月 26 日 22 时许，在约翰刺伤比尔后，目睹事发经过的杰克将约翰拖进车内，在没有驾驶执照和驾驶经验的情况下，为躲避比尔朋友的追赶、防止约翰再次被抓入狱，以 130km/h 的速度在城市主街道上驾驶车辆，未开车灯，连续闯红灯，在转弯处将正在过人行道的被害人奥莉维亚撞飞，奥莉维亚落地后即刻死亡。经 × × 市司法鉴定中心的法医鉴定，被害人奥莉维亚头盖骨多处粉碎性骨折，大面积脑损伤。约翰因没有系安全带，且在车撞奥莉维亚时，杰克急踩刹车，约翰撞上了挡风玻璃，这造成其身体多处骨折。杰克在车撞击被害人奥莉维亚时因为气囊弹出而肋骨骨折。

证明上述事实的证据有：

（1）杰克的供述和辩解；

（2）奥斯瓦尔德的证言；

（3）鲍勃的证言；

（4）某鉴定机构鉴定意见书：肇事车辆在撞人瞬间车速为 120km/h。

(5)某鉴定机构鉴定意见书:奥莉维亚的死因为外力撞击导致多处颅骨骨折和大量脑损伤。

(6)约翰的医疗记录:约翰头骨、颈部、手臂和肋骨严重骨折。

以上证据经当庭质证,证据间相互印证部分,本院予以确认。

公诉机关另提供侦查机关受案登记表、立案决定书、到案经过、户籍信息等证据材料,经当庭质证,本院予以确认。

综合公诉机关的指控、被告人的辩解和辩护人的辩护意见,就控辩双方的争议评判如下:

(1)关于约翰辩护人所提的正当防卫意见。本院认为,被告人约翰在比尔损害其车辆时从车里出来夺过比尔手中的螺丝刀并刺向比尔,此行为具有一定的防卫性质,但当比尔滑倒在地,玛丽倒在比尔身上时,约翰面临的不法侵害的危险性和紧迫性已经解除。约翰的后续行为不具有正当防卫性质,已属于对他人生命权、健康权的不法侵害。故约翰辩护人所提的正当防卫意见,不予采纳。

(2)关于约翰辩护人所提的定性为故意伤害罪意见。本院认为,约翰持凶器扎刺比尔的要害部位颈部,杀人故意明显,只因比尔被及时救治而未致死亡结果。结合约翰的醉酒程度、行刺前要杀人的言论及后续客观行为,根据主客观相一致原则,应认定约翰犯故意杀人罪。故约翰辩护人所提的定性为故意伤害罪意见,不予采纳。

(3)关于玛丽及其辩护人所提的不构成犯罪意见。本院认为,现有证据不足以证明玛丽有协助约翰侵害被害人的主观故意,且客观上玛丽具有阻止冲突、抢救被害人的行为。公诉机关指控玛丽犯故意杀人罪的证据不足。故玛丽及其辩护人所提的无罪意见,予以采纳。

(4)关于杰克辩护人所提的罪名为交通肇事罪意见。本院认为,杰克在未取得驾驶执照、缺乏驾驶经验的情况下,以超高速、闯红灯等危险方法,在市中心街道上驾驶车辆,对可能发生的危害后果持放任态度,属于故意犯罪,且造成一死、一重伤的严重后果,应按以危险方法危害公共安全罪定罪。故杰克辩护人所提的罪名为交通肇事罪意见,不予采纳。

(5)关于杰克辩护人所提的窝藏罪与以危险方法危害公共安全罪具有牵连关系的意见。本院认为,杰克帮助约翰逃匿,杰克的窝藏行为自其将约翰拉入车内并开车离开现场即完成,与以危险方法危害公共安全罪有不同的犯罪目的,系两个犯罪行为,侵害两个不同的法益,不具有牵连关系。故杰克辩护人所提的二者具有牵连关系意见,不予采纳。

(6)关于约翰辩护人所提的被告人犯罪未遂,被害人有过错,应当对被告人从轻、减轻处罚的意见,以及杰克辩护人所提的被告人系未成年人,具有坦白情节,应当对被告人从轻、减轻处罚的意见,本院予以采纳。

本院认为,被告人约翰不能冷静处理纠纷,持凶器刺伤他人要害部位,意图剥夺他人生命,其行为已构成故意杀人罪,依法应对其予以惩处。公诉机关指控约翰犯故意杀人罪的事实清楚,证据确实、充分,本院予以支持。约翰曾因故意犯罪被判处有期徒刑,刑罚执行完毕后五年内再犯应当判处有期徒刑以上刑罚的犯罪,系累犯,依法应予从重处罚。鉴于约翰此次故意杀人犯罪未遂,且被害人因引发本案、激化矛盾而存在过错,故依法对约翰减轻处罚。

被告人玛丽主观上不具有杀人故意,客观上亦未实施杀人行为,不属于故意杀人的共犯,不构成故意杀人罪。公诉机关指控玛丽犯故意杀人罪的证据不足,本院不予支持。

被告人杰克明知约翰实施犯罪,仍驾驶车辆帮助其逃跑,杰克的行为已构成窝藏罪;采取超速、闯红灯等危险方法驾驶机动车,明知危险仍然放任危害后果发生,造成一死、一重伤的严重后果,杰克的行为已构成以危险方法危害公共安全罪,依法应予数罪并罚。公诉机关指控杰克犯窝藏罪、以危险方法危害公共安全罪的事实清楚,证据确实、充分,本院予以支持。鉴于杰克实施犯罪时不满十八周岁,到案后能如实供述全部犯罪事实,且系初犯,故对其所犯窝藏罪依法予以从轻处罚,对其所犯以危险方法危害公共安全罪依法予以减轻处罚。据此,依照《中华人民共和国刑法》第二百三十二条、第三百一十条、第一百一十四条、第六十五条第一款、第二十三条、第十七条第四款、第六十九条及第六十四条之规定,判决如下:

一、被告人约翰犯故意杀人罪,判处有期徒刑五年。

(刑期从判决执行之日起计算)

二、被告人杰克犯窝藏罪,判处拘役六个月;犯以危险方法危害公共安全罪,判处有期徒刑四年,决定执行有期徒刑四年。

(刑期从判决执行之日起计算,判决执行以前先行羁押的,羁押一日折抵刑期一日,即自 2021 年 3 月 27 日起至 2025 年 3 月 26 日止)

三、被告人玛丽无罪。

如不服本判决,可在接到判决书的第二日起十日内,通过本院或者直接向××市中级人民法院提出上诉。书面上诉的,应当提交上诉状正本一份,副本四份。

审判长:吴大义

审判员:欧清溪

人民陪审员:李淑珍

二〇二二年一月三十一日

法官助理:赵明诚

书记员:陈菲